MAKESIZHUYIXINWENGUAN
YU ZHONGGUO WANGLUO YUQING GUANLI YANJIU

马克思主义新闻观
与中国网络舆情管理研究

金飞 著

中国财经出版传媒集团
经济科学出版社
Economic Science Press

图书在版编目（CIP）数据

马克思主义新闻观与中国网络舆情管理研究/金飞
著 . -- 北京：经济科学出版社，2022.8（2024.3 重印）
ISBN 978 - 7 - 5218 - 3920 - 3

Ⅰ.①马… Ⅱ.①金… Ⅲ.①马克思主义 - 新闻学 -
研究 - 中国②互联网络 - 舆论 - 研究 - 中国 Ⅳ.
①A811.67②G219.2

中国版本图书馆 CIP 数据核字（2022）第 146799 号

责任编辑：李晓杰
责任校对：王京宁
责任印制：张佳裕

马克思主义新闻观与中国网络舆情管理研究
金 飞 著
经济科学出版社出版、发行 新华书店经销
社址：北京市海淀区阜成路甲 28 号 邮编：100142
教材分社电话：010 - 88191645 发行部电话：010 - 88191522
网址：www. esp. com. cn
电子邮箱：lxj8623160@ 163. com
天猫网店：经济科学出版社旗舰店
网址：http://jjkxcbs. tmall. com
北京密兴印刷有限公司印装
710 × 1000 16 开 14.5 印张 280000 字
2022 年 10 月第 1 版 2024 年 3 月第 2 次印刷
ISBN 978 - 7 - 5218 - 3920 - 3 定价：66.00 元
（图书出现印装问题，本社负责调换。电话：010 - 88191510）
（版权所有 侵权必究 打击盗版 举报热线：010 - 88191661
QQ：2242791300 营销中心电话：010 - 88191537
电子邮箱：dbts@ esp. com. cn）

本书为 2020 年广西哲学社会科学规划课题"全媒体环境下边疆民族地区网络舆情演变及其治理路径研究"(20FMZ012)，受广西高校思想政治教育杰出人才支持计划项目资助。

前　　言

　　网络新媒体技术的迅猛发展改变了媒体形态，拓展了舆论空间，增进了意愿表达，对传统的舆论格局和传播理论带来了革命性的变化。新的舆论生态环境下，如何引导好网络舆论，管理好网络舆情，已成为当前考验党和政府治国理政，提升执政能力和执政水平的一个重要方面。马克思主义新闻观作为马克思主义理论体系的有机组成部分，其科学的理论内涵、正确的价值导向以及与时俱进的内在品质决定了它不仅是传统主流媒体新闻舆论活动的理论基础，而且对当前网络新媒体环境下的舆情管理也同样具有重要的理论与实践指导价值。

　　本书以马克思主义新闻观为理论基础，综合运用文献研究法、比较分析法、跨学科研究法和系统研究法等多种方法，对马克思主义新闻观的主要内容、网络舆情管理存在的问题与原因以及马克思主义新闻观与网络舆情管理的内在关联，指导的基本原则、基本策略和基本方法进行了梳理和探索。

　　第一章主要对马克思主义新闻观进行了概述。从实践与理论二个维度，概述了马克思主义新闻观从创立、发展到中国化的基本历程，阐述了马克思主义新闻自由观、真实观、党性观、人才观以及监督观、效益观等，并就马克思主义新闻观的历史地位与现实意蕴进行了分析，为当前我国网络舆情的管理找准了基本的理论依据。

　　第二章对当前中国网络舆情管理的现状进行了分析。网络舆情已成为搅动当前中国网络舆论场域秩序的主要形态，因此，对网络舆情及其管理现状进行分析就成为了本书研究立意的基本出发点和立足点。本章第一节主要有两部分内容。首先是对网络舆情的内涵进行了梳理，并逐一分析了网络舆情的构成要素，为探讨网络舆情的管理提供了研究前提。其次是对中国网络舆情管理的内涵与定义进行了明确，并分析了当前中国开展网络舆情管理的现实条件和已有成效。本章第二节围绕当前中国网络舆情管理存在的问题及原因进行了探讨，重点从网络舆情管理的主客体两个层面对存在问题的原因进行了分析。

　　第三章到第六章是本书的主体部分。这部分内容从马克思主义新闻的自由观、真实观、党性观与人才观四个方面，论述了其作为指导中国网络舆情管理的根本依据、必然逻辑、基本立场和关键力量的具体内容，把马克思主义新闻观的基本理论与当前网络舆情管理的具体实践结合，论证了马克思主义新闻观指导当前中国网络舆情管理的必要性、可能性和可行性。

第七章从方法论的角度进行了分析。马克思主义新闻观不仅为网络舆情管理提供了理论指导，还为具体的网络舆情管理实践活动提供了有效的方法支持。本书从原则、策略和方法三个层面，由抽象到具体、由理论到实践展开了探讨，以期为我国网络舆情的有效管理提供一定的借鉴与思考。

最后一部分为本书的结论。这部分内容在前面的研究基础上，以"为何管"，"管什么"以及"怎样管"为主线进行了总结与回顾，进一步明确了马克思主义新闻观指导网络舆情管理的必要性、可能性与可行性，回应了本书的研究主旨，同时也指出了本书研究的缺憾和不足，为后续研究指明了方向。

金 飞

2022 年 7 月

目 录
Contents

导　论

　　网络舆情作为一种社会交往行为，已成为互联网时代舆情的基本表现形态，给人们的日常生产和生活带来了巨大影响。对此，党和国家领导人高度重视并把网络舆情管理上升到治国理政的新高度。面对汹涌的网络舆情，进一步掌握马克思主义新闻观的丰富内容和明确其内在要求，厘清网络舆情的内涵和当前中国网络舆情管理的现状，无论是在理论层面还是在实践层面都十分必要。为此，本书以文献研究、比较分析、跨学科研究和系统分析为基本方法开展研究，在遵从马克思主义新闻观的内在规定性和网络舆论传播规律的基础上探讨了网络舆情管理的应对之策，意在把宏大的理论叙述转化为具体可行的实践操作。

第一节　研究背景

　　马克思曾深刻指出，"人类社会的历史即是生产的历史，又是交往的历史，首先是生产的历史，而生产的本身又是以个人彼此之间的交往为前提的"①。交往作为人们社会存在与社会生产的基本方式，是人们生存和发展的必要条件，在人类发展进程中具有不可忽视的重要作用。历史唯物主义认为，社会生产与社会交往在相互作用之中不断发展，社会生产越发达，人们的交往活动越频繁，人们获得的自由将更加充分；同时，社会交往范围与交往主体的扩大，进一步拓展和增强了人们生产、交换以及精神活动的能力，激发了社会活力，从而也催生出更多的社会交往需要。马克思和恩格斯从人作为交往主体的角度对社会发展阶段进行了划分，即以人的依赖关系占统治地位的阶段、以物的依赖关系为基础的人的独立性的阶段和人的自由全面发展的阶段。在较为封闭的社会形态里和交往工具不发达的状态下，人们的交往大多以血缘、地缘和战争为纽带，交往活动局限在

---

① 马克思恩格斯选集：第1卷 [M]. 北京：人民出版社，1995：68.

较为狭小的空间和范围内。随着世界地理的大发现，社会生产的发展和社会分工的细化，"各个相互影响的活动范围在这个发展进程中越是扩大，各民族的原始封闭状态由于日益完善的生产方式、交往以及因交往而自然形成的不同民族之间的分工消灭得越是彻底"，人们的交往活动逐渐向外扩展，世界性交往日渐形成，"历史也就越是成为世界历史"①。

以互联网为依托的网络社会的崛起，使社会交往空间由现实向虚拟拓展，交往媒介由纸媒向网媒升级，交往内容由物质生产向精神生活转向。现代传播媒介作为信息时代主要的交往工具，极大地提升了人们的社会交往能力，激发了人们的交往意愿，增强了人们的交往频率，人们不仅在物质交往方面获得了充足的发展，在精神交往上也进入了较高的层次。舆情作为人们精神交往的重要内容和载体，总是与一定经济社会发展状况相适应，是反映社会状况的"晴雨表"和"显示器"。对中国社会发展而言，积极正面的社会舆情起到了表达民意、凝聚民心、反映民情的作用，对于建构政府—社会—公民的良性互动关系，增进社会和谐具有促进作用。而消极负面的社会舆情信息，不仅影响着社会民众的情绪态度，扰乱了社会现有秩序，甚至可能演化为群体性突发事件，从而阻滞社会的正常发展。

处于转型发展关键期的中国，"社会利益矛盾的关联多极化、复杂化，导致在转型期一点小事，或一个小的矛盾都有可能引发一系列严重的社会矛盾，造成一系列的后果"②。社会结构变迁与社会风险的加大，引发社会的热点事件、矛盾焦点不断增多，舆情也随之呈现出高发多发的态势，大有"山雨欲来风满楼"之势。网络信息时代，新媒体技术蓬勃发展，媒介传播方式的转变，极大地便利了人们的日常生活和社会交往。中国互联网络信息中心（CNNIC）第49次《中国互联网络发展状况统计报告》显示，截至2021年12月，我国互联网普及率为73%，网民规模达10.32亿，其中手机网民规模达10.29亿，手机网民占比达99.7%。可以说，当前人们正生活在一个由媒介信息所营造的"拟态信息"环境之中。以手机为载体的如数字电视、移动电视、手机媒体、IPTV、微信、微博等网络新媒体，不断塑造着信息新的传播方式、获取途径和生产流程，为社会舆情的产生与传播提供了更为便利的条件和基础，使得网络空间成为当前社会舆情产生的首发地和策源地，网络舆情成为社会舆情的主要形态。随着网络交往活动的加深，人们也逐渐陷入了对技术的崇拜、对工具理性的赞同、对自我价值的丧失

---

① 马克思恩格斯选集：第1卷 [M]. 北京：人民出版社，1995：88.
② 靳江好，王郅强. 当前社会矛盾呈现五大特征 [J]. 瞭望，2007（46）：28.

和对虚拟世界投入的交往异化状态之中，人逐渐迷失在自己的对象化世界里，并受对象化世界的影响和控制日深，由此导致人的交往活动、交往目的、交往价值和交往方式也随之产生了一系列的变化。正如曼纽尔·卡斯特所言："作为一种历史趋势，信息时代的支配性功能与过程日益以网络组织起来。网络建构了我们社会的新社会形态，而网络化逻辑的扩散实质地改变了生产、经验、权力与文化过程中的操作和结果。"① 由于网络管理机制的欠缺、网民身份的匿名特点、网民从众的心理特征以及网络非理性情绪的煽动，大量的不良网络信息、虚假网络舆情和网络违法行为滋生、扩散，极大地影响了社会民众的心态，进而影响着人们的价值判断和利益取舍。如不及时开展网络舆情引导，有效遏制网络不良舆情信息的传播，势必会引发社会舆论乱象，引起民众心态的失衡，增大社会改革阻力和社会治理成本。从意识形态领域看，西方资本主义国家在与我国进行信息交往和交流的过程中试图通过意识形态和价值观念的渗透来"西化"和"分化"的图谋一直没有放弃。互联网技术的发展，世界信息的全球化更是为西方国家推行其"普世价值"提供了便捷的通道。新自由主义、新保守主义、无政府主义、历史虚无主义等思潮不断涌入我国，极大地影响了人们的政治认知和政治倾向；实用主义、拜金主义、功利主义、享乐主义等不良价值取向受到追捧，扭曲了人们的价值判断和交往准则。多元多样思想文化交流交融交锋，国际国内舆论相互交织，正面与负面信息不断碰撞，不仅给人们的思想价值观念造成了混乱，更使部分人的是非判断标准出现偏差，国家的意识形态安全和社会的安定团结也正面临着巨大挑战。

　　进入 21 世纪以来，面对复杂的社会舆情，党和政府高度重视，在实施引导和管理的过程中逐步形成了从内容管理到体制管理，事件管理到法治管理，部门管理到协同管理的格局。党的十六大就强调要完善深入了解民情、充分反映民意、广泛集中民智、切实珍惜民力的决策机制，建立社情民意反映制度。党的十六届四中全会进一步明确提出建立社会舆情汇集和分析机制，畅通社情民意反映渠道，并写入了《中共中央关于加强党的执政能力建设的决定》之中。面对传播媒介的革新和传播格局的变化，2008 年，胡锦涛在人民日报社考察时指出："新形势下，新闻宣传工作要高举旗帜、围绕大局、服务人民、改革创新，坚持正确舆论导向，提高舆论引导能力，营造良好舆论环境，更好地发挥宣传党的主张、弘扬社会正气、通达社情民意、引导社会热点、疏导公众情绪、搞好舆论监督的

---

① ［美］曼纽尔·卡斯特. 网络社会的崛起［M］. 夏铸九，等译. 北京：社会科学文献出版社，2003：569.

重要作用。"① 2013 年 8 月 19 日，习近平总书记在全国宣传思想工作会议上的重要讲话中也提出："要坚持巩固壮大主流思想舆论，弘扬主旋律，传播正能量，激发全社会团结奋进的强大力量。"② 2016 年 2 月 19 日，在党的新闻舆论工作座谈会上，习近平总书记进一步强调，党的新闻舆论工作"要适应国内外形势发展，从党的工作全局出发把握定位，坚持党的领导，坚持正确政治方向，坚持以人民为中心的工作导向，尊重新闻传播规律，创新方法手段，切实提高党的新闻舆论传播力、引导力、影响力、公信力。"③ 党的十八大、十九大报告也都突出强调了要牢牢掌握意识形态工作的领导权和主动权，坚持正确舆论导向，提高引导能力，改进网络内容管理，健全网络治理体系，壮大主流思想舆论，营造良好的网络舆论环境。

在新闻舆论活动中，党和国家领导人始终坚持用马克思主义的基本立场和观点来看待新闻舆论现象，分析新闻舆论传播规律，突出强调运用马克思主义新闻观来引导新闻舆论，开展舆情管理。2000 年 6 月，为强化马克思主义在我国意识形态领域的指导地位，全党开展了马克思主义新闻观的学习教育活动，巩固了马克思主义新闻观在我国新闻宣传领域的指导地位。2003 年，在关于开展"三项学习教育活动"的通知中也进一步强调："马克思主义新闻观是辩证唯物主义和历史唯物主义科学世界观在新闻领域的体现，是做好新闻宣传工作的思想理论基础。"④ 胡锦涛也曾多次强调要坚持马克思主义新闻观以引导广大新闻宣传工作者提升业务能力。马克思主义新闻观是无产阶级在长期的新闻斗争实践中形成并发展起来的科学的理论体系，它必然会随着传播媒介的发展和新闻舆论的实践而不断与时俱进，进而形成新的新闻舆论实践活动的指导。在网络媒体更迭迅速的时代背景下，2016 年 5 月 17 日，习近平总书记在哲学社会科学工作座谈会上的讲话中指出，"要充分发挥马克思主义理论研究和建设工程、中国特色社会主义理论体系研究中心、马克思主义学院、报刊网络理论宣传等思想理论工作平台的作用，深化拓展马克思主义理论研究和宣传教育"⑤。为强化新闻舆论工作者的政治性和导向性，构建适应新时代发展的能力素质，习近平总书记进一步要求"深

---

① 胡锦涛. 在人民日报社考察工作时的讲话 [N]. 人民日报，2008 - 06 - 21，第 01 版.

② 习近平. 胸怀大局把握大势着眼大事　努力把宣传思想工作做得更好 [N]. 人民日报，2013 - 08 - 21，第 01 版.

③ 习近平. 坚持正确方向创新方法手段　提高新闻舆论传播力引导力 [N]. 人民日报，2016 - 02 - 20，第 01 版.

④ 中共中央宣传部新闻局. "三个代表"重要思想、马克思主义新闻观、职业精神职业道德学习读本 [M]. 北京：人民日报出版社，2004：93.

⑤ 习近平. 在哲学社会科学工作座谈会上的讲话 [N]. 人民日报，2016 - 05 - 18，第 01 版.

入开展马克思主义新闻观教育，引导广大新闻舆论工作者做党的政策主张的传播者、时代风云的记录者、社会进步的推动者、公平正义的守望者。"① 可见，面对新媒体发展的机遇和挑战，结合当代中国社会主义初级阶段基本国情，如何更好坚持和发展马克思主义新闻观，并以马克思主义新闻观为指导，开展有效的网络舆情引导与管理，预防和抵御西方社会解构中国特色社会主义，巩固马克思主义在意识形态领域的主导地位；如何防患于未然，积极化解社会焦点矛盾，消弭社会冲突，畅达社情民意，构建和谐社会，满足人们对美好生活的期待；如何进一步发挥网络舆情管理优势，扬长避短，提升治国理政能力，为建设社会主义现代化强国提供良好的舆论环境与舆论支持，就成为学界十分关注并亟待解决的一个重要的理论问题和实践问题。

第二节　研　究　意　义

舆情管理是一个常谈常新的话题，涉及众多学科知识的交叉，受到社会各界的高度关注。以马克思主义新闻观为指导，开展舆情管理，不仅具有推动舆情理论纵深发展的理论意义，也具有提升新闻舆论宣传水平，营造良好舆论氛围，实现以正确的舆论引领社会的现实意义。

一、研究的理论意义

首先，以马克思主义新闻观为视角研究当前中国社会舆情管理，夯实了社会舆情管理的理论根基，拓展了舆情研究的视野，有助于形成符合中国社会传统的网络舆情管理理论。长久以来，中国社会舆情管理的传统研究始终没有突破"舆论宣传"管控思维的窠臼，习惯于以二元对立思维进行理论探讨和实践操作。而马克思主义新闻观作为科学的理论体系，反映了党性和人民性的统一，是引导人民真实、科学地反映事实真相的武器。这与当前我国舆情管理背后反映的人民性和党性的统一具有政治层面的契合性。因此，以马克思主义新闻观指导网络舆情管理研究必然有助于社会舆情管理理论的深入。

其次，基于中国国情探讨舆情管理，与西方国家基于社会精英与社会大众的

---

① 习近平. 坚持正确方向创新方法手段　提高新闻舆论传播力引导力［N］. 人民日报，2016-02-20，第01版.

对立关系来探讨舆论、民意，存在根本意义上的差异性。因此，在学理上，过度引述西方的理论成果来指导中国的舆情活动，必然会出现言不及义、文不对题的情况。在当前大力推进马克思主义中国化、时代化、大众化的进程中，必须用中国化的马克思主义来指导中国实践，从这个层面上看，当前对网络舆情管理的重新审视与梳理，无疑也对促进马克思主义中国化大有裨益。

再次，从新媒体时代的背景出发，重新梳理和阐发马克思主义新闻观新的时代内涵并用以指导新媒体时代的网络舆情管理具有重大时代意义，有利于进一步丰富中国化的马克思主义新闻观的理论和实践，增强理论的普适度和指导力。马克思主义新闻观跨越了纸质传媒时代和大众传媒时代，其基本精神和内涵随着传播形态的不断发展而演进。然而随着网络媒介的迅猛发展，传统媒体大有被新兴媒体取代的趋势。"Web3.0"时代的到来，自媒体技术日益发达，有学者形象地描绘为：由大众传媒时代进入了"小众传媒"时代。马克思主义理论与时俱进的特点要求马克思主义的传播和发展必须结合新的传媒时代，必须融合新的传媒技术。从这个角度来讲，本书的研究对新媒体时代马克思主义新闻观理论的与时俱进将有所助益。

二、研究的现实意义

随着改革进入全面深化的新阶段，中国的经济体制、社会结构、利益格局以及人们的思想观念正在发生着深刻变化，如何合理有效开展舆情引导与管理，关乎我国社会主义建设事业的兴衰成败。因此，在新的时代背景下，结合马克思主义新闻观研究舆情管理问题具有重大的现实意义。

首先，研究舆情管理有利于提高党的执政能力，完善科学决策。从公共权力的角度看，舆情主要反映的是作为主体的民众对作为客体的公共权力管理者所产生和持有的社会政治态度。因此，要加强党执政能力建设，牢固执政之基，就必须巩固马克思主义主流意识形态地位，准确地把握社会舆情，以弘扬社会主义核心价值观为目标，更好地倾听民意、体察民情，赢得人民群众的认同、拥护和支持。对舆情的全面了解，透彻分析，正确引导，是党科学分析形势，准确把握全局，充分集思广益，开展科学决策的前提。事实证明，只有顺应民意，反映人民的意愿和要求，了解人民的利益和诉求，才能不断增进党同人民群众的血肉联系，不断提高党的执政能力，做到科学执政、民主执政、依法执政。

其次，研究舆情管理有助于提高政府治理能力，提升政府公信力。现代政府是为民的政府，是民主管理、科学施政的政府，政府的行政活动必须要反映人民意愿、体现人民诉求。舆情从其指向性看，主要是针对政府的施政行为，其产生和发展主要与政府的行政活动有着密切关联，一旦政府行为出现失位、错位、缺位、越位，政府官员的公共权力行使不当，舆情就会随之不断增加和扩散，直接导致民众与政府的对立状态，而处理不慎就将成为群体性事件的导火索。相关数据显示，2012 年舆情事件关涉主体主要集中在公检法系统和职能部委。从社会功能上看，舆情实际上起着监督政府行政行为，约束公共权力行使的作用。因此，加强对舆情的有效管理和引导，必将有助于推动政府公共权力的规范行使，促进政府科学施政，提高政府行政能力，树立政府良好形象，从而提升政府公信力。

再次，研究舆情管理有利于促进社会体制改革，构建和谐社会。社会体制改革是中国特色社会主义现代化建设"五位一体"总体布局的重要内容。民众对社会问题的各种态度和意见，社会各阶层不同利益的诉求与表达，无论是积极还是消极的，都会以社会舆情的形式反映出来。因此，要把舆情作为反映社会生活的"晴雨表""预警器""减压阀"，通过舆情了解民情民意、传递社会心声、反映公众情绪。加强舆情管理就是要透过社会舆情及时发现舆情信息所反映出来的各种社会问题，并做出反应，疏通防范，平息社会矛盾，避免社会冲突，从而促进社会稳定，顺利推进社会体制改革，构建社会主义和谐社会。

最后，研究舆情管理有利于促进党、政、社之间良性互动关系的构建。舆情的产生根本上源于社会公众直接或间接的利益诉求，加强舆情的管理，实现上情下达和下情上达，有利于增进党、政、社三方的沟通与了解，消除政策误解和理解偏差，澄清事实真相与政策意图，从而引导全社会形成理性、理智的舆论氛围，减少政策执行的障碍。

第三节　相关概念

一、新闻

（一）新闻作为"事实"的释义

客观事实是新闻的唯一来源，新闻也正是通过对客观事实的再现进而对社会生活产生影响，客观报道事实真相是新闻工作者最基本的职业准则。19 世纪中后叶，工业革命催生了大众媒介的发展，商业报刊开始逐渐取代占主导地位的政党报刊，随之而来的商业新闻和虚假报道在资本的驱动下不断滋生，干扰着新闻的真实报道。为此，新闻学界提出了新闻的"事实说"，即以客观事实为依据，进行客观新闻报道。美国学者莫特就认为："新闻是新近报道的事情。"① 美国新闻学家伍德·柏莱耶也主张新闻乃"发生事件之本身"②。美国记者戴纳曾指出："只有那些正在发生的、有人情味的，足以吸引大众，至少是相当一部分人的事实，才能构成新闻。"③ 新闻学家徐宝璜也称："新闻者，乃多数阅读者所注意之最近事实也。"④ 胡乔木也曾提及："新闻是一种新的、重要的事实。"⑤ 新闻"事实说"成为当时学术的主流观点。

（二）新闻作为"报道"的释义

18 世纪末，英国《泰晤士报》就提出新闻是"变迁的记录"⑥，被视为新闻"报道说"的发端。19 世纪，美国人丹尼尔·韦伯斯明确表述，新闻是"最近事件的报道"⑦，至此新闻"报道说"开始盛行。相比于"事实说"的新闻定义，美国学者卡斯珀·约斯特指出："一件事情的本身不是新闻，对这起事情的报道才是新闻。"⑧ 克蒂斯·丹尼尔·麦道格尔在《解释性报道》中提出新闻是"对事件的报道，而不是事件本身固有的什么东西"⑨。20 世纪 80 年代，众多美国新闻学者对"报道说"的观点做了全面的注解，认为客观事件或事实本身只是新闻的必要条件，事件或事实只有经过报道才成为新闻。陆定一从唯物主义立场出发，阐明了"新闻是新近发生的事实的报道"⑩。这一定义概括了新闻的一般特征，获得了较大的认同，并在 1986 年全国新闻理论教育研讨会上作为研讨共识统一起来。《中国大百科全书》（第一版）也把新闻定义为"新近发生的事实的报道"。

（三）新闻作为"信息"的释义

随着现代信息学、传播学、系统学等学科的发展，人们对新闻本质的认识逐

---

① 成美，童兵. 新闻理论教程 [M]. 北京：中国人民大学出版社，1993：30.

② [日] 后藤武男. 新闻纸研究 [M]. 俞康德，译. 北京：光华书局，1930：13.

③ 宁树藩. 新闻定义新探 [J]. 复旦学报（社会科学版），1987（6）：85.

④ 徐宝璜. 新闻学 [M]. 北京：中国人民大学出版社，1994：6.

⑤ 喻权域. 对新闻学中一些基本问题的看法 [J]. 人大复印报刊资料（新闻学），1999（1）：66 - 69.

⑥ 张达芝. 新闻理论基本问题 [M]. 西安：陕西人民出版社，1990：9.

⑦ [美] 威廉·梅茨. 怎样写新闻——从导语到结尾 [M]. 北京：新华出版社，1983：1.

⑧ [美] 卡斯伯·约斯特. 新闻学原理 [M]. 中国人民大学新闻系（内部译本），1960：19.

⑨ 徐耀魁. 西方新闻理论评析 [M]. 北京：新华出版社，1984：135.

⑩ 陆定一. 我们对于新闻学的基本观点 [M]. 中国共产党新闻工作文件汇编（下册），1943：188.

渐深入。"报道说"被视为对新闻本质表现形式的基本描述，但形式并不能代替内涵，从语义上分析，实际上"报道说"在把握新闻本质的重点上出现了偏差，用新闻的表现形式代替了新闻的本质规定，并没有从本质上揭示新闻的内涵。信息时代的发展，新闻作为一种信息传播方式，"信息说"逐渐得到认同。黄旦教授就认为："新闻是被传播（报道）的事实的信息。"① 李良荣教授也认为："新闻是一种信息，是传达事物变动最新状态的信息。"② 还有学者认为："新闻是传播者借助特定媒介所选择的旨在满足受者需求的关于事实的新的信息。"③ 有学者对 30 多年来的新闻定义进行了归类分类，其中"事实说"占 17%，"报道说"占 14%，"传播说"占 6%，"信息说"占 54%④，由此论证了"信息说"的主流地位。本书认为，相比而言，"信息说"具有更多科学性和合理性，更能表达新闻内在的本质规定。首先，"信息说"对客观事实的描述排除了主观因素干扰，符合新闻客观性的原则；其次，"信息说"更好地兼顾了新闻的来源、传播与受众之间的指向关系，符合新闻的传播特征与新闻的价值要求；最后，"信息说"并没有削弱或排斥新闻的宣传作用，反而使新闻的定义具备更广泛的普适性。正如列宁所言："必须把人的全部实践——作为真理的标准，也作为事物同人所需要它的那一点的联系的实际确定者——包括到事物的完整的'定义'中去。"⑤ 因此，结合本书的具体语境和新闻的实践活动，本书认为，新闻即是经报道或传播的新近事实信息。

二、新闻观与马克思主义新闻观

新闻观是对新闻现象、新闻活动等的性质、地位、作用、意义、衡量标准和价值实现途径的总体看法和根本观点，是对新闻工作应当遵循的基本原则与思想方法的集中概括。新闻观的产生、形成与发展总是与一定社会环境及其经济、政治、文化等具体条件密切相关，是社会存在的映射和缩影。新闻观是世界观在新闻活动方面的体现，不同历史时期和意识形态下人们对新闻的总体看法各不相同，但在某一历史发展阶段和某种具体社会形态下，人们的新闻观又具有某种程度的共通性。

---

① 黄旦. 新闻传播学 [M]. 杭州：杭州大学出版社，1997：147.
② 李良荣. 新闻学概论 [M]. 上海：复旦大学出版社，2005：25.
③ 周娟. 关于新闻定义的再思考 [J]. 新闻知识，2003（1）：36.
④ 麦颖之. 改革开放 30 年来新闻定义之争——兼论新闻定义 [J]. 视听，2011（3）：19.
⑤ 列宁选集：第 4 卷 [M]. 北京：人民出版社，1995：419.

现代西方新闻观源于资产阶级的普遍价值观，把新闻自由作为人的一项基本自由权利予以保护。在资本主义社会，政府不干涉新闻媒体活动，不得采取任何措施干涉、收买或控制报刊，并采取措施维护新闻自由。西方社会视报刊等新闻宣传工具为独立于行政、立法、司法以外的"第四等级""第四权力"，是社会"公器"。尽管资产阶级新闻观强调高度的独立性、客观性和自由性，然而受资本垄断和意识形态影响的西方新闻传媒业却成为大资本家、大财团控制国家权力和推行意识形态的工具。例如美国《华尔街日报》、英国《泰晤士报》、福克斯广播公司等属于鲁伯特·默多克的新闻集团；美国哥伦比亚广播公司、派拉蒙电视集团以及 MTV 电视网，归属于萨默·雷石东家族掌控的维亚康姆集团；全球最大的图书出版商企鹅兰登书屋、欧洲最大的电视广播公司 RTL 集团、欧洲最大的杂志出版公司古纳雅尔，为摩恩家族的贝塔斯曼集团所有。① 可见，西方的新闻观本质上反映的是资本的诉求，目的是为资产阶级利益和资本主义制度服务，其所强调的自由、客观、真实都具有一定程度的阶级性和虚伪性。

马克思主义新闻观是指马克思主义对新闻现象和新闻活动的总体看法和根本观点。它涉及诸如新闻本源、新闻本质及新闻规律等许多根本性问题，其核心是关于无产阶级及其政党新闻事业的工作性质、工作原则和工作规律的一系列基本观点。它是马克思主义的世界观、人生观和价值观在新闻传播领域的反映和体现。② 马克思主义新闻观是人类新闻史和传播史上的一座巨大的宝库，是广大新闻工作者认识新闻现象、掌握新闻规律、从事新闻活动的根本指南。从本质上看，马克思主义新闻观是马克思主义理论体系的有机组成部分，是一个不断与时俱进、开放的思想理论体系。它是由马克思和恩格斯、列宁等杰出思想家创立的，以毛泽东、邓小平、江泽民、胡锦涛和习近平等为代表的中国共产党人，结合中国革命、建设、改革和发展的实践而逐渐形成的关于新闻宣传、信息传播、舆论引导、管理体制等的一系列的新闻理论。作为无产阶级认识和改造世界的理论武器，马克思主义新闻观具有丰富的理论内涵和实践特征，其主要内容大致可归纳为五个方面：一是新闻宣传工作的党性与人民性；二是新闻报道的真实性与自由性；三是新闻的社会监督与舆论导向功能；四是新闻媒体的社会效益优先原则；五是新闻工作者的职业道德精神。

① 李宝善. 自觉坚持马克思主义新闻观 [J]. 求是，2013 (16)：36.
② 郑保卫. 马克思主义新闻观的发展与创新（上）[J]. 新闻前哨，2002 (1)：5.

三、舆情相关概念

（一）舆情与网络舆情

舆情是一个具有本土化含义的词汇。据考证，"舆情"一词最早出现在唐乾宁四年（897年）的一封诏书之中："朕采于群议，询彼舆情，有冀小康，遂登大用……""舆"原指车厢，后经演化寓意为下层民众。纵观中国历朝封建统治，但凡帝王重视社会舆情、关注社情民意的，都是政治统治相对稳定，阶级矛盾相对缓和，社会经济相对繁荣的时期，凡是对民意冷漠忽视、置若罔闻的时期，最后都以社会动荡，王朝颠覆收场。在阶级社会里，舆情作为统治阶级了解社情民意、维护阶级统治的工具受到了关注，正所谓"得民心者得天下，失民心者失天下"。现代社会，政治体制的开放、权利意识的回归、参与途径的拓宽、媒介技术的发展，使得舆情以更加多样的形式和更加猛烈的态势表现出来，成为现代社会治理不可回避的重大问题。

随着社会的发展和对舆情认知的深入，舆情内涵的界定也逐渐明朗化和规范化。有学者认为，社会舆情是民众对现实社会的主观反映，是一定时期内社会群体在思想、情绪、意见、心理等方面的综合表现。也有学者认为，舆情是"在一定的社会空间内，围绕中介性社会事项的发生、发展和变化，作为主体的民众对作为客体的国家管理者产生和持有的社会政治态度"①。张克生则进一步拓展了舆情的含义，从民情、民力、民智、民意等角度进行了广义上的分析，他指出"舆情是指社会管理者在政策制定过程中必然面对的，涉及民众利益的民众生产、生活，以及民众基于社会心理表现出的对社会现状和国家政策的态度和看法。简单地说，广义的舆情就是指民众在所处的社会生活环境下，产生的主观意愿，即我们通常所说的社情民意"②。刘毅则进一步提出"舆情是由个人以及各种社会群体构成的公众，在一定的历史阶段和社会空间内，对自己关心或与自身利益紧密相关的各种公共事务所持有的多种情绪、意愿、态度和意见交错的总和。"③此外，张元龙也认为舆情是社会民众在一定的历史阶段和社会空间内，对关乎自己切身利益的公共事务（事项）或自己关心的特定事件所持有的群体性情绪、意

① 王来华. 舆情研究概论：理论、方法和现实热点［M］. 天津：天津社会科学院出版社，2003：32.

② 张克生. 国家决策：机制与舆情［M］. 天津：天津社会科学院出版社，2004：17-19.

③ 刘毅. 网络舆情概论［M］. 天津：天津人民出版社，2007：52.

愿、态度、意见和要求的总和及其表现。① 中共中央宣传部舆情信息局编著的《舆情信息工作概论》中则把舆情定义为："简单地解释就是民众的意愿，是指社会各阶层民众对社会存在和发展所持有的情绪、看法、意见和态度。"②

综上所述，尽管学界对舆情的界定在表述上稍有差异，但本质上具有内在的一致性。结合词义的演进与概念的构成要素，有几点共性是被大家认同的：一是舆情主体是一个集合概念，反映的是公众的意见与情绪。虽有"一定范围的群众""民众""个人以及各种社会群体构成的公众""社会各阶层民众"等不同的提法，但核心为"公众"。二是舆情指向的是特定事件或公共事务，这些特定事件或公共事务与舆情主体之间或有相关性或无相关性。随着中国社会由传统的"熟人社会"向"陌生人社会"的转型，人们之间基于血缘与地缘关系的"有机的团结"发展成为基于法理与规则的"机械的团结"，公众在舆情的指向上并不仅仅依从于自身的利益与诉求，在涉及公共利益、公共事务、社会事件等与自身利益没有直接关联时，公众也会产生一定的情绪与意见表达，进而形成舆情。随着互联网的发展，人们获悉、了解、反映、表达意见与情绪的渠道增多，众多网络意见领袖等，在没有直接利益关联的情况下，通过在网络空间"发声"、转载、评论等形成网络热点话题，从而制造网络舆情。可见，在网络社会，舆情的产生并不一定必须与舆情主体有直接的关联，舆情中介事项已从政治性事件扩大为一般性社会事件，只要是能引起公众兴趣、吸引网络关注的事项都有可能成为舆情的话题源。三是舆情本质上是一种情绪性的表达，反映的是公众的情绪、意愿、态度和意见，这种情绪和态度相较于舆论而言尚处于相对分散、规模较小、激烈程度不高的初期状态。结合以上分析，本书从广义的视角把舆情定义为：社会民众通过各种媒介所反映出的对社会存在和发展所持有的情绪、看法、意见和态度的总和及其表现。

新媒体时代，网络技术充当了整合、传播、深化舆情信息的角色，催生了网络舆情，使之成为当前学界研究的又一个重点。杜骏飞认为网络舆情是"互联网上流行的对社会问题的看法或言论。"③ 李琼瑶认为："互联网上传播的对某一焦点事态所表现出的对多数人有一定影响力的共同意见或言论。"④ 本书认为学者刘毅对网络舆情的界定较为中肯，他认为"网络舆情就是通过互联网表达和传播

① 张元龙. 关于"舆情"及相关概念的界定与辨析 [J]. 浙江学刊，2009（3）：183.
② 中共中央宣传部舆情信息局. 舆情信息工作概论 [M]. 北京：学习出版社，2006：6.
③ 杜骏飞. 中国网络新闻事业管理 [M]. 北京：中国人民大学出版社，2004：216.
④ 李琼瑶. 网络舆论的现状及引导 [J]. 湖南行政学院学报，2006（2）：79–80.

的各种不同情绪、意愿、态度和意见交错的总和。"① 以互联网为传播渠道是网络舆情最大的特点，相比现实舆情，网络舆情伴随着线上与线下的呼应与互动，有着更为复杂的演变、传播、扩散过程。

当前学界对社会舆情与网络舆情的关系定位有两种不同倾向。一种是倾向于把网络舆情视为社会舆情的外生概念，与社会舆情处于同一概念的种属层面，属于并列关系，是两个具有不同内涵和表征的概念。另一种倾向则认为，网络舆情是社会舆情的属概念，网络舆情是社会舆情在网络社会的具体表现形态，是以互联网为载体的社会舆情。从本质上看，网络舆情与社会舆情都是公众对公共事务和社会问题的情绪、态度和意见的反映，只不过人们表达和传播舆情的场所由现实环境扩展到了网络空间。网络舆情是一种特殊的舆情形态，是以网络媒介传播为载体的社会舆情。因此，本书认为，网络舆情是社会舆情的属概念，是社会舆情的特殊表现形式，网络舆情的引导对化解社会舆情有着重大的作用。

（二）舆情与舆论、民意辨析

舆论的本意是公众之论，是权力中心之外广大民众的意见。沃尔特·李普曼在《公众舆论》一书中就认为："他人脑海中的图像——关于自身、关于别人、关于他们的需求、意图和人际关系的图像，就是他们的舆论。这些对人类群体或以群体名义行事的个人产生着影响的图像，就是大写的舆论。"② 国内关于舆论概念的界定尚无权威定论，代表性的观点有："社会舆论通常指公众意见或多数人的共同意见，是社会集合意识和社会知觉的外化。……在舆论定义中只有突出集合一时、社会整体知觉、多数人共同意见这三点要素，才能全面概括舆论的特征和本质。"③ 甘惜分教授认为："舆论是由特定的社会事件或社会问题引发的，无数个人意志相互作用、融合，最终形成统一意志的过程。"④ 陈力丹教授提出："舆论是公众关于现实社会以及社会中的各种现象、问题所表达的信念、态度、意见和情绪表现的总和，具有相对的一致性、强烈程度和持续性，对社会发展以及有关事态的进程产生影响。其中混杂着理智和非理智的成分。"⑤ 喻国明也提出："舆论是社会或社会群体对近期发生的、为人们普遍关心的某一争议的社会

---

① 刘毅.网络舆情概论 [M].天津：天津人民出版社，2007：53.

② ［美］沃尔特·李普曼.公众舆论 [M].阎克文，江红，译.上海：上海世纪出版集团，2006：21.

③ 刘建明.宣传舆论学大辞典 [M].北京：经济日报出版社，1992：343.

④ 甘惜分.新闻大辞典 [M].长沙：湖南人民出版社，1993：52.

⑤ 陈力丹.舆论学——舆论导向研究 [M].北京：中国广播电视出版社，1999：90.

问题的共同意见。"① 综观上述舆论定义，反映出了舆论的共同特征：舆论是公众的意见，是多数人相对一致的意见和态度；舆论反映意见和表达情绪的程度较强，是公开的意见表达，并能为人们所感知。

历史上，尊重民意，维护民权作为资产阶级标榜的口号，在资产阶级夺取政权、维护其统治的合法性方面发挥了重要的作用。近现代以来，西方各国在政党选举、政策选择、政治统治、思想控制等方面越来越重视民意调查和民意测验的作用，把民意调查作为反映社会舆情、探测人心向背、维护政治统治的工具和手段。

卢梭在《社会契约论》中根据主权在民的思想，把民意分为两类："公意"与"众意"。众意体现的是个体或团体的意志，即个别的意志，公意则是全体的共同意志，"公意是众意的最大公约数"。杜伯（Leonard W. Doob）在《民意与宣传》中将民意定义为："当人们处于同一社会团体时，针对某件事所表现的态度。"② 孔恩豪瑟（Arthur Kornhauser）也提出："最好把民意看成是，某一时期特定的一群人对其感觉有兴趣的议题，所表达出来的观点和感觉。"③ 美国学者韩拿西（Bernard Hennessy）认为："民意是具有相当数量的一群人针对重要议题表达其复杂偏好的综合。"④ 基于民意研究的兴起，我国学界也展开了探讨。喻国明认为："民意，又称民心、公意，是社会上大多数成员对与其相关的公共对象或现象所持有的大体相近的意见、情感和行为倾向的总称。"⑤ 刘建明认为："民意是人民意识、精神、愿望和意志的总和，是社会的主导意见。"⑥ 吴顺长认为："民意不单单是人民范畴中某个群体或某个个体的政治主张和思想愿望，而是人民这个集合体的意向趋势，它所反映的总是社会上绝大多数人的共同意志。"⑦ 总之，民意是绝大多数民众的一些共同意识，代表了社会正义和公道，体现着社会发展的主流观点和历史发展的主要方向，作为"社会真理的坐标"，展现了人民群众推动社会发展和历史进步的主体性作用，违背民意就是违背民心，终将影响社会历史发展的进程。

---

① 喻国明. 解构民意——一个舆论学者的实证研究［M］. 北京：华夏出版社，2001：9.

② Leonard W. Doob, Pubilc Opinion and Propaganda［J］. New York：Holt Rinehart & Winston, 1948：35.

③ Arthur Kornhauser, Public Opinion and Social Class［J］. American Journal of Socialogy, 1950（55）：335 – 336.

④ ［美］伯纳德·韩拿西. 民意［M］. 赵雅丽，张同莹，曾慧琦，译. 台北：五南图书出版公司，2000：13.

⑤ 喻国明. 解构民意——一个舆论学者的实证研究［M］. 北京：华夏出版社，2001：9.

⑥ 刘建明. 穿越舆论隧道：社会力学的若干定律［M］. 北京：中央党校出版社，2000：170.

⑦ 吴顺长. 民意学［M］. 天津：天津人民出版社，1991：7.

西方社会把舆情、民意与舆论都翻译成"public opinion"，三者之间经常出现混用的情况，这无疑给舆情研究带来了困难。因此，对三者之间关系进行厘定，是进一步把握舆情内涵的必要环节。

从基本内涵来看，舆情、舆论及民意反映的都是社会群体对社会问题所持有的意见、态度和情绪。舆情是多种意见、态度和情绪的综合表现，处于一种相对分散或小范围一致的状态，当这种意见随着事态的发展变化，在较大范围内展开，形成相对集中的、一致的表达，并在强烈程度和持续性上对有关事态的进程产生影响时，社会舆情即转化为社会舆论。当社会舆论表现为广大民众意愿、对社会发展起正向作用或昭示历史发展必然趋势的正确舆论或意见时，这种舆论就成为民意。一定条件下，三者都可以通过调查、测验显现出来。从潜在指向关系来看，无论是舆情、舆论还是民意，都是民众以意见、态度、情绪或言论反映某种社会问题或社会现象，其潜在指向的是公共权力机构，是以期望意见或愿望得到回应或诉求得到满足为目的的。

当然，三者也存在一定的差异。一是从范围上看，舆情所反映的范围较广，是多种情绪、意见和态度的交错与综合，强调的是"不同意见的集合"，展现着人们关于社会问题或社会事件的各种意见的分布、倾向和强度以及发展趋势，其意见所涉面最广，范围最大。舆论则强调的是"共同意见"的表达，是社会公众在各种舆情演化之中所形成的相对多数人的一致意见。民意是舆论的一种表达类型，是指舆论中反映的正确意见的部分，意见所涉范围最小。

二是从功能来看，舆情是最广义的表达。舆情中既包含理性与非理性的因素，也包含正确与错误的因素，是一个综合体，需要舆情工作者进一步甄别。同样，舆论中也存在正确的舆论与错误的舆论，甚至有些是人为制造或人为压制的舆论，对社会和民众起着误导作用。一般意义上，民意代表了正确的、符合历史发展规律和社会前进方向的意见，代表了广大人民群众的呼声，是人民群众作为历史主体的体现。虽然有所谓的"操纵民意"的说法，但这并不代表民意本身所反映的意见存在错误，而是指有能力"操纵民意"的个人或群体把民意作为表达自身利益的工具。

三是从形态上看，舆情作为情绪、意愿和态度的表现，是民众内心想法的充分流露，具有强烈的情绪化特征。舆情在趋同性上不如舆论统一集中，有时公开表达，有时则仅表现为某些情绪性特征或模糊信号，因此，获取舆情有时需要敏锐的观察力和及时的捕捉能力。舆论则是在舆情大面积爆发后，意见在表现形态上更加趋于集中、一致，在表达程度上更加强烈、持续，在表达方式上更加公开、清晰的外显性意见。而民意则属于社会心理范畴，是一种内隐性的表达，当外界环境不利时，民意则有时会隐藏起来。

第四节　研究现状

一、国内研究现状

（一）关于马克思主义新闻观研究的概况

以"马克思主义新闻观"为主题，通过中国知网检索，共有相关文献 3868 篇，其中，2001 年以来发表的文献有 3809 篇，占检索总数的绝对多数。随着我国对新闻规律研究的深入，特别是自 2012 年以来，呈现出马克思主义新闻观研究的一个高峰期，共有相关文献 2709 篇，占发表总数的 70%。以"马克思主义新闻观"为检索主题，通过查询国家社科基金项目数据库，截至 2021 年，涉及马克思主义新闻观相关范畴的研究课题共有 10 项，大部分都集中于新闻与传播学学科领域。

伴随着马克思主义中国化的进程，还有一大批关于马克思主义新闻观的学术专著问世，具有代表性的有刘建明著的《马克思主义新闻观经典读本》（2009 年）、《马克思主义新闻观理论基础》（2010 年），陈力丹著的《马列主义新闻学经典论著》（1987 年）、《马克思主义新闻思想概论》（2003 年）、《精神交往论——马克思恩格斯的传播观》（2008 年），郑保卫编著的《马克思恩格斯报刊活动与新闻思想研究》（2003 年）、《中国共产党新闻思想史》（2005 年）、《马克思主义新闻经典论著导读》（2007 年），童兵著的《马克思主义新闻思想史稿》（1989 年）、《马克思主义新闻经典教程》（2002 年），吴廷俊著的《马列新闻活动与新闻思想史》（1992 年），夏鼎铭编著的《马克思恩格斯列宁报刊理论与实践》（1991 年）等。

从实践活动来看，近年来，国内学界和业界以马克思主义新闻观为指导，扎实推进各类新闻实践活动，大力践行无产阶级新闻观，取得了较好的效果，增强了马克思主义新闻观指导当代中国新闻实际工作的说服力和实效性，有力推动了马克思主义的中国化、时代化、大众化。江泽民、胡锦涛曾亲临人民日报社考察并发表重要讲话。2011 年，党中央号召在新闻战线开展了"走基层、转作风、改文风"活动，旨在坚持党的新闻事业宗旨、履行新闻工作责任使命；落实"三贴近"要求、增强新闻宣传吸引力感染力；加强队伍建设、提高新闻工作者综合素养；回答解决好"为了谁、依靠谁、我是谁"等问题。2013 年，湖北省新闻界掀起了"我是建设者"的大讨论，全国新闻界积极响应，引发了对新闻媒体角色定位的深层次思考。党的十八大以来，习近平总书记多次就新闻舆论宣传、网络信息安全、网络社会治理等工作做出重要指示，掀起了学习、研究马克思主义新闻理论的高潮，为继承和发扬马克思主义新闻观以增强新闻舆论宣传的传播力、影响力和公信力注入了新的理念，提出了新的举措，指明了新的方向，充分显示了新时期党对新闻舆论工作的高度重视。

国内关于马克思主义新闻观研究的文献资料丰富，理论成果较多，主要集中在以下方面。

一是关于马克思主义新闻观的基本思想和主要内容的挖掘、梳理研究。部分学者从马克思主义经典作家的文本出发，正本溯源，对马克思主义新闻观的基本内容进行了梳理、归纳、总结。刘建明出版的系列丛书以马克思主义经典文本为依据，从过程论的角度全面梳理和阐述了马克思主义新闻观的基本内容。陈力丹则以马克思主义交往理论为基础，把新闻舆论作为精神交往的基本形态加以诠释，开辟了马克思主义新闻观研究的新视角。童兵全面分析了马克思主义经典作家的新闻学代表性论著，整理和分析了这些论著的内容，阐述了主要新闻观点的演进。此外，吴飞、丁柏铨等也编著了相关论著，深化了此领域的研究。这些研究从马克思主义经典作家的文本出发，主要阐述了马克思主义新闻思想的"喉舌"观、真实观、党性观、监督观、自由观等，并对马克思主义新闻观的实现载体——无产阶级党报党刊——进行了系列探讨。对此，有学者总结：报刊是意识形态的机构；真实是新闻与报刊的本质；新闻是事实的报道，不是空洞的议论；新闻自由是人民的基本权利，人民和党的耳目喉舌的统一；科学性是党报党刊原则的灵魂。[①]

二是关于马克思主义新闻观的中国化的研究。一部分学者结合中国新闻宣传的实际，在秉承马克思主义新闻观基本思想的基础上，不断推进马克思主义新闻观的中国化进程，立足于丰富和充实中国化的马克思主义新闻观内涵。马克思主义新闻观的中国化理论成果集中体现在中国共产党几代领导人关于新闻舆论宣传的论述之中。目前学界关于这方面的研究既有宏观的、整体性的研究成果，如2005 年出版的《中国共产党新闻思想史》，就系统、全面地研究了中国共产党新闻思想的发展历程和主要观点；还有在纵向上对中国共产党的新闻宣传思想进行

①　刘建明. 马克思主义新闻观的经典性与实践性 [J]. 国际新闻界，2006（1）：5 - 10.

的梳理和比较分析，阐述了马克思主义新闻观中国化的阶段性特征。如郑保卫就全面梳理了毛泽东、邓小平、江泽民、胡锦涛新闻思想的历史地位及理论贡献①，并认为中华人民共和国成立以来党的新闻事业的定位经历了从"武器论"到"资源论"的变化②。周亚非全面回顾了党的新闻事业 80 年的历程，展示了党领导的新闻事业从无到有、从小到大、从弱到强的经历。③ 丁柏铨也对党的新闻思想进行了纵向的论述，阐明了党的三代领导人新闻思想的特点④，同时也对改革开放 30 多年中国马克思主义新闻思想的研究进行了宏观概述，阐明了改革开放以来我国关于马克思主义新闻思想的研究重点⑤。另外还有一批专题性或专门性的研究成果先后出版，如《邓小平新闻宣传理论研究》《江泽民新闻宣传思想研究》等论著。针对党的领导人关于新闻宣传的具体论述，一些学者也撰写了大量的论文来分析。童兵论述了邓小平新闻思想的理论要点，认为邓小平新闻思想主要涉及新闻宣传的地位、新闻宣传的作用、党的新闻工作的原则、党的新闻工作的作风和文风、新闻工作者的队伍建设等方面⑥。徐光春认为，江泽民新闻思想是一个完整、科学的理论体系，其核心内容包括："喉舌论""生命论""导向论""创新论""根底论"等⑦。郑保卫在专题论述胡锦涛新闻思想的文章中，认为胡锦涛新闻思想的理论贡献主要体现在：用时代要求审视新闻宣传工作，遵循以人为本的新闻宣传工作理念，强调要尊重新闻传播规律和遵守新闻从业基本准则，阐释信息化时代新闻传播的新特点和新规律。⑧ 丁柏铨立足于新时代中国特色社会主义思想的重大指导意义，从意识形态、人民利益、传播规律、方式方法等角度论述了如何提高新闻舆论的传播力、引导力、影响力和公信力等新的时代课题。⑨ 这些研究成果不仅拓展了马克思主义中国化的内容，也进一步丰富了马克思主义新闻观的理论内涵，为指导我国新闻舆论宣传活动提供了理论支撑。

---

① 郑保卫. 论毛泽东、邓小平、江泽民、胡锦涛新闻思想的历史地位及理论贡献 [A]. 新闻学论集 [C]. 北京：光明日报出版社，2011 (6)：1 – 11.

② 郑保卫，祁涛. 从"武器论"到"资源论"——论新中国成立 60 年来新闻事业定位的变化 [J]. 今传媒，2009 (12)：20 – 22.

③ 周亚非. 中国共产党新闻事业八十年 [J]. 新闻爱好者，2001 (7)：4 – 9.

④ 丁柏铨. 论党的三代领导人新闻思想的特色 [J]. 新闻传播与研究，2001 (3)：17 – 23.

⑤ 丁柏铨，彭婷. 改革开放 30 年来国内马克思主义新闻思想研究综述 [J]. 南京社会科学，2008 (8)：89 – 94.

⑥ 童兵. 邓小平新闻思想的理论要点及其评价 [J]. 采写编，2004 (6)：12.

⑦ 徐光春. 江泽民新闻思想的核心内容 [J]. 新闻战线，2004 (2)：4.

⑧ 郑保卫. 论胡锦涛新闻思想的理论贡献 [J]. 新闻界，2011 (3)：3 – 6.

⑨ 丁柏铨. 习近平新时代中国特色社会主义思想对新闻舆论工作的指导作用 [J]. 新闻与写作，2017 (12)：52 – 53.

三是关于网络信息时代马克思主义新闻观的作用与功能研究。学者们结合新的时代特征和马克思主义新闻观的思想精髓，对马克思主义新闻观在新媒体时代的作用与功能，特别是马克思主义新闻观在引导意识形态建设，传播主流价值观念，开展社会舆论引导等方面的重要作用进行了探讨。在"互联网＋"的时代，尽管社会媒体生态发生了巨变，媒体格局分众化、分层化、差异化日益明显，但马克思主义新闻观作为我国新闻舆论宣传活动的基本理论指导地位没有变。有学者就强调，"无论我国媒体格局如何变化，新闻舆论是上层建筑、意识形态的重要组成部分的性质都没有变，新媒体作为党和人民沟通的桥梁、记录社会变迁的职责都没有变"①。

党的十六大以来，面对世情、国情和党情的新形势、新变化，党和国家领导人高度重视新闻舆论宣传工作。2003 年 12 月，中央召开全国宣传思想工作会议，强调要用时代的要求来审视，用发展的眼光来研究，以改革的精神来推动宣传思想工作，努力使宣传思想工作更好地体现时代性、把握规律性、富于创造性。②为加大新闻改革力度，规范新闻报道活动，国家先后出台了《关于进一步改进会议和领导同志活动新闻报道的意见》《关于进一步改进和加强国内突发事件新闻报道的意见》《关于进一步加强和改进舆论监督工作的意见》《即时通信工具公众信息服务发展管理暂行规定》（以下简称"微信十条"）等专项文件。2008 年，胡锦涛在考察人民日报社时强调，"坚持贴近实际、贴近生活、贴近群众，把体现党的主张和反映人民心声统一起来，把坚持正确导向和通达社情民意统一起来，尊重人民主体地位，发挥人民首创精神，保证人民的知情权、参与权、表达权、监督权"③。同时，他还强调要构建统筹协调、责任明确、功能互补、覆盖广泛、富有效率的舆论引导格局，加强和改进正面宣传，发展健康向上的网络文化，支持重点新闻网站加快发展，加快构建技术先进、传输快捷、覆盖广泛的现代传播体系，提高新闻信息原创率、首发率、落地率。④ 2016 年 2 月 19 日，习近平总书记在党的新闻舆论工作座谈会上的讲话中指出："党的新闻舆论工作是党的一项重要工作，是治国理政、定国安邦的大事，要适应国内外形势发展，从党的工作全局出发把握定位，坚持党的领导，坚持正确政治方向，坚持以人民为中心的工作导向，尊重新闻传播规律，创新方法手段，切实提高党的新闻舆论传

①　陈仲喜. 用马克思主义新闻观引领新媒体发展［N］. 湖北日报，2016 - 4 - 18，第 12 版.
②　蒋晓丽，李建华. 中国新闻传媒 30 年巨变及其反思［J］. 西南民族大学学报，2008（12）：25.
③　胡锦涛. 在人民日报社考察工作时的讲话［N］. 人民日报，2008 - 6 - 21，第 01 版.
④　中共中央关于深化文化体制改革推动社会主义文化大发展大繁荣若干重大问题的决定［EB/OL］.
http：// www. gov. cn/jrzg/2011 - 10/25/content_ 1978202. htm.［2012 - 7 - 12］.

播力、引导力、影响力、公信力。"① 此外，围绕信息环境和媒介生态的变化，学者们还就如何发挥马克思主义新闻观在舆论监督、宣传引导、形象塑造、职业素养和媒体公信力等方面的作用与功能也展开了大量的研究，取得了丰富的研究成果。

综上所述，当前国内关于马克思主义新闻观的研究已大体上实现了对马克思主义经典作家的文本梳理、挖掘和解读，对马克思主义新闻观中国化的阶段、内容、意义和作用也形成了较为丰富的理论成果。但目前国内学界关于马克思主义新闻观的研究还存在"照着说"的多，"接着说"的少②，即对经典文献汇编整理和重复性的研究较多，有创见性的理论成果不够；"专题研究和系统研究"③有待继续加强；网络新媒体时代，马克思主义新闻观结合媒体格局的新变化和媒介技术的新发展在理论与实践上还有较大探索空间。

（二）关于网络舆情管理研究的概况

党的十七大以来，我国关于网络舆情管理的相关研究进入了一个高峰期，取得了相当丰硕的成果。在中国知网，以"网络舆情管理"为主题进行检索，共有论文 4878 篇，其中期刊论文有 3093 篇，硕士论文有 1004 篇，博士论文有 57 篇。以"网络舆情"为主题，通过查询国家社科基金项目数据库，从 2008 年至 2021 年，已通过的立项研究课题共计 146 项，涉及新闻与传播学、社会学、政治学、管理学、法学等多学科领域，既有重大项目、重点项目，又有一般项目、青年项目，形成了较为合理的研究层次和研究格局。其中，从新闻学与传播学学科获得立项的有 43 项，占近 30%。新闻与传播学之所以成为研究网络舆情的"主力军"，主要原因在于网络舆情作为社会舆情的一种存在形式，被视为舆论的"潜形态"，即部分新闻学与传播学学者所关注的"潜舆论"④。

随着社会各界对舆情的关注与重视，一大批关于舆情的专著近年来也纷纷面世，代表性的成果有吴顺长著的《民意学》（1991 年），王来华主编的《舆情研究概论》（2003 年），张克生主编的《国家决策：机制与舆情》（2004 年），陈月生主编的《群体性突发事件与舆情》（2005 年），韩运荣、喻国明著的《舆论学

① 习近平. 坚持正确方向创新方法手段　提高新闻舆论传播力引导力 [N]. 人民日报，2016 - 02 - 20，第 01 版.

② 张泉泉. 近十年马克思主义新闻观研究综述 [J]. 皖西学院学报，2011 (12)：28.

③ 丁伯铨，彭姝. 60 年来马克思主义新闻思想研究评析 [J]. 西南民族大学学报（人文社科版），2010 (1)：112 - 116.

④ 陈强. 国家社会科学基金项目舆情研究的回顾与展望 [J]. 电子政务，2011 (12)：39.

原理、方法与应用》（2005 年），中共中央宣传部舆情信息局编著的《舆情信息汇集和分析机制研究》《舆情信息工作概论》（2006 年），刘毅著的《网络舆情研究概论》（2007 年），刘建明等著的《舆论学概论》（2009 年），王国华等编著的《解码网络舆情》（2011 年），侯东阳著的《中国舆情调控的渐进与优化》（2011 年），李彪著的《谁在网络中呼风唤雨　网络舆情传播的动力节点和动力机制研究》《舆情：山雨欲来　网络热点事件传播的空间结构和时间结构》（2011 年），王宏伟主编的《舆情信息工作策略与方法》（2011 年），高红玲主编的《网络舆情与社会稳定》（2011 年），张春华著的《网络舆情社会学的阐释》（2012 年），于家琦著的《舆情调查与公共政策：评价、过程和议题》（2012 年），项平著的《公共网络舆情事件研究》（2012 年），燕道成著的《群体性事件中的网络舆情研究》（2013 年），姜胜洪著的《网络谣言应对与舆情引导》（2013 年），李明德著的《微博舆情传播·治理·引导》（2014 年），齐中祥等编的《舆情学》（2015 年），彭铁元著的《网络舆情管理学》（2015 年），方付建著的《把脉网络舆情　突发事件网络舆情演变研究》（2017 年），曾润喜著的《热点事件网络舆情的传播与治理》（2017 年）等。此外，还有由人民日报出版社出版的中国社会舆情蓝皮书系列《中国社会舆情年度报告》，以及各省出版的省内舆情报告和各行业出版的行业舆情报告等，共同形成了舆情管理研究蔚为壮观的局面。

　　除此之外，当前我国一大批官方和非官方的舆情调查研究中心也极大地推动了舆情管理的开展。如中共中央宣传部舆情信息局、天津社会科学院舆情研究所、人民网舆情监测室（人民日报社网络中心舆情监测室）、上海社会科学院社会调查中心等，从宏观层面综合运用新闻传播学、社会学、政治学、管理学等多学科的理论资源，对舆情研究进行了深入的理论与实践探讨，力图如实反映社情民意，为党和政府的决策提供参考。同时，以网络舆情研究为代表的六大学院派舆情研究实验室（复旦大学舆情研究实验室、人民大学新传媒网络舆情技术实验室、南京大学谷尼舆情研究实验室、上海交通大学舆情研究实验室、北京交通大学网络舆情安全研究中心、北京理工大学网络与分布式计算实验室），以网络技术为支撑，致力于网络舆情前沿技术与管理研究，在业内形成了广泛的影响力，是了解网络民意，进行舆情预警、监测、分析与研判的重要平台。此外，中国传媒大学网络舆情（口碑）研究所、暨南大学舆情与社会管理研究中心、重庆大学舆情研究所等一批高校舆情研究中心也相继成立；互联网社区中心也蓬勃发展，如中国舆情网、天涯社区的天涯舆情、凯迪社区的数据研究中心，为广大网民提供了最为直接的舆情信息观察和互动"窗口"，出现了一批专门的舆情调查商业机构，如中国舆情在线、中国企业舆情网，舆情监测商业系统如中正网络舆情监测与分析系统、中青华云舆情监测系统、帕拉斯舆情监测分析系统、红麦舆情监测系统等不断涌现出来，在当前舆情管理过程中也发挥了重要作用。

网络舆情兼具新兴技术和传统舆情相结合的特点，体现了自然科学与社会科学相融合的特性，成为当前学者们着力探讨的热点和难点。通过对引用率较高的相关文献及专著进行梳理分析，当前国内网络舆情管理的研究主要集中于三个方面：

一是关于网络舆情成因及特征的研究。学者姜胜洪从网络舆情的概念出发，认为"网络舆情是社会舆情在互联网上的一种特殊反映，是群众对国家经济、政治、文化和社会发展趋势以及人们普遍关注的社会热点难点问题在网上的集中反映。"① 刘毅则将网络舆情定义为：通过互联网表达和传播的各种不同情绪、态度和意见交错的总和②。这些"不同情绪、态度和意见"可能来自现实社会，也有可能产生于网络活动之中，但归根结底，网络舆情的意见、情绪、态度的源头还在于现实社会中的各种问题和矛盾。基于网络舆情与现实社会舆情的不同作用空间与传播方式，学者们还集中对网络舆情的特征进行了分析。刘毅认为："自由性与可控性、交互性与即时性、丰富性与多元性、隐匿性与外显性、情绪化与非理性、个性化与群体极化③，构成了网络舆情的六大基本特征。丁柏铨教授从与现实社会舆情的比较中总结出网络舆情的"虚拟与实在相交融、虚假与真实相伴生、自觉与自发相混杂、原生态与非原生态相并存、理性成分与非理性成分兼容"④ 特征。从内涵上理解，网络舆情与现实舆情既存在一定的共通之处，但在表现特征上，两者也存在明显的差异，网络舆情体现了"互联网＋舆情"的复合性特征。

二是关于网络舆情的演化研究。国内学者结合新媒体技术和网络传播的特点，围绕网络舆情的生成、演化与发展进行了大量的分析，形成了较多的研究视角。一部分成果集中在网络舆情演化的过程方面。王平、谢耕耘等学者从影响舆情演变的要素出发，描述了公共事件网络舆情的演变过程和机理，并把一个舆情周期大致划分为"发生期、扩散期和消退期"⑤ 三个演化阶段。学者姜胜洪、方

---

① 姜胜洪. 网络舆情的内涵及主要特点 [J]. 理论界，2010（3）：151.
② 刘毅. 网络舆情研究概论 [M]. 天津：天津人民出版社，2007：53 - 54.
③ 刘毅. 内容分析法在网络舆情信息分析中的应用 [J]. 天津大学学报（社会科学版），2006（7）：308 - 310.
④ 丁柏铨. 论网络舆情 [J]. 新闻记者，2010（3）：6 - 7.
⑤ 王平，谢耕耘. 突发公共事件网络舆情的形成及演变机制研究 [J]. 现代传播，2013（3）：64.

付建、杜坤林、傅来挺、何小文等也大都从舆情事件发展过程的角度，把孕育、扩散、变化、衰减①作为划分网络舆情演化的基本阶段。另有部分成果基于对复杂网络系统的分析，运用复杂系统和模型建构来开展定量化的研究，如曾祥平建构的"基于元胞自动机的网络舆论激励模型"②、宗利永等建构的言论主体 Agent 和舆论子场 Agent 的行为规则模型③、朱恒民等提出的"舆情传播演化的 SIRS 模型"④、张彦超提出的"社交网络的信息传播模型"⑤、魏丽萍等建立的"三个进化博弈模型"⑥ 等。通过模型建构和过程模拟来描述和分析网络舆情的生成与演化机理，为预判舆情信息和干预舆情演进提供一定的参考。此外，还有学者从群体心理、舆论场域、网络媒体等方面对舆情演化进行了研究，拓展了对网络舆情演化机理与演变过程的认知。

三是网络舆情管理的研究。学者们基于不同的学科视角和多样的工具选择，围绕网络舆情管理与引导的对策、路径进行了大量的研究。有学者从社会学的角度对群体性事件中的网络舆情管理进行了研究。姜胜洪从社会生活涉及的各个方面分析了 2011 年中国社会舆情，并从改善民生，满足群众的利益诉求，坚持正确舆论导向等方面提出了对策分析。⑦ 王根生从严格把控网络舆情演化空间的邻域元胞影响，强化引导小世界效应网络社区的倾向度转换，紧密关注无标度特性网络社区的网民极化动态等方面提出了创新性的应对思路。⑧ 有学者认为，自媒体带来了虚拟社会治理的新问题，引导好自媒体舆情就能化解网络舆情，提高虚拟社会的治理水平。⑨ 郭乐天则重点从道德层面进行了拓展，认为个体道德素质和传播媒介素养是有效进行网络舆情引导和管理的两大基础⑩。吴勇等结合校园网络舆情的特性，大力构建了不确定视域下校园网络舆情的管理机制，并提出了

① 方付建．突发事件网络舆情演变研究［D］．武汉：华中科技大学，2011：46.
② 曾祥平，方勇，袁媛等．基于元胞自动机的网络舆论激励模型［J］．计算机应用，2007（11）：2686－2688.
③ 宗利永，顾宝炎．危机沟通环境中网络舆情演变的 Multi－Agent 建模研究［J］．情报科学，2010（9）：1415－1419.
④ 朱恒民，李青．面向话题衍生性的微博网络舆情传播模型研究［J］．现代图书情报技术，2012（5）：6－9.
⑤ 张彦超．社交网络服务中信息传播模式与舆论演进过程研究［D］．北京：北京交通大学，2012：20.
⑥ 魏丽萍．网络舆情形成机制的进化博弈论启示［J］．新闻与传播研究，2010（6）：29－38.
⑦ 姜胜洪．2011 年中国社会舆情分析［J］．兰州学刊，2012（2）：56－61.
⑧ 王根生．面向群体极化的网络舆情演化研究［D］．南昌：江西财经大学，2011：92－104.
⑨ 聂智，曾长秋．论虚拟社会治理中自媒体舆情引导［J］．学术论坛，2011（12）：193.
⑩ 郭乐天．互联网虚假信息的控制与网络舆情的引导［J］．新闻记者，2005（2）：23－26.

"五制联动"的系统化管理模式。① 这些研究成果多把群体性事件的产生原因、演化机理与网络舆情的发展演变结合起来进行互动分析，为群体性事件中的网络舆情管理提供了思路。

有学者从政治学的角度，围绕政府治理、公共决策、党的执政能力等方面对网络舆情进行了探讨。学者李静就从政府善治的角度来审视网络舆情，并具体分析了网络舆情与参与选举、参与决策、参与管理、参与监督的关系。② 刘保位则具体阐述了党的社会舆情引导机制，通过正确的舆论导向，加强意识形态宣传、强化新闻媒体功能等方面引导社会舆论。③ 马荔、常锐、王丽平等人提出要坚持"硬控制"与"软引导"治理相结合，完善政府的宏观调控与网络立法，培养网络"意见领袖"，提高网络把关人的意识。④ 学者姜胜洪也强调要在引导网民自我教育、加强网民自律方面下功夫。

一些学者还从传播学的角度结合新媒体时代的传播特点进行了探讨。如桂宝全从微博传播的"蝴蝶效应"出发，研究了微博"蝴蝶效应"的正、负影响，并在舆情引导中加以应用⑤，为新媒体下的舆情引导研究提供了一个新的视角。有学者结合自媒体的传播特点，提出要力图发挥主流媒体功能，科学合理地引导自媒体网络舆情⑥。司新萍结合舆情的内在规律，探讨了传统媒体对微博舆情的引导措施⑦，具有一定的新颖性。还有一些学者从信息学、心理学、生态学、教育学等视角对网络舆情的管理对策进行了有益的探讨，丰富了网络舆情管理的研究视野。

总体而言，当前国内关于网络舆情管理研究成果的宏观思考和理论阐述较为普遍，研究视角较为分散，系统性研究不足；在研究方法上也过多集中于定性研究，定量研究和个案分析明显不足，管理对策和引导思路的重叠之处较多，研究成果转化为实际应用还不够。

（三）关于马克思主义新闻观指导网络舆情管理的研究概况

以"马克思主义新闻观"和"舆论"为主题，在知网中检索发现共有 792

① 吴勇，王玉良. 不确定视域下校园网络舆情管理机制的构建 [J]. 学术论坛，2009（7）：197 - 198.

② 李静. 论政府善治视阈下网络舆情研究 [J]. 理论界，2009（9）：10 - 11.

③ 刘保位. 中国共产党社会舆情机制研究 [D]. 北京：中共中央党校，2006：25 - 28.

④ 王丽平，刘大鹏. 开展互联网上舆情控制的方针、对策 [J]. 吉林公安高等专科学校学报，2006（1）：109 - 112.

⑤ 桂全宝. 微博传播的"蝴蝶效应"及舆情引导应用研究 [D]. 重庆：西南大学，2012：52 - 55.

⑥ 范晶晶. 自媒体时代的网络舆情引导 [J]. 青年记者，2013（8）：11 - 12.

⑦ 司新萍. 传统媒体对微博舆情的引导分析 [D]. 郑州：郑州大学，2013：23 - 25.

篇论文，其中，博士论文有 17 篇，硕士论文有 83 篇，期刊论文有 692 篇，特别是自 2013 年以来，研究成果呈直线上升趋势。但以"马克思主义新闻观"和"网络舆情"为主题进行检索，仅有 12 篇文献，其中博士和硕士论文有 8 篇，期刊论文有 4 篇。研究成果数量上的明显落差，主要原因在于"舆论"与"舆情"两者在概念内涵和外在表现形态上的区别。社会舆论一般表现为趋于一致的信念、意见和态度等的总和，在表现形态上具有相对集中性、聚合性、外在性和指向性，运用马克思主义新闻观来开展社会舆论引导，不仅在理论上而且在实践上也都具有较强的指导性和说服力，也具有较强的可能性和可行性。相比社会舆论，社会舆情具有一定的分散性、潜在性、广泛性、随机性和可变性，引导难度较大，效果不明显。再者，从过程上看，社会舆情处于社会舆论尚未形成的阶段，总体上也属于社会舆论的一部分，因此，部分学者在谈及社会舆论的引导时实际上也包含了对社会舆情的引导。从管理方式上看，这里所指的"引导"实际上也是管理方式之一，是一种柔性的"管理"手段，它在社会舆情活动中能更好地发挥出作为思想观念和理论体系的马克思主义新闻观的理论基础和价值指导的作用。从现有资料分析，马克思主义新闻观指导舆情管理的研究成果主要体现在两个方面。

一是价值导向层面，主要以党报党刊为载体，遵循党性原则，通过发挥新闻信息的正向功能，向社会传递正确的价值导向来引领舆情。2008 年 6 月，胡锦涛在人民日报社考察工作时，就强调要坚持党性原则，增强新闻报道的亲和力、吸引力、感染力，增强舆论引导的针对性和实效性①。习近平在 2013 年的"8·19讲话"中也指出做好新闻宣传工作，事关党的前途命运，事关国家长治久安，事关民族凝聚力和向心力，需要科学的理论指导。他还特别强调要巩固马克思主义在意识形态领域的指导地位；加强社会主义核心价值体系建设，积极培育和践行社会主义核心价值观；坚持党性和人民性的统一，以正面宣传为主，弘扬主旋律②。丁柏铨教授从舆情、舆论、新闻三者关系出发，分析了新闻传媒及刊播的新闻对舆情的三种处理方式，强调要通过新闻报道真实地反映舆情，进而正确引导舆情③。有学者探究了互联网时代马克思主义新闻思想的"常"与"变"，认为网络环境虽然更为纷繁复杂，但党管媒体、民意表达等是保持理论本真的不变部分；突出以人为本、强化互联网思维下的危机管理、马克思主义新闻思想要适

---

① 胡锦涛. 在人民日报社考察工作时的讲话［M］. 北京：人民出版社，2008.

② 图解习近平总书记 8·19 重要讲话精神，人民网，http：//cpc. people. com. cn/n/2013/0823/c164113 -22677195. html.

③ 丁柏铨. 略论舆情——兼及它与舆论、新闻的关系［J］. 新闻记者，2007（6）：10.

应分众化的趋势①，则体现了"变"的方面。也有学者从党报对舆情引导的角度进行了探讨②。还有学者从纸媒对舆情的引导出发，提出要强化对舆情的"筛选、整合、辨析、解读"，由此"倒逼"出采编运行机制的根本性变革和突破，提升纸媒舆情引导的"源动力"③。安蔚从马克思主义新闻观引导网络舆情的策略层面提出了群众策略、说服策略和主动策略④三大策略。熊程等从"正确与好看""反映与引导""新闻自由与滥用自由"⑤ 三对辩证关系中论述了马克思主义新闻观在网络时代的价值与作用。

二是具体操作层面，部分成果立足于传播媒介的新变化、新特点，对新媒体环境下的网络舆情管理的具体策略与方法进行了具体的研究。习近平在2013年全国宣传思想工作会议上强调"网络是重中之重"，提出要依法加强网络社会管理，加强网络新技术新应用的管理，确保互联网可管可控。2016年2月19日，习近平总书记在党的新闻舆论工作座谈会上，再次强调要加快构建舆论引导新格局，要在理念、内容、体裁、形式、方法、手段、业态、体制、机制等方面创新新闻舆论工作⑥，这些思想为开展网络舆情管理指明了方向。刘鹏飞等学者从传播学与舆论学的角度探讨了网络舆情的趋势与格局，他们认为网络新媒体已成为网络舆情强磁场，社交新媒体突破了新闻专业壁垒，传统与新型舆论的互动格局正在形成，媒体的反思与社会责任意识的增强，使新兴媒体下的网络舆情更趋于理性。⑦ 赵文晶就把马克思主义新闻观的基本精髓运用到引导当前微博舆论的策略之中，认为只有坚持党性原则，把握舆论导向，秉持新闻真实，恪守新闻伦理，严格自律与他律，警惕新闻商业化倾向，谨慎打击舆论操控，才能发挥好马克思主义新闻观引领微博舆论的作用。⑧ 刘刚从新闻与传播学的角度，认为媒体要成为真实反映社情民意的渠道，依靠传媒自身的发展规律，使新闻舆论与社会舆论契合，成为整合社会力量的重要资源。⑨

---

① 黄东平. 互联网视阈下马克思主义新闻思想的"常"与"变" [J]. 新闻爱好者，2010（12）：6－7.

② 周湛军. 地方党报在社会管理中的舆情引导作用 [J]. 青年记者，2012（1）：9.

③ 王冰. 纸媒舆情引导功力"修炼"路径 [J]. 青年记者，2011（10）：15.

④ 安蔚. 马克思主义新闻观视角下的网络舆情引导策略研究 [J]. 东南传播，2014（4）：83－85.

⑤ 熊程，邹一沛. 网络时代马克思主义新闻观的继承与发展 [J]. 青年记者，2013（7）：42－43.

⑥ 习近平系列重要讲话数据库，中国共产党新闻网，http://theory.people.com.cn/G8/49150/Index7.html.

⑦ 刘鹏飞，周培源.2011年网络舆情趋势与社会舆论格局 [J]. 新闻记者，2012（1）：3－9.

⑧ 赵文晶，刘军宏. 马克思主义新闻观下的微博舆论引导策略研究 [J]. 编辑之友，2011（12）：76－79.

⑨ 刘刚. 传媒在舆情汇集和分析机制中的作用 [J]. 中国记者，2005（9）：14－16.

就研究过程分析，我国舆情管理的研究大致经历了两个阶段。从 20 世纪 80 年代到党的十六大前后，处于研究的前期阶段。这一阶段的成果多以"宣传和舆论"为主题，主要从党政机关宣传部门的角度出发，围绕宣传、新闻、报刊以及意识形态等方面形成了大量实践经验总结类和政治宣传类的文章。1994 年 1 月 24 日，江泽民在全国宣传思想工作会议上的讲话中就提出要以科学的理论武装人，以正确的舆论引导人，以高尚的精神塑造人，以优秀的作品鼓舞人①。随着政治经济体制改革的不断发展，社会结构的不断松动，这一时期国内学界开始结合我国的具体国情，探讨马克思主义新闻观的具体内容，并借鉴西方新闻学、传播学、舆论学的相关理论进行一定的学理探索，形成了新闻舆论宣传研究的基本框架。

第二阶段是党的十六大以来至今，社会舆情逐渐演化为以网络舆情为主。国内学界围绕网络舆情预测与分析、监控与引导，综合运用新闻传播学、政治学、社会学、心理学和信息科学等相关学科理论，进行了深入的理论探讨与对策分析，扩展了网络舆情的研究范围，并出现了网络舆情的理论研究成果向实践操作经验发展的趋势。特别是党的十八大以来，习近平就新形势下新闻媒体建设和新闻舆论引导发表了一系列重要讲话，其中既有高屋建瓴的理论阐述，又有明确具体的实践指导。2013 年 8 月 19 日，习近平强调必须坚持巩固壮大主流思想舆论，弘扬主旋律，传播正能量，同时要把握好时、度、效原则，充分发挥正面宣传鼓舞人、激励人的作用。2014 年 8 月 18 日，习近平总书记在主持召开中央全面深化改革领导小组第四次会议时还就媒体融合发展做出了明确指示，他强调推动传统媒体和新兴媒体融合发展，要遵循新闻传播规律和新兴媒体发展规律，强化互联网思维，坚持传统媒体和新兴媒体优势互补、一体发展，坚持以先进技术为支撑、内容建设为根本，推动传统媒体和新兴媒体在内容、渠道、平台、经营、管理等方面深度融合，着力打造一批形态多样、手段先进、具有竞争力的新型主流媒体，建成几家拥有强大实力和传播力、公信力、影响力的新型媒体集团，形成立体多样、融合发展的现代传播体系。2016 年 2 月 19 日，习近平在党的新闻舆论工作座谈会上论述了新时代党的新闻舆论工作的"职责使命论"，并提出要承担起这个职责和使命，必须把政治方向摆在第一位，牢牢坚持党性原则，牢牢坚持马克思主义新闻观，牢牢坚持正确舆论导向，牢牢坚持正面宣传为主。2016 年 4 月 19 日，在网络安全和信息化工作座谈会上，习近平再次强调，要加强网

① 中国共产党大事记·1994 年，中国共产党新闻网，http：//cpc.people.com.cn/GB/64162/64164/4416161.html.

上正面宣传，培育积极健康、向上向善的网络文化，用社会主义核心价值观和人类优秀文明成果滋养人心、滋养社会，做到正能量充沛、主旋律高昂，各级领导干部要善于运用网络了解民意、开展工作，对建设性意见要及时吸纳，对困难要及时帮助，对不了解情况的要及时宣介，对模糊认识要及时廓清，对怨气怨言要及时化解，对错误看法要及时引导和纠正。① 党的十九大报告也明确提出要坚持正确舆论导向，强化意识形态的领导权，提高新闻舆论传播力、引导力、影响力、公信力。这些论述表明，党和国家领导人在破解当前新闻舆论引导困局，提升社会舆情引导实效性方面，既强调了宏观上要紧扣马克思主义新闻观的理论要义，还突出了微观上改革现状的具体手段和方法，在主流价值传播、媒介业态环境、媒体深度融合、网络内容管理、网络舆情引导等方面给出了具体路径与对策，这些成果的积累与沉淀为本书的研究奠定了基础，指明了方向。

需要指出的是，尽管党和国家领导人高度重视马克思主义新闻观的基础指导地位，但国内学界在马克思主义新闻观的研究，特别是马克思主义新闻观指导舆情管理的研究方面还存在一些滞后和缺憾之处。一是理论整合度不够。目前在舆情引导方面运用西方的传播学理论较多，而结合我国具体国情和意识形态建设，从我国传统与现实的角度出发，运用马克思主义新闻观进行开创性的理论研究还不多见，研究上存在着理论融合、学科整合以及实际运用上的"壁垒"。二是研究还有待进一步深入。目前国内把马克思主义新闻观与网络舆情管理结合起来的研究成果较少，其原因主要在于学者们把重点放在了网络舆论的引导方面，而对于马克思主义新闻观与网络舆情之间的内在关联并没有引起高度的重视，甚至有时把网络舆情与网络舆论混淆对待。三是从研究的理论依据来看，国内现有相关研究的政治性诉求多于理论性诉求，政治性话语多于学术性表达，对理论宣传的需要大于受众需要的满足。就此而言，当前我国网络舆情的管理在吸收借鉴西方舆论管理理论的同时，还需要以"我"为主，在理论根源上立足于马克思主义新闻观的基本观点和主要思想来寻求更为充足的理论支持。四是从研究的方法来看，尽管当前学者们在研究中使用了一定的数据、图表、模型，但普遍还是偏重于定性分析和经验分析，运用现代数理统计、模型建构分析的成果比较有限。

二、国外研究现状

通过文献检索发现，目前国外关于马克思主义新闻观的专题性研究成果寥若

---

① 习近平系列重要讲话数据库，http://jhsjk.people.cn/。

晨星。西方传播学的奠基人威尔伯·施拉姆（Wilbur Schramm）就曾明确表示"马克思几乎从来没有谈过公众通讯工具问题"①。当代传播政治经济学的代表人物加拿大学者文森特·莫斯可也认为"媒介是马克思主义的盲点。考虑到媒介产业（从印刷业到电子信息服务）的增长规律和增长范围，我们很难理解马克思主义为什么仍然将媒介的物质分析置于边缘。"② 即便是在以马克思主义为主要研究对象的西方马克思主义学者们那里，关于马克思主义新闻观的研究也没有成为他们的研究内容，其中偶有论及的，也只是作为论述或研究马克思主义哲学、历史、文化等相关理论的论据或"附带品"。出于价值观念、意识形态和阶级立场的不同，西方学界在看待和研究马克思主义相关理论时往往从既有的偏见出发，并没有完全立足于马克思主义经典作家的文本和秉持客观公正的态度，由此也导致了对马克思主义新闻观知之甚少、研究不多的情况。在现有英文文献中，可查找到的相关研究著作，一部是由英国学者所著的《马克思主义与媒介研究》（*Marxism and Media Studies*），一部是由美国学者编辑的论文集《马克思主义与传播研究》（*Marxism and Communication Studies*），但都与本书内容关联度不大。国外学界对马克思主义新闻观研究的缺失为本书的研究带来了困难，但同时也意味着对这一问题的探讨还有进一步挖掘的空间。

事实上，马克思主义新闻观是辩证唯物主义和历史唯物主义在新闻传播活动之中的具体体现，是马克思主义理论体系的重要组成部分，同时也反映了新闻传播活动的一些共性规律，无论西方学者是否理解、承认，它都客观存在并发挥着重要作用。结合本书的研究目的，笔者从西方新闻传播对民意的控制与引导层面来开展相关研究的梳理，以期对本研究提供一定的借鉴。

国外学者对舆论、公众舆论、公共舆论、民意等没有做明确的区分，一般都译为"public opinion"或"public sentiment"。在多数情况下，舆情、民意和舆论三个概念，尽管表达的外延和指向的侧重点有所不同，但其基本内含和主要观点都具有一定的重合度，并在国外文献中出现经常混用的情况。结合我国关于社会舆情的内在含义，以及西方社会对"民意"与"舆论"的不同阐释（民意是大概念，舆论是小概念，即民意涵盖了舆论），笔者在此仅以西方学界关于民意（公众舆论）的研究为视角来进行文献综述。

长期以来，重视舆情、反映民意一直是西方资产阶级社会作为标榜其自由民

① ［美］威尔伯·施拉姆、弗雷德里克·赛伯特、西奥多·彼得林. 报刊的四种理论 ［M］. 中国人民大学新闻系译. 北京：新华出版社，1980：132.

② ［加］文森特·莫斯可. 传播政治经济学 ［M］. 胡正荣，张磊，段鹏，等译. 北京：华夏出版社，2000：146.

主的政治工具，也是资产阶级国家维持其统治的合法性，控制本国和他国人民意志，推行其内政外交政策的政治手段。国外相关研究最为重要的学术期刊以美国舆论研究会于 1937 年创办的《民意季刊》（*Public Opinion Quarterly*）为代表，此外，还有大量的代表性专著如：《公众舆论》（*Public Opinion*，Walter Lippman，1922）、《移民报刊及其控制》（*The Immigrant Press and its Control*，Park，Robert Ezra，1922）、《报刊的四种理论》（*Four Theories of the Press*，Wilbur Schramm，1956）、《理解媒介——论人的延伸》（*Understanding Midia*，Marshall Mcluhan，1964）、《舆论和经典传统》（*The People's Choice Lazarsfeld*，1968）、《舆论与公共政策》（*Public Opinion & Public Policy*：*Models of Political Linkage*，Luttbeg，1974）、《大众传播改变了舆论吗?》（*Does Mass Communication Change Public Opinion After All*，Lemert，1981）、《民意》（*Public Opinion*，Hennessey，1985）、《民主社会的舆论控制》（*Opinion Control in the Democracies*，Qualter，1985）、《舆论：可视化政治》（*Public Opinion*：*the visible politics*，Yeric & Todd，1989）、《舆论》（*Public Opinion*，Price，1992）、《沉默的螺旋：舆论——我们社会的皮肤》（*The Spiral of Silence*：*public opinion-our social skin*，Elisablth N. N.，1993）、《意见测试与公众》（*Polling and the Public*：*what every citizen should know*，Asher，1995）、《后共产主义时期的俄罗斯舆论》（*Public Opinion in Post-communist Russia*，Wyman，1997）、《宣传与说服》（*Propaganda and Persuasion*，Jowett & O'Donnell，1999）、《舆论研究：20 世纪的发展与争议》（*Public Opinion*：*Developments and Controversies in the Twentieth Century*，Splichal，1999）、《议程设置：大众媒介与舆论》（*Setting the Agenda*：*The mass media and public opinion*，Maxwell McCombs，2004）等。

近现代以来，西方资产阶级政治集团为了争取和维持其统治地位，加强社会管理与控制，设立了各类民意调查机构，特别是诸多媒体机构融合了政治和市场的需要，也大量参与到民意的调查之中来。根据西方民意调查机构的性质，大致可分为五类：隶属于政府或半官方性质的民意调查机构、民办非营利性调查机构、媒体民调机构、学术类民意调查机构、商业性质调查公司①。其中知名的调查中心有：美国芝加哥大学的全国民意研究中心、盖洛普民意测验中心、皮尤研究中心。商业性调查机构，如沃斯林（Wirthlin Group）和市场民意研究（MOR）；媒体民调机构，如哥伦比亚广播公司（CBS）和纽约时报（*New York Times*）的下属机构。其他国家，如德国的迪麦颇（Infratest Dimapt）和选举研究小组；

---

① 董海军，汤建军. 国外民意调查的历史与现状分析 [J]. 学习与实践，2012（2）：105.

法国的私人营利调查机构——伊弗普（IFOP）、索弗莱斯（SOFRES）、伊普索斯（IPSOS）、视听委员会（CSA）、路易·哈里（LOUIS HARRIS）等，这些机构的民意调查机构为西方国家执政党了解民意、辅助决策，提供了有力的支撑，并进一步拓展了民意调查研究理论与实践的发展。根据文献资料分析，现有研究成果主要集中在四个方面。

一是关于民意价值内涵的研究。国外学界在廓清民意基本内涵的基础上，实现了从理性自然主义向经验权能主义的转向。古希腊哲学家柏拉图和亚里士多德提出："民意是公众的意志，是对自己权利的意识和表达，与之关联的是制度层面的问题；民欲是公众的具体需要，与之关联的是的行政层面的问题。"① 此后，马基雅维利、莎士比亚、洛克等也对民意（公众舆论）均有提及。经过资产阶级启蒙运动的洗礼，自由、平等、民主的思想得以传播，民意（公众舆论）的产生与作用有了更为宽松的社会政治环境。大卫·休谟指出："舆论是政府的唯一基础，这一格言对于最专制的、最军事化的政府，以及最自由、最受欢迎的政府，同样适用。"② 卢梭从理性主义的角度出发，认为民意可分为两类，一类是"公意"，一类是"众意"，并在具体的分析中把"公众"与"意见"联系起来考察，进一步论述了"公意"即国家全体成员的经常意志总和，"众意"即个人意志的总和，并认为"公意"总是处于常态，"除掉这些个别意志间正负相抵消的部分而外，则剩下的总和仍然是公意"③。他所理解的"公意"着眼于公共利益，而"众意"则更关注私人利益。"公意永远是公正的，而且永远以公共利益为依归"④。理性自然主义的代表之一，约翰·斯图尔特·密尔从自由主义和功利主义出发，论述新闻自由是自由的堡垒，强调出版自由和言论自由是所有权利中最神圣的权利⑤。更为难得的是，他在强调自由与权利的同时，对责任和义务也同样重视，这一点从其"思想市场"理念中包含着"社会责任理念"可见端倪。对个体而言，他认为在分析舆论对个性自由的压抑的同时，也从另外一方面指出了个人积极行动的必要性和义务性。托克维尔在《论美国的民主》中论述了"多数的暴政"之后，提出了"舆论的宗教"的概念："多数在美国的这种无限政治权威，确实在加强舆论原来就对每个人的精神发生的影响，但是……应当到平等中去寻求根源。在平等时代，人民对舆论的信赖将成为一种以多数为先知的

---

① 陈明. 儒家政治哲学的特点及其范式建构——以亚里士多德《政治学》为参照 [J]. 哲学动态，2007（12）：19.

② Hume David. Essays Moral, Political, and Literary [M]. London: Oxford University Press, 1963: p29.

③④ [法] 让-雅克·卢梭. 社会契约论 [M]. 何兆武，译. 北京：商务印书馆，2003：35.

⑤ 马凌. 伟大的中庸：重新认识约翰·密尔的新闻思想 [J]. 北方论丛，2003（3）：125.

宗教……平等有两个趋势，一个是使每个人的精神趋向新的思想，另一个是使人容易不去思想。"① 他认为对公众舆论盲目的信仰，会使公众丧失独立思考的能力和习惯，进而产生与现代描述为"沉默的螺旋"相同的政治效果，最终导致不平等和不自由的产生。以理性自然主义为指导思想的民意研究取向，强调民意的自由表达，注重民意的社会立法、道德维系功能。

随着西方政治制度的日益完善和媒介功能的不断强大，现代舆论观由推崇意见的自由市场逐渐转向对公众舆论的引导和调和，实现了由理性自然主义向经验权能主义的转向。国外理论界倾向于把现代民意归为以下五类：（1）民意是个人意见的集合；（2）民意是多数人信仰的反映；（3）民意建立在团体利益的冲突上；（4）民意是媒体与精英的意见；（5）民意是一种虚构②。

1922 年，沃尔特·李普曼出版了《公众舆论》（又译《舆论》《舆论学》）这一对后世有着深远影响的经典之作。该书对现代舆论研究进行了系统的梳理，对舆论的形成、主体、影响、传播等作了深刻的分析，并提出了议程设置、虚拟环境、刻板成见等经典性理论，有力推动了现代舆论学的发展，拓展了现代舆论的研究领域。其后，德国著名女社会学家诺依曼从社会心理学的角度对舆论进行了深入的研究，她在《沉默的螺旋：舆论——我们社会的皮肤》一书中系统概括了"沉默的螺旋"理论，认为舆论的形成不是社会公众的"理性讨论"的结果，而是"意见气候"的压力作用于人们惧怕孤立的心理，强制人们对"优势意见"采取趋同行动这一非合理过程的产物③。她指出，舆论作为"我们社会的皮肤"：它是个人感知社会"意见气候"的变化、调整自己的环境适应行为的"皮肤"；同时，"它的任务是促进社会一体化，保障基本行为和观念达到足够的一致水平"④，"维持社会整合，就像作为'容器'的皮肤一样，防止由于意见过度分裂而引起社会解体。"⑤ 哈贝马斯也从社会心理学的层面定义"公众舆论"，认为公众舆论是当民众属于同一社会群体时，他们对于某一问题的态度⑥。以经验权能主义为指导思想的民意观，从民意形成与发展的内在演化规律着手，注重发挥民

① ［法］阿力克西·德·托克维尔. 论美国的民主 ［M］. 董果良，译. 北京：商务印书馆，1996：526.
② 董海军，汤建军. 国外民意调查的历史与现状分析 ［J］. 学习与实践，2012 （2）：104.
③ 郭庆光. 传播学教程 ［M］. 北京：中国人民大学出版社，1999：219 – 220.
④ ELISABETH N. N.. The spiral of silence：public opinion-our social skin ［M］. Chicageo：The University of Chicago Press，1993：220.
⑤ ELISABETH N. N.. The spiral of silence ［J］. Journal of Communication，1974 （9）：58 – 64.
⑥ ［德］尤尔根·哈贝马斯. 公共领域的结构转型 ［M］. 曹卫东，等译. 北京：学林出版社，1999：295.

意的社会功能与政治影响，特别是把民意与公众舆论研究、大众媒介传播和社会
日常控制结合起来，推动了现代民意理论的发展。

　　二是关于民意调查方法的研究。随着现代科学技术的发展，民意调查的理论
与方法日益成熟并广泛应用。在国外民意研究中，民意调查是："运用系统性、
科学性、定量性的步骤，迅速、准确地收集公众对公共事务的意见，以检视公众
态度变化的社会活动，其主要功能是真实反映各阶层民众对公共事务的态度，以
为政府或相关单位拟订、修正、执行政策的参考。"①

　　鉴于民意调查的重大影响，国外政府把民意调查作为制定公共政策、反映社
情民意、参与竞选活动、进行政治博弈、开展社会动员以及推行外交政策的重要
工具和手段。国外对民意调查的研究，可以归结为两个主要方面：一方面是重视
民意调查的理论研究。有学者对民意调查理论进行了阶段性的划分，认为早期阶
段的民意调查理论主要遵循的是模拟民调理论，或称"草根投票""假投票"，
具有模糊性和笼统性，过程不严谨，精度不高②。在民意调查的科学化阶段，基
于政治发展和社会稳定的需要，大量的民调机构成立，民意调查与舆论学、传播
学等学科结合，形成了盖洛普民意调查理论和保罗·拉扎斯菲尔德的舆论领袖概
念与两级传播理论等，调查技术与统计方法日渐成熟。对实证调查方法的过度热
衷，对调查数据的过度依赖，同时也导致了民意调查活动陷入技术至上的误区。
20 世纪 60 年代以来，具有代表性的理论成果有："议程设置理论""沉默的螺旋
理论"和"精确新闻理论"等。现代民意调查理论注重从宏观上把握社会的整
体联系，把民意调查嵌入环境、社会、政府、媒介和人的联系之中，通过民意调
查来实现社会各方资源的互动与交流。另一方面是重视民意调查技术手段的应
用，试图通过技术手段和方法的改进，来获取精确的调查结果，用以准确把握社
会动向，指导政府决策，引导社情民意。特别是在政党竞选活动中，为了在竞选
中获胜，各竞选机构和候选人大量运用民意调查和进行民意测验，这已成为各国
竞选活动中的必要选项。政府在制定和执行公共决策，处理外交关系时，也经常
利用民意调查来分析政策走向以及调整外交政策。此外，民意调查还运用于许多
商业活动之中，以调查消费偏好和进行市场预测。从技术上看，现代民意调查融
合了社会学、统计学、管理学、心理学、信息学和计算机科学等多学科的技术与
方法，实现了由计算机辅助电话访问系统到计算机辅助面访系统、计算机辅助自
主访问系统、计算机辅助网络调查系统的发展，以求使民意调查实现科学化、精

① 王石番. 民意理论与实务 [M]. 台北：台北黎明文化专业公司，1995：24.
② 董海军，汤建军. 国外民意调查的历史与现状分析 [J]. 学习与实践，2012 (2)：104.

确化。

三是关于权力维护与民意操纵之间关系的研究。首先，把民意引导和舆论调控纳入政府管理的范畴已成为现代西方各国的通用方法。2003 年出版的《治理美国：断裂民主下的政治》一书写道："对于总统来说，管理舆论与管理官员是同等重要的活动。"引导民意，调和舆论，塑造政府形象，营造有利于政治体制需要的舆论氛围，实现政治权力机构的预期目标，已成为当前西方各国平衡政府与民众、政府与社会关系的重要方式。从民意引导和舆论调控的主体来看，国外政府权力机构在塑造民意、调控舆论方面发挥着重要作用，是最为重要的主体之一。其次，各政治利益集团也通过引导民意和舆论调控，进行政治博弈，参与、影响和控制政治活动以实现自身的利益诉求。此外，新闻媒体、民意调查机构等作为民意引导和舆论调控的载体与中介也发挥着重要作用，是民意和舆论的直接操控机构。事实证明，由于民意调查可以扮演双重角色，既可以反映民意，也可以塑造民意，决策者在利用民意调查时具有很强的灵活性①。有学者就指出，特别是国会领袖，民意测验帮助他们解决了决策过程中的三个关键问题：一是民意测验帮助他们了解公众在想什么，以便于在争论激烈的问题上建立"支持阵线"；二是民意测验有利于聚集和确定有关的信息，在错综复杂的问题网中找出最重要的问题；三是民意测验可以帮助提供支持立法立场的象征性的姿态，为人们确立一盏"立法指路明灯"②。

就西方资本主义社会传统价值观而言，出版、言论自由以及新闻自由是个人自由权利的重要内容，如何在引导民意，调控舆论，实现政治目标的同时又不侵犯个人自由权利，引发政治失序，这既是引导民意和调控舆论的关键，又是西方国家塑造民意，营造舆论的重点。对此，有美国学者认为："舆论同政府决策之间的关系，是有关民主政体与政治权力理论的核心。"③ 就民意引导和舆论调控的手段来看，西方各国成熟的政治管理体制和完善的法律法规保障了其引导和调控的有效性。同时，西方各国还注重与新闻媒体、民意调查机构的互动合作，通过"议程设置"，确立网络"把关人"，设置中介或过滤环节，转移公众注意力，引导问题措辞效应，构建媒体自律机制，建立信息发言制度，强化危机处置的"先例原则"，建立完善的信息收集与分析机制等方式，实现对民意的有效引导和舆论的有力调控。这些手段与方式的运用，尽管在民意引导和舆论调控上发挥了

---

① ②　陈月生. 国外政府利用民意调查引导民意研究综述 [J]. 社科纵横，2007（2）：125.

③　Lawrence R. Jacobs, Robert Y. Shapiro. Public Opinion and the New Social History: Some Lessons for the study of Public Opinion and Democratic Policy-making, Social Science History, Vol. 13. No. 1（Spring, 1989）: 1 – 24.

重要的作用，达到了西方各国预期的效果，但正如沃尔特·李普曼所说，通过大众传媒，精英们塑造他们想要的公众态度，民意调查只不过是操纵民意过程中的一种工具而已①。

四是关于政治对新闻传播控制的研究。为了促进政治体制的长期稳定与发展，争取民众对政府决策的服从与支持，西方各国高度重视发挥新闻舆论监督功能，不断强化对新闻传媒的控制，塑造民意，引导舆论，服务于政治统治需要。从形式上看，西方新闻媒体作为独立机构，看似有着"绝对自由"，不受政府管理和干预，能独立制造新闻、发布信息，西方社会也把新闻界视作立法、司法和行政之外的"第四权力"。然而就西方各国政府而言，虽然它处于媒体监督之下，却可以主动控制和利用媒体，在实际社会格局和关系对比中，形成了强政府—弱媒体和小对抗—大合作的局面。政府以国家权力为后盾，一方面，通过制定相关法律条款对新闻内容进行过滤与监控，营造有利于自己的新闻舆论。正如美国报人理查·霍奇勒在《操控新闻》中所说："许多美国报纸的读者并不知道，他们所阅读的'新闻'，很多其实并非出自新闻人员本身的勤奋发掘或谨慎思考，而是来自某份由政府机构所发布、上面印有'请勿引述来源'的新闻资料。"② 此外，西方政府还通过多种手段直接控制新闻内容，如通过控制记者来控制新闻传播；控制社论来控制媒介观点等③。另一方面，政府机构或利益集团通过各种手段对新闻媒体机构进行直接或间接的操纵以引导舆论，塑造民意。西方国家主要常用的手段首先是资本控制，如1982年，美国传播批判学者本·巴格迪坎通过研究发现，美国的全部新闻与娱乐业（包括电视、广播、有线电视、电影、报刊和出版业等）实际上控制在50家大公司手里；到1996年，对传媒的垄断更集中在10家公司手里；而到2000年，美国的传媒娱乐业几乎被五个大财团——在线／时代华纳集团、沃特·迪士尼集团、通用电器集团、新闻集团和Viacom（维亚康）集团所垄断。其次是广告控制。据统计，广告收入占美国报纸总收入的四分之三，占杂志总收入的一半，占广播电视业收入的几乎100%④。再次是垄断新闻源。美国的1748家日报从美联社和合众国际社得到大部分全国性新闻。许多大型广播电台也承认，他们的广播90%是靠逐条地收录合众国际社的电传打字

---

①　王石番. 民意理论与实务［M］. 台北：台北黎明文化专业公司，1995：225.

②　［美］伯纳德·罗肯克. 制作新闻［M］. 姜雪影，译. 台北：远流出版社事业股份有限公司，1994：129.

③　吴庚振，周远帆. "软控制"西方国家新闻自由的背后［J］. 河北学刊，2004（5）：203.

④　胡正荣. 新闻理论教程［M］. 北京：中国广播电视出版社，2001：193.

来填满的①。从西方新闻传媒的角度分析，新闻传媒作为社会上层建筑的重要组成部分，属于意识形态范畴，依赖于一定的社会经济基础。西方学者们从新闻传播体制、内容、功用等方面入手，分析了政府机构与新闻传媒的密切关系，并论述了新闻传媒机构在经济基础、制度安排、新闻来源、信息传播，甚至机构设置上受政府影响、控制的现实情况。西方新闻传媒作为政府机构与社会大众之间的中介和桥梁，虽然在辅助政府决策和引导社会舆论过程中发挥着双向调节作用，但其在民意塑造与调查测验、舆论引导与制度设计、新闻内容以及传播效果中明显受社会精英阶层的影响和政府机构的操控，正如西方学者在谈到传播学的"议程设置"时所言，"在多数时间，报界在告诉人们该怎样想时可能并不成功，但它在告诉它的读者该想什么时，却是惊人地成功"②。

总体来看，国外学界特别是美国学界对民意的研究历史悠久，起点较高，视角全面，方法科学，研究成果也非常丰富，同时国外民意研究糅合了众多的学科体系，形成了科学性与系统性、专门性与综合性、定量与定性相结合的研究格局，体现出以下几个方面的特点：

一是民意研究的溢出效应。民意（公众舆论）问题并非仅仅是舆论学或传播学的研究范畴，而是众多学科共同关注的主题。民意不仅是意志、情绪、观念的集合与表达，更涉及个体权益、群体意识、公众参与、社群心理、组织活动、社会动员等方面。现代意义上的民意研究，起步于政治哲学层面，契合了资产阶级的兴起与斗争的需要。随后对民意的研究拓展到社会学、心理学、管理学领域。西方学界从社会群体组织、社会群体心理、社会群体动员等角度对民意的社会影响进行了深入研究，推动了民意研究的深化，使民意研究由理论层面向经验层面发展。20世纪20代年，自李普曼对民意（公众舆论）进行了系统的总结之后，民意研究开始与传播媒介、数理统计、调查方法等技术相结合，各类民意调查机构蓬勃发展，各种民意调查广泛应用，民意调查与预测在西方各国政府管理和公共决策方面起到了重要作用。20世纪60年代，民意研究的理论与方法进一步与新闻传播学、舆论学相结合，最终实现了由理性自然主义向经验权能主义的转向，形成多学科的民意研究格局。

二是民意研究的预测功能。由于民意调查具备了对政治气候和社会状况的预测与反馈功能，因此，现代西方各国越来越重视运用民意调查辅助政治活动。随着现代科学技术的迅猛发展，民意调查技术也不断得以开发。当前，西方学界在

---

① 刘建明. 现代新闻理论 [M]. 北京：民族出版社，1999：431.
② Bernard Cohen. The Press and Foreign Policy Princeton [J]. NJ：Princeton University Press, 1963：13.

民意研究方面比较偏重于实证方法，侧重于技术手段的运用，而较少采用逻辑推演的方法。西方学界大都把民意看作个人意见和观点的汇聚和相加，他们通过实证技术工具的应用，试图发现和挖掘所有社会公众的意见和偏好，服务于政府部门的决策，并力图进一步影响和塑造民意，引导社会舆论。尽管西方各国利用民意调查较为普遍，取得了丰富的理论成果与实践经验，但由于民意调查活动受到各方利益集团的左右，加之民意调查技术固有的局限，民意调查结果在一定程度上出现了失真和异化，民意调查实际已演变为操纵民意和左右舆论的工具，社会精英层与普通民众之间二元对立的情况在民意调查过程中更为突出。正如金斯伯格断言："通过民意调查、媒体和公关手段，现代国家已经学到了许多操纵和管理舆论的方法。①"

三是民意研究的学科属性。一方面，西方的研究成果体现了宏观研究与微观研究，理论建构与个案分析相结合的趋势。以西方权威舆论学术刊物《民意季刊》（*Public Opinion Quarterly*）为例，该刊中的论文多围绕西方选举活动展开，从微观操作层面入手，以民意调查为基本手段，大量运用定量分析与模型建构，研究向精确化和精细化发展。而相关研究专著则主要从宏观层面对民意与舆论理论进行论述，重在对基本理论进行厘清，对基本规律进行概括，特别值得借鉴的是，这些研究不仅在纵向上推进了理论的发展，而且还综合了政治学、社会学、心理学、传播学、统计学、信息学等多学科知识，在横向上拓宽了研究面向，增强了研究成果对社会现实的解释力，为西方国家塑造民意，引导舆论作出了贡献。另一方面，尽管现代意义上的民意与舆论研究发展时间不长，在一些基本概念和内涵界定上还存在不同声音，但总体来看，西方民意与舆论研究的历史传统，研究成果以及现实的需要，使得民意与舆论研究具备了成为一门独立学科的条件。

毋庸置疑，国外学界关于民意与舆论的研究为我国运用马克思主义新闻观开展网络舆情管理提供了一定的学理研究基础，拓宽了研究视野。但应该看到，西方国家的民意与舆论研究最终目的是服务于西方资产阶级国家的政治统治和社会治理的需要，具有较强的虚伪性、阶级性和局限性。有些研究成果的视角、价值、方法与目的与我国的实际出入还较大，因此，在借鉴西方研究成果的同时，我们必须清醒地认识到其政治体制、文化传统、价值观念、社会发展、治理方式等的差异性，不能盲目照搬套用。

---

① Benjamin Ginsberg. The Captive Public：How Mass Opinion Promotes State Power［J］. New York：Basic Books，1986：224.

第五节　研究思路、方法和创新之处

一、研究思路

本书以学术界已有研究成果为起点，以当前网络舆情管理存在的问题为导向，以马克思主义新闻观的科学理论为指导展开研究。研究的总体思路为：一是找准症结所在，即对当前中国网络舆情管理存在的问题及原因进行全面分析；二是确立理论框架，即对马克思主义新闻观的基本价值、理论内涵、立场观点进行系统梳理，为问题的解决提供基本的理论依据；三是全面分析，结合马克思主义新闻观的具体内容，探讨了马克思主义新闻观指导网络舆情管理的必要性、可能性和可行性。

本书以总分总的逻辑结构开展研究，分为导论和正文两部分。导论部分主要系统梳理和总结了学术界已有研究成果，对研究背景、研究意义、主要概念、研究现状、研究方法及创新之处等进行了简要说明。正文部分，第一章主要阐述了马克思主义新闻观的发展阶段、基本内容以及历史地位和现实意义，为本书的研究奠定了理论框架。第二章主要阐述了网络舆情的内涵、构成要素，明确了网络舆情管理的定义和中国网络舆情管理的现实条件，重点分析了中国网络舆情管理存在的问题及问题产生的原因，确立了本书要解决的基本问题。第三章到第六章分别以马克思主义新闻自由观、真实观、党性观和人才观四个方面内容为基础，对如何指导中国网络舆情管理进行了具体分析。第七章主要从方法论的角度分析了马克思主义新闻观指导网络舆情管理的基本原则、基本策略和基本方法。最后为结论部分，主要对本书基本内容进行了总结与回顾，对尚未解决的问题进行了说明。

二、研究方法

马克思主义新闻观与网络舆情管理研究，既涉及理论的历史回顾又关切到现实症结的解决，是一个关联历史与现实、统摄宏观与微观的综合性研究课题，需要借助多学科知识与多样化手段，这也决定了研究方法的多样性。

（1）文献研究法。文献研究法主要指搜集、鉴别、整理文献，并通过对文献的研究，获得背景知识、间接经验和理论框架，形成对事实科学认识的一种方法。一方面，通过查阅文献资料，对马克思主义新闻观的思想、内容进行全面的分析、梳理，框定本书研究的基本理论基础。另一方面，通过查阅相关文献，广泛搜集国内外有关网络舆情管理研究的资料，为本书廓清基本研究对象，分析对象特点，找准具体对策提供思路。

（2）比较分析法。比较分析法是按特定的指标体系将客观事物加以比较，以达到认识事物的本质和规律并作出正确评价的方法。本书涉及诸多方面的新和旧、传统与现代、历史与现实的比较分析，如传统媒体时代与新媒体时代，传统舆论场与新媒体舆论场，社会舆情与网络舆情，传统管理手段与现代管理手段等，研究内容决定了比较分析法贯穿全文。

（3）跨学科研究法。跨学科研究法是指运用多学科的理论、方法和成果从整体上对某一课题进行综合研究的方法，也称"交叉研究法"，其目的是通过超越分门别类进行研究的传统方式，对问题进行整体性和综合性研究。本书研究既运用了马克思主义新闻观的基本理论，又充分吸收现代新闻传播学的相关理论，还借鉴了政治学、社会学、心理学、管理学、信息科学等多学科的知识开展跨学科的交叉研究，以求对问题进行全面透彻的分析。

（4）系统分析法。本书在对两个研究对象：马克思主义新闻观与网络舆情进行分析的过程中，综合运用系统分析的方法，从内容、结构、要素等角度进行系统分析。在马克思主义新闻观指导中国网络舆情管理的方法层面，也结合系统思维从宏观、中观、微观三个层面进行了系统构建，对指导的原则、策略和方法进行了探讨。

三、创新之处

第一，视角创新。本书结合马克思主义经典文本和马克思主义中国化的最新理论成果，对马克思主义新闻观的具体内容、历史地位和现实意义进行了全面的梳理。从时间脉络上对马克思主义新闻观的发展阶段进行了分析，从基础理论上对马克思主义新闻观的具体内容进行了总结。在理论梳理的基础上，本书确立了马克思主义新闻观为指导我国网络舆情管理的基本理论根据，克服了以往仅从意识形态层面或新闻传播层面来研究舆情管理的范式，为当前我国开展网络舆情管理提供了更为有力的理论支撑和新的研究视角。

第二，观点创新。本书在对马克思主义新闻观的理论内容进行系统梳理的基础上，把抽象的理论原则与网络舆情管理的现实状况联系起来。结合马克思主义基本原理、马克思主义新闻观的内在要求和新闻传播的基本规律，重点对马克思主义新闻自由观、真实观、党性观与人才观的新时代内涵进行了分析。根据马克思主义新闻观的主要内容和当前我国网络舆情的基本特征，本书从有效管理网络舆情的角度出发，认为马克思主义新闻自由观是指导中国网络舆情管理的根本依据；真实观是指导中国网络舆情管理的必然逻辑；党性观是指导中国网络舆情管理的基本立场；人才观是指导中国网络舆情管理的基本保障。在分析马克思主义新闻观与中国网络舆情管理的内在关联度与契合性的基础上探讨了马克思主义新闻观指导的可能性和必要性，增强了马克思主义理论在新时代的说服力和影响力。

第三，对策创新。本书在遵从马克思主义新闻观的内在规定性和网络舆论传播规律的基础上，从三个层面阐述了马克思主义新闻观指导网络舆情管理的基本原则、管理策略与主要方法，把宏大的理论叙述具体化为可操作的实践途径。本书从管理主体的角度提出了依法管理、信息公开、协同治理、导控结合、时效优先、预防为主等六个方面的管理原则，从传播要素的角度提出了优化舆论环境、提升主体理性、实施内容管理、强化媒介融合、培植意见领袖、把握受众特点等六个层面的管理策略，从舆情管理影响因素的角度提出了信息引导、情绪疏导、文化熏陶等五项具体的管理方法，进一步强化了马克思主义的理论指导与方法论意义，在具体的应对之策上为我国党政部门开展网络舆情的有效管理提供了一定的参考和借鉴。

第一章

马克思主义新闻观概述

马克思主义新闻观是指马克思主义对于新闻现象和新闻传播活动的总的看法，它是在批判资产阶级新闻观的基础上形成的一种全新的无产阶级的新闻观，是马克思主义理论体系的有机组成部分。马克思主义新闻观是一个开放的科学理论体系，是无数的马克思主义者在长期的革命斗争与社会建设实践中，以马克思主义基本原理为指导，以新闻宣传为"批判的武器"，对新闻活动的一般规律不断总结、提炼、充实、完善和发展的新闻思想的结晶。

马克思主义新闻观的持久生命力在于它体现了新闻传播的内在本质和基本规律，客观真实地反映了广大人民群众改造主客观世界的实践活动，集中代表了无产阶级领导广大人民群众投身实践的意愿和呼声。马克思主义新闻观的生命力还在于它是一个与时俱进的理论体系。列宁曾指出："现在必须弄清一个不容置辩的真理，这就是马克思主义者必须考虑生动的实际生活，必须考虑现实的确切事实。"[①] 随着时代的发展，科技资讯日新月异，媒介载体推陈出新，马克思主义新闻舆论工作者在推进理论与实践创新的过程中也逐步适应了媒介载体从纸质到电子，传播通道从单一到多元，传播面向从小众到分众的发展变化，这也为马克思主义新闻观引导中国社会舆情，反映群众生活，丰富群众精神，开展群众说服和教育工作创设了必要的条件和基础。

第一节 马克思主义新闻观的形成与发展

马克思主义新闻思想是人类思想的宝库，它是一个博大的思想理论体系，蕴

---

① 列宁选集：第 3 卷 ［M］. 北京：人民出版社，1995：26.

藏着巨大的发展潜力，是以马克思主义经典作家为代表，凝聚了无数马克思主义新闻工作者关于新闻舆论工作的正确思想的集中概括和理论总结。一套理论体系的形成，无疑要经历漫长岁月的洗礼与检验，马克思主义新闻观也是如此，其先后经历了创立、发展以及中国化三个时期。事实证明，马克思主义新闻观不仅是对世界新闻现象和新闻规律的正确理论总结，同时也是无产阶级改造世界的锐利思想武器。

一、马克思主义新闻观的创立

马克思主义新闻观的创立主要是由马克思和恩格斯为代表的早期无产阶级革命家来实现的。纵观马克思和恩格斯的革命斗争生涯，新闻报刊活动是其革命活动的重要组成部分，新闻思想是马克思主义理论体系的重要内容之一。纸媒时代，报刊是最为主要的传播媒介。通过报刊来抨击旧的政治制度，指导工人阶级运动，引领社会思想舆论，传播革命理念，在当时是最为有效的革命手段和斗争武器。马克思和恩格斯正是认识到了报刊的普遍性与广泛影响力，才在长达半个世纪的时间内，把所从事的人类解放事业始终与报刊活动紧密联系在一起。

马克思和恩格斯通过亲身实践，以无产阶级报刊为载体开展革命斗争。以马克思和恩格斯亲自参与主编的部分刊物为例，1842 年 10 月，马克思正式成为《莱茵报》的主编后，刊物的革命民主主义的倾向日益明显，使得刊物的订购用户数量大增，影响日益广泛。报刊的社会影响直接引起了普鲁士政府的恐惧和反动报纸的攻击，并对报刊实施严格的双重检查制度，最终查封了该报。在为报刊撰稿的过程中，马克思本人也开始从唯心主义转向唯物主义，从革命民主主义向共产主义转变。1844 年，以马克思为实际主编的德国"第一个社会主义的刊物"《德法年鉴》，虽然只出版了 1 期合刊号，但所刊载的文章表明马克思和恩格斯最终完成了由革命民主主义向共产主义的转变。1848 年，出于德国革命形势的需要，马克思和恩格斯在德国科隆创办了一份大型德文政治性日报：《新莱茵报》。《新莱茵报》表现出鲜明的无产阶级性质，是世界上最早的马克思主义报纸，实际上成为共产主义者同盟的机关报。报纸有力批判了专制制度，大力支持民族解放运动和无产阶级运动，对欧洲大革命产生了巨大的影响。为总结 1848 年革命的经验，制定无产阶级政党的理论和策略，1850 年，马克思和恩格斯继《新莱茵报》之后创办了评论性杂志《新莱茵报·政治经济评论》。该杂志共出版了 6 期，马克思的《1848 年至 1850 年的法兰西阶级斗争》，恩格斯的《德国维护帝国宪法的运动》《德国农民战争》等先后在杂志上发表。在创办和出版过程中，马克思和恩格斯还就报纸和杂志的各自特点、工人参与办报的性质和任务、舆论的社会功能等问题进行了探讨。此外，他们还参与了如《前进报》《德意志—布鲁塞尔报》《人民报》等诸多刊物的编辑工作，为 200 多家报刊撰写过文稿，近 1500 家报刊在他们的论著中被提及。从马克思和恩格斯新闻观发展的过程来看，大致可分为三个时期：一是 1842～1843 年以《莱茵报》为中心开展的新闻实践活动，为其新闻观的萌芽时期。这一时期他们主要通过撰写大量的稿件来反映下层人民的苦难生活和强烈呼声，为人民的自由权利特别是出版言论自由大声疾呼，体现出了马克思主义人民报刊的初步思想。二是 1848～1849 年以《新莱茵报》为中心的新闻观发展时期。这一时期他们主要通过无产阶级报刊来开展对资产阶级和封建势力的斗争，阐明了工人阶级党报的历史任务和党性原则，把无产阶级党报作为争取工人阶级解放的斗争武器。三是 1850 年后以《新莱茵报·政治经济评论》为中心新闻观的成型时期。这一时期他们筹措资金创办工人阶级的机关报，主要阐述了无产阶级报刊干预运动，充当喉舌，映射社会，联系人民的功能。

在长期的革命斗争生涯中，马克思和恩格斯创立的无产阶级新闻学说，开辟了世界新闻传播的新纪元，为各国无产阶级革命实践提供了新闻舆论宣传的基本理论和原则指导。在马克思主义新闻观的创立阶段，马克思和恩格斯早期新闻实践活动的中心任务在于通过反对普鲁士旧有的书报检查制度，以争取广大人民的言论自由和出版自由权利，从而增强人们之间的精神交往。在反对旧的书报检查制度的斗争实践中，马克思和恩格斯提出了新闻与出版自由的基本思想：争取新闻出版和言论自由，遵循新闻的客观真实性原则与新闻报道的一般公正性原则。同时，马克思和恩格斯还进一步认识到无产阶级政党必须以党报党刊为宣传阵地和斗争武器，进而阐发了他们"人民报刊"的思想，赋予了新闻宣传鲜明的阶级立场，论证了党报党刊作为"喉舌"和"耳目"的功能。

此外，还有一些新闻观点散见于他们的论著之中，如他们在创办《新莱茵报·政治经济评论》的过程中，还就报刊的经营与管理提出了具体的建议和办法。恩格斯在给奥·倍倍尔的信中还曾多次论及报刊的社会批评与舆论监督功能，强调党报在形式上可以"独立"，但同时要接受党的"道义上的影响"等，这些论述构成了马克思主义新闻观在创立阶段的丰富内涵。尽管他们在一生的新闻实践中遭受过各种反动势力的打压、查封甚至迫害，但他们始终矢志不渝、勇敢战斗，反映了他们为革命而献身的大无畏精神，正因为如此，才愈发显现出马克思主义新闻观的伟大性与真理性。

二、马克思主义新闻观的发展阶段

在马克思主义新闻观的形成与发展过程之中，马克思和恩格斯从辩证唯物主义和历史唯物主义的角度对新闻的一般规律和党报党刊的作用与功能进行了总结、提炼。但具体到不同的国别、国情，不断深化马克思主义新闻观的内涵，推动马克思主义新闻观的丰富发展，则是与列宁、斯大林为首的一批马克思主义者的努力分不开的。

列宁就一直以新闻记者的视角或思维来观察世界并把自己的职业视为"新闻记者"或"政治作家"。据统计，列宁作为无产阶级革命家与宣传家，一生创办过的报纸有 40 多种，如《前进报》《无产者报》《新生活报》《消息报》等，其中，《火星报》与《真理报》影响最大。1900 年创刊的《火星报》共出版 52 期，在俄国革命前期起到了联系和组织全国马克思主义小组的作用。第一次世界大战爆发前夕，列宁于 1912 年指导创立了《真理报》，从此该报成为列宁宣传革命的主要媒介。"二月革命"胜利后，《真理报》作为俄国社会民主工党的机关报于 1917 年复刊。面对复杂的革命形势与尖锐的阶级斗争，列宁始终把无产阶级党报作为建党的重要途径和有力武器，并指出："我们必须集中一切力量来创办一个能正常出版和正常发行的党的机关报，……而我们在取得政治自由以前，则必须用革命的报纸来代替这一切，……没有革命的报纸，我们决不可能广泛地组织整个工人运动。"[1] 在取得政权后，列宁依然高度重视报刊工作，把社会主义报刊作为改变旧的宣传内容，推进社会主义建设的有力工具，并建立了中央生产宣传局来加强对新闻宣传的领导。

尽管斯大林的新闻思想比较零碎、分散，但也有对马克思主义新闻观发展与创新的部分。据资料分析，斯大林一生共创办过 18 种报纸，撰写过诸多新闻宣传方面的文章，拥有从办地方报、全国性报到建立苏联新闻报刊制度的经验。早在 1901 年《斗争报》的创刊号上，斯大林就发表了《编辑部的话》一文，初步阐明了创办定期刊物进行"有系统的宣传工作"，特别是运用机关报的政治立场来开展宣传、鼓动，进行广泛公开的斗争。1912 年 4 月，他与列宁一同创办了《真理报》这一全国性的报刊，并撰写该报发刊词，拟定了办报的方针。"二月革命"推翻沙皇统治后，斯大林协助列宁负责全国的党报编辑工作，进一步丰富了他的新闻实践经历。在担任苏联领导人期间，斯大林关于报刊工作的相关讲

---

① 列宁全集：第 4 卷 [M]. 北京：人民出版社，1984：169.

话、文章、指示、决议等共 400 多篇，逐步形成了关于新闻在监督揭露、促进生产、联系群众、开展批评与自我批评的党报宣传体制。

这一阶段，马克思主义新闻观随着马克思主义理论的发展以及俄国无产阶级革命实践的成功，得以不断丰富。具体主要体现在：一是对新闻真实性的探索。列宁根据新闻真实性原则进一步提出了通过确保出版自由，使人民享有创作与写作的自由权利；通过对新闻媒体机构所有权的占有，来为新闻真实提供物质保障；通过成立报刊革命法庭来确保新闻真实性；基于对真实性的辩证分析，为选择、分析和报道事实指明具体的方向。在革命实践过程中，列宁还区分了无产阶级与资产阶级新闻自由的观点，第一次旗帜鲜明地确立了社会主义出版自由的原则。二是对党报党刊重要作用的确认。列宁认为党报是无产阶级事业的有机组成部分，是党的重要工作内容之一，发挥着宣传、鼓动和组织群众的作用，是革命的"脚手架""鼓风机"。他还首先提出了全党办报和群众办报的观点，以党报、党刊来宣传革命，联系群众，反映社情民意。

斯大林在此基础上，进一步健全了党报党刊的宣传机构系统，并把无产阶级报刊作为社会主义建设的"精神导线"，强调了"精神导线"上传下达、联系群众、监督舆论、批评与自我批评的作用。

三、马克思主义新闻观的中国化阶段

马克思主义新闻观的中国化是指将马克思主义新闻观的基本原理作为最根本、最主要的理论资源与指导思想，创造性地应用于中国具体的革命、建设和改革实践之中，以进一步指导中国的新闻实践活动。马克思主义新闻观是一个开放的理论体系，中国化的马克思主义新闻观进一步丰富与拓展了马克思主义新闻观的内涵，是马克思主义新闻观与时俱进发展的产物。在马克思主义新闻观中国化的进程中，作为主要推动者和践行者的是以中国共产党人为代表的广大无产阶级革命家及新闻工作者。他们立足于中国的具体国情和时代特征，针对中国共产党在不同时期的历史任务，以马克思主义新闻观为基本指导，创造性地提出了一系列重要观点和论断，极大地丰富和发展了马克思主义新闻观，为中国革命和社会主义建设提供了有力的新闻宣传和舆论支持。

五四运动的爆发，给国人带来了思想上的洗礼和观念的启蒙，一大批仁人志士纷纷投身革命，一批初步具有共产主义思想的知识分子在中国近代以来无数次革命失败的教训中认识到只有掌握了先进的革命理论并用以指导革命实践，才能最终取得革命的成功。于是，他们以笔为武器，通过创刊办报来引导社会舆论，传播革命真理，揭露黑暗制度。早在五四运动之前，陈独秀、李大钊分别在上海和北京创办了《新青年》和《每周评论》，为新文化运动和马克思主义的传播开辟了阵地。随后在北京、上海、长沙、天津等地，涌现出具有社会主义倾向的200多种报刊，其中毛泽东主编了《湘江评论》，周恩来主编了《天津学生联合会报》和《觉悟》，这些刊物的创办为马克思主义新闻观的中国化提供了丰富的新闻实践经验。

中国共产党自成立之日起，就时刻把传播马克思主义，宣传革命理论作为自身使命，由此开启了中国化马克思主义新闻观的前进道路。1922年，党中央在上海创办了政治机关报——《向导》周报，在上海和广州又出版了宣传马克思主义理论的刊物——《新青年》季刊和《前锋》月刊。同时，在党的领导下，团中央、中华全国总工会、"中华女界联合会"等也都纷纷创办了自己的刊物。第一次国共合作破裂之后，党的办报活动也不得不转入地下，党中央相继创办了《红旗》《红旗日报》《斗争》《列宁青年》等刊物，在"苏区"建立了红色中华通讯社，创办了《红色中华》《红星报》《斗争》等刊物，其他根据地也纷纷出版和创办了宣传刊物。这些报刊的创办直接推动了马克思主义在广大农村地区的传播，为党在中国革命的低潮时期开展新闻舆论斗争，联系工农革命群众，确立革命必胜信心发挥了巨大作用。

抗战爆发后，党领导的新闻事业继续在战火中接受洗礼。到达陕北后，党中央先后恢复了相关的中央机关报，并更名为《新中华报》，成立新华社，继而又创办了《解放》周刊、《共产党人》《中国青年》《中国妇女》《中国工人》《中国文化》《边区群众报》等刊物，各抗日根据地也相继创办了如《晋绥日报》《江淮日报》等700多种报刊，《新华日报》还成为国统区公开出版的唯一机关报。党的新闻通讯体系也逐步创立，新华社在各地建立起了分社，1944年还成立了英文广播部和外宣刊物《新华周刊》，开展对外通讯。中国共产党新闻通讯体系和党报体系的初步建立，对宣传抗日方针，坚定抗日信心，鼓舞抗日斗志，抵抗民族侵略，争取舆论支持产生了不可低估的积极作用，促进了抗日战争伟大胜利的到来。

中华人民共和国成立后，党的新闻工作的重心也从战争方面转向社会主义生产建设方面。通过社会主义改造，中国建立起了新闻广播事业的社会主义体制，以党报党刊为主的报刊网、广播电台网以及国家通讯社网全面建立起来。到1960年，全国发行的报纸达1274种，广播电台达135座，同时13个电视台也初步得到发展。然而，"文化大革命"期间，党的新闻文化事业受到极大的摧残，全国的报纸仅剩40余家，而且新闻内容单调、新闻格式呆板，人们的舆论自由受限，思想与意识也被桎梏起来。

　　党的十一届三中全会后，以邓小平同志为首的党中央领导集体力除沉疴宿疾，以改革创新的精神开创了社会主义建设事业的新局面，社会主义新闻事业也迎来了新的春天。有关资料表明，仅在 1980 年至 1985 年 3 月，平均每一天半就有一份新的报刊产生。与此同时，随着经济社会活力的增强，一批专业型的报刊不断问世，如《中国财贸报》《旅游报》《市场报》《中国法制报》《中国农民报》等。至 1999 年，全国呈现出多层次、多类型、多文种的报纸达 2038 种，涌现出南方日报、广州日报、光明日报、经济日报等十多家报业集团，极大繁荣了新闻舆论市场。其中以《人民日报》为代表的一批党报党刊发挥着党和政府的耳目喉舌的作用，引领着社会舆论。广播电台作为传统媒体的重要形态之一，也在改革开放之后得到了长足的发展，以中央级广播电台为龙头，各地的广播电台事业飞速发展，到 20 世纪末，基本建成了全覆盖的广播电台体系，其中广播覆盖率达 90.35%，电视覆盖率在 91.95%。改革开放以来，新闻通讯社作为新闻信息的智库和信息总汇的重要平台也快速发展起来，目前新华社已成世界性通讯社，是"世界四大通讯社"之一，每天不间断地向全球发布新闻信息，形成了汇集海内外的新闻采编网络体系，极大地丰富了人民的精神文化生活需要。

　　21 世纪以来，随着网络技术的日臻成熟，以互联网为支撑的新媒体技术不断推陈出新，涌现出交互性、即时性、多样性和便捷性更强的传播新样态，并被笼统冠之以"第五媒体"。网络新媒体作为连接现实社会与虚拟空间的重要通道和传播形态，颠覆了传统信息的传播方式，对当前人们的社会交往和信息传播活动产生了巨大影响，日益受到党和政府的高度重视。党的十七届四中全会就专门强调要注重网络舆情分析，随后出台了管网、治网的系列法律法规。2014 年 8 月 18 日，习近平总书记在中央全面深化改革领导小组第四次会议上强调，要加快传统媒体和新兴媒体融合发展，充分运用新技术新应用创新媒体传播方式，占领信息传播制高点。党的十九大报告从掌握意识形态领导权、管理权和话语权的角度强调了要坚持正确舆论导向，重视传播手段建设和创新，提高新闻舆论传播力、引导力、影响力、公信力。近年来，国家级新闻媒体机构和传统党报党刊也顺应移动互联网的发展趋势，纷纷开通微信、微博等网络社交平台和信息发布平台，宣传党的路线方针政策，取得了较好的社会效果。

第二节　马克思主义新闻观的主要内容

　　马克思主义新闻观虽然产生于纸媒时代，源流于西方社会，但由于它是对新闻传播内在规律的科学揭示和对新闻宣传功能的全面阐述，因此，马克思主义新闻观并没有受限于传播条件和媒介载体的限制，反而随着时代的进步得以不断丰富发展，为指导无产阶级的新闻实践活动提供了科学的指南。马克思主义新闻观的发展在不同时期虽然内容和重点有所侧重，但其基本精神内核与主要内容依然迸发出鲜活的生命力。具体来看，马克思主义新闻观的主要内容有以下几个方面。

一、新闻自由观

新闻自由是新闻最本质的特征，它是人的自由精神交往的体现，是展现人的自身全面发展的本质性诉求，也是无产阶级解放自身，追求平等权益的基本前提。马克思参加政治生活的早期就发表了《评普鲁士最近的书报检查令》的政论性文章，通过对普鲁士书报检查制度的虚伪性和欺骗性的深刻揭露，明确指明了书报检查制度的反动性，从政治上论证了新闻自由的必要性与正当性，并提出了新闻出版自由的基本思想。他提出自由是人的本质属性和内在规定，新闻出版自由是精神上的自由，是对真理占有的自由，是与新闻出版的本质要求相一致的。要确保精神上的自由，就必须允许自由地表达，如实地反映事物的本质属性，体现在新闻领域就是要允许自由报刊的存在，允许自由表达的权利，允许多元的创作风格，以充分展示人们丰富的精神世界。他认为，相对于书报检查法，新闻出版法是确保真正获得新闻自由的法律保障，是在法律上对新闻自由的承认，缺少了新闻出版法的新闻出版自由只是形式上的自由。

在革命实践过程中，列宁不仅深刻地揭露了资产阶级出版自由的反动性与虚伪性，还对新闻出版自由的性质、特点和物质条件都进行了全面的论证，并且区分了资产阶级新闻自由与无产阶级新闻自由，第一次旗帜鲜明地确立了社会主义出版自由的原则。列宁所认为的出版自由，全面地体现在全体公民可以自由地发表一切意见，而不是被资产阶级所收买的报纸、作家和舆论的自由。要实现出版自由，他主张首先就要在全新的制度下创办新型的、自由的报刊，并占有出版自由报刊所需的具体物质条件实施所有权，如对印刷所和纸张的占有，对广告业务的国家垄断，并要成立报刊革命法庭来对新闻出版进行法治管理，保证新闻出版自由权利不受侵犯。他提出："一旦新秩序得到巩固，所有不利于报刊的行政措施都将废止；根据这方面所规定的最广泛、最进步的规定，在对法律负责的范围内，新闻将得到充分的自由。"① 在新生政权成立后，列宁把出版自由与人民的广泛民主权益结合起来，实现了在新闻出版形式上的自由向实质上的自由的转变。从内容和形式上看，这一阶段所强调的新闻自由主要是指在与资产阶级的新闻特权和新闻审查制度开展斗争过程中无产阶级所取得的新闻自由权利。

从中国共产党领导的新闻实践来看，中国的新闻自由思想主要是在与国民党反动派的舆论统治的斗争中逐步形成的。毛泽东在《论联合政府》一文中就明确表达："人民的言论、出版、集会、结社、思想、信仰和身体这几项自由，是最重要的自由。"② 随着对新闻舆论认识的深入，毛泽东还提出了"舆论一律又不一律"的思想，这表明了新闻舆论鲜明的阶级特性和新闻舆论自由的相对性，即在党的领导下，由于我国社会主义制度的性质，决定了在我国人民内部实行"不一律的舆论"，人民有充分的言论表达权利与发表各种意见的自由；而对于反革命分子和破坏社会主义制度的敌对势力则要运用"舆论一律"的方式对其舆论进行限制。1983 年，邓小平针对当时理论界和思想界自由主义思潮大行其道的现象，提出必须要及时采取坚定措施进行制止，并且要求在教育、新闻、出版、广播、电视等方面加强批评与自我批评，以澄清思想上的混乱，这实际上也反映了改革开放时期我国新闻舆论自由依然具有相对性的特征，依然需要对其进行有效管理和引导。20 世纪 90 年代，江泽民也进一步阐述："任何自由从来都不是抽象的而是具体的，不是绝对的而是相对的。在任何一个国家，都不存在绝对的毫无限制的'新闻自由'。"③ 同时，他也进一步指出新闻宣传工作既要坚持弘扬主旋律，又要提倡多样化，即新闻宣传工作既要遵循一定的方向、一定的纪律以确保内容上的积极健康向上，同时在表现形式上又要生动活泼，形式多样，不受条条框框的过度限制。

可见，就新闻自由的发展来看，在不同的时代背景和发展阶段，新闻自由的内涵和诉求有着不同的表现形式。在马克思和恩格斯与列宁时期，新闻自由主要表现为无产阶级为争取新闻言论与出版自由的基本权利而对资产阶级的新闻出版制度进行驳斥、斗争。中华人民共和国成立后，新闻自由的诉求主要表现为人民新闻言论自由表达的实现方式和实现途径。

---

① 中国人民大学科学社会主义系. 国际共产主义运动史文献史料选编第 4 卷［M］. 北京：中国人民大学出版社，1985：117 – 118.

② 毛泽东选集：第 3 卷［M］. 北京：人民出版社，1991：1070.

③ 中共中央文献研究室. 十三大以来重要文献选编（中）［M］. 北京：人民出版社，1993：773 – 776.

二、新闻真实观

真实性是新闻的生命，事实是检验新闻真实的标尺。马克思和恩格斯从辩证唯物主义和历史唯物主义的视角出发，特别强调新闻要遵从真实性的原则。马克思曾多次明确表示报刊要用事实来说话，要把"我们的全部叙述都建立在事实的基础上，并且竭力做到只是概括地说明这些事实"①。马克思站在唯物主义的立场，把哲学上的真实性本质规定具体到无产阶级的新闻报道活动之中，认为尽管无产阶级报刊的报道活动受主客观的多重影响，难免会出现部分不真实的情况，但随着实践活动的开展和事实真相的揭露，报道在总体上是与真相相符的，因此，"报刊的本质总是真实的和纯洁的"②。他第一次说明了真实性和纯洁性是报刊的本质属性，并把真实性作为衡量报刊"好""坏"的标准，即要"根据事实来描写事实"，而不是"根据希望来描写事实"。新闻只有具备了真实性才能彰显事实真相，才能真正反映人民的意愿，赢得人民的认同。恩格斯则更为直接、具体地对新闻报道的真实性进行了论述，"杂志将完全立足于事实，只引用事实和直接以事实为根据的判断"③。

列宁则就如何达到和实现新闻真实进行了细致的分析与考究。他提出通过确保出版自由使人民享有创作与写作的自由权利；通过对印刷厂、造纸厂和广告业务的国家垄断来为新闻真实提供物质保障；通过成立报刊革命法庭来打击虚假和歪曲的报道，以确保新闻真实性。对新闻报道的整体真实与社会真相的关系，列宁在《统计与社会学》一文中还进一步做了详细分析：即确凿的和无可争辩的事实才能作为立论的依据，而要掌握确凿的事实就必须立足于事实所处的整体联系之中来分析，而不能脱离具体的客观环境，抽取个别事实和实例来报道。列宁关于新闻真实性的思想最为具体和明确，也阐述得最为深刻和全面，为新闻报道活动如何选择事实、分析事实和报道事实指明了具体的方向，拓展和丰富了马克思、恩格斯新闻真实性思想的内涵。

结合中国革命和建设的实际，党的几代领导人都在不同时期对新闻的真实性进行了阐述。1925 年，毛泽东在《〈政治周报〉发刊理由》一文中就公开论述了办报的基本原则，即用事实说话，强调在新闻宣传活动中要尊重客观事实、多用事实来说明问题。在农村革命根据地建设时期，他要求各根据地办报要尽可能刊

---

① 马克思恩格斯全集：第 1 卷 [M]. 北京：人民出版社，1995：371.
② 马克思恩格斯全集：第 1 卷 [M]. 北京：人民出版社，1995：353.
③ 马克思恩格斯全集：第 42 卷 [M]. 北京：人民出版社，2017：413.

登实际消息，"严禁扯谎"，少发议论。延安整风运动中，毛泽东在《反对党八股》中再次强调宣传工作既要实事求是，又要用语丰富，为群众所喜闻乐见，杜绝"空话连篇，言之无物"，反对宣传工作浮而不实，无的放矢的作风。周恩来也说"只有忠于事实，才能忠于真理"。革命家和宣传家陆定一则更加明确地定义：新闻就是对新近发生的事实的报道。新闻的本源是事实，因而新闻工作者要尊重客观事实，从事实出发。刘少奇也曾指出，如果新闻报道不客观、不真实，就会存在主观主义和片面性。针对新闻真实不易掌握的实际，江泽民提出要从总体上、本质上以及发展趋势上把握新闻报道的真实性。面对多元多样思潮的冲击，胡锦涛进一步提出新闻宣传工作要坚持讲真话、报实情，实事求是地反映情况，坚决反对弄虚作假①。

三、新闻党性观

从本质上看，新闻属于社会意识形态的范畴，因此，作为意识形态的新闻事业在社会阶级存在的情况下总是反映和体现出一定的阶级性。马克思和恩格斯就曾指出，统治阶级的思想在每一个时代都是占统治地位的思想，新闻作为社会意识形态的一部分，它被哪个统治阶级所掌握，就必然反映这个统治阶级的意志和利益。无产阶级的新闻观也反映了无产阶级新闻观的党性原则和阶级立场。总体来看，马克思主义新闻观的党性原则主要表现为以下几个方面。

一是强调新闻的意识形态引领功能。在意识形态领域，新闻起着直接影响和决定社会舆论的作用。马克思认为"报纸是作为社会舆论的纸币流通的"②，社会舆论以报纸为媒介在社会中传播。他在创办《新莱茵报》时就认识到"向公众介绍当前形势、研究变革的条件、讨论改良的方法、形成舆论、给共同的意志指出一个正确的方向"③，这表明了媒体正是在正义组织的推动下，通过报刊和社会舆论这一"普遍的、隐蔽的和强制的力量"④ 来挑战反动阶级统治。列宁在《苏维埃政权的当前任务》一文中也明确表明，要把先进经验通过报刊的宣传，转变为社会舆论，成为推动社会主义建设的力量。在新闻的阶级性和党性问题上，毛泽东也曾提及："每个阶级都有自己的新闻观点和新闻政策。……无产阶级的新闻政策和资产阶级的新闻政策，有一个共同点，这就是新闻有阶级性、党

① 胡锦涛. 在全国宣传部长会议上的讲话［N］. 人民日报, 2002 - 01 - 12, 第 01 版.
② 马克思恩格斯全集：第 10 卷［M］. 北京：人民出版社, 1998：232.
③ 马克思恩格斯全集：第 43 卷［M］. 北京：人民出版社, 1982：489.
④ 马克思恩格斯全集：第 1 卷［M］. 北京：人民出版社, 1995：385.

派性。资产阶级报纸只登对他们有利的东西，不登对他们不利的东西。无产阶级和人民大众的报纸也不登对我们有害的东西。这都是阶级利害关系，是普遍规律。"① 党的十一届三中全会后，邓小平同志进一步对党报党刊进行了新的定位："要使我们党的报刊成为全国安定团结的思想上的中心。报刊、广播、电视都要把促进安定团结，提高青年的社会主义觉悟，作为自己一项经常性的、基本的任务。"② 社会主义建设时期，江泽民同志更是明确提出了舆论导向论，即"以科学的理论武装人，以正确的舆论引导人，以高尚的精神塑造人，以优秀的作品鼓舞人"③。2016 年 2 月 19 日，习近平在党的新闻舆论工作座谈会上的重要讲话中指出："党的新闻舆论工作坚持党性原则，最根本的是坚持党对新闻舆论工作的领导。……党的新闻舆论媒体的所有工作，都要体现党的意志、反映党的主张，维护党中央权威、维护党的团结，做到爱党、护党、为党。"④

二是重视无产阶级新闻媒体的建设。无产阶级新闻媒体的建设是无产阶级事业的重要组成部分，是无产阶级意识形态建设的重要机构和载体。这也决定了无产阶级新闻媒体也必然具有明确的政治立场和阶级党派性。一方面体现在对新闻宣传工作内容的定位上。在马克思主义政党的形成过程中，马克思和恩格斯始终把党的报刊作为政党的"喉舌"和"代言人"，强调要不断纠正党报的错误思想和宣传正确的革命理论，以维护党的社会声誉和党的理论的正确性。列宁进一步说明了报纸在革命实践中的宣传、鼓动和组织功能，并以"脚手架""鼓风机"来形容，首先提出了全党办报和群众办报的观点，以便通过党报党刊更好地实现党性与人民性的统一，达到宣传理论，团结力量，动员群众，反映社情民意的效果。斯大林更进一步提出了党报党刊是党的"精神导线"的说法，并强调这一"精神导线"在管理国家政治社会生活中所起到的重要作用。毛泽东认为创办相关新闻宣传报刊能"提高群众的斗争情绪，打破群众的保守观念"⑤，是发动群众投身革命的"一个有力的武器"。对此，刘少奇也曾提及："报纸是斗争最尖锐的工具。"⑥ 总体来看，党的第一代领导集体在新闻宣传的功能定位上，既继承了马克思主义新闻观"耳目喉舌"论的观点，同时还进一步阐发了党报"组

① 吴冷西. 忆毛主席 [M]. 北京：新华出版社，1995：36.
② 邓小平文选：第 2 卷 [M]. 北京：人民出版社，1994：255.
③ 中国新闻年鉴社. 中国新闻年鉴（1995）[M]. 北京：中国新闻年鉴杂志社，1995：1.
④ 习近平. 坚持正确方向创新方法手段　提高新闻舆论传播力引导力 [N]. 人民日报，2016 - 02 - 20，第 01 版.
⑤ 毛泽东文集：第 1 卷 [M]. 北京：人民出版社，1993：259.
⑥ 郑保卫. 中国共产党新闻思想史 [M]. 福州：福建人民出版社，2004：323.

织、鼓舞、激励、批判、推动的功能和作用"①，以及联系、教育、团结、动员群众的"桥梁和线索"功能。邓小平从改革发展稳定的大局，从维护国家的安定团结的政治局面出发，适时提出要把党报党刊建设为维护全国安定团结的"思想上的中心"的基本要求。党的第三代领导集体根据中国经济社会发展的新形势，提出了"喉舌论""生命论""导向论""创新论""根底论"等观点，全面丰富和发展了马克思主义关于新闻宣传的性质和功能，并把新闻媒体作为政党的"喉舌"拓展到作为"党、政府和人民的喉舌"，扩大了新闻活动的参与主体和新闻监督的涉及范围。另一方面体现在对党报党刊机构的组织领导上。马克思在第一国际时期，通过强化党的领导机构对党的机关报负领导责任，解决了党的机关报或工人报刊党性不强，游离于组织之外的情况，强调了党报党刊要有鲜明的党性。恩格斯也多次指出，党员和党刊有对党的领导进行批评的权利，党的领导机构也负有对党报党刊进行监督的权利，并进一步论述了党报应是政治机关报，必须具备政治性。列宁继承和发展了马克思和恩格斯有关党报的思想，他在坚持报刊不同观点、思想争论自由的同时又坚持马克思主义的办报方针，坚持党报的思想性、政治性和革命性。列宁还建立了中央生产宣传局，以扭转旧的宣传倾向和宣传体制，发挥党报在促进社会主义生产建设中的舆论宣传作用。中华人民共和国建立后，党中央建立起了系统的新闻宣传机构，要求新闻宣传机构服从于党的政策，紧跟当前政策来开展宣传工作。1948年，在《对晋绥日报编辑人员的谈话》一文中，毛泽东提出"要实行全党办报，群众办报"的方针；1956年，在与吴冷西的谈话中又提出"要政治家办报"，这意味着要办好党报党刊既要依靠党的领导，又要依靠广大群众的支持，充分体现了党报党刊是群众性与阶级性的统一的思想。刘少奇也曾提及在办报的过程中，要处理好报纸与党委的关系，防止出现报纸脱离党委的领导而闹独立的倾向和完全听从于党委从而失去创作自由的可能，要求把坚持原则性和坚持纪律性结合起来。在改革开放的进程中，邓小平站在思想建设的高度和维护安定团结政治大局的角度对新时期党的新闻宣传工作提出了具体要求，他指出："中央决定了的东西，党的组织决定了的东西，在没有改变之前，必须服从，必须按照党的决定发表意见，不允许对党的路线、方针、政策散布不信任、不满和反对意见。党报党刊一定要无条件地宣传党的主张。"② 江泽民也多次强调在坚持"双百方针"和"二为方向"的前提下，努力实现新闻宣传工作的原则性与灵活性、政治性与艺术性的结合，在思想内容、表

---

① 中共中央文献研究室. 建国以来毛泽东文稿（第七册）[M]. 北京：中央文献出版社，1998：13.
② 邓小平文选：第2卷 [M]. 北京：人民出版社，1994：272.

现形式、宣传方法等方面大胆创新。党的十六届四中全会把加强社会舆论引导作为执政能力建设的重要内容写入决议，再次体现了党对新闻宣传思想工作的高度重视。2016 年 2 月 19 日，习近平在党的新闻舆论工作座谈会上突出强调了党的新闻舆论工作职责使命，指出"党的新闻舆论工作是党的一项重要工作，是治国理政、定国安邦的大事……做好党的新闻舆论工作，事关旗帜和道路，事关贯彻落实党的理论和路线方针政策，事关顺利推进党和国家各项事业，事关全党全国各族人民凝聚力和向心力，事关党和国家前途命运。"① 这表明，新时期作为传统政治社会化基本手段的新闻舆论宣传，已成为党执政兴国的重要资源和社会治理的重要方式，也体现了党对社会主义新闻事业的认识与理解升华到了一个更高的高度。

四、新闻人才观

新闻舆论宣传队伍的整体能力和水平是新闻舆论宣传工作的重要保证，它直接影响和决定着新闻宣传和舆论引导的实际效果。在党报创办的过程中，马克思和恩格斯多次声明党的新闻工作者要服从党的领导，随时为党服务，并要求新闻工作者具备较强的职业精神，遵循新闻报道的"一般的公正"原则，摒除个人的主观倾向和情绪，以客观理性的态度和公正公平的视角来报道新闻。恩格斯还专门提及"党的政论家需要具有更多的智慧、更明确的思想、更好的风格和更丰富的知识。"② 在批判《无产者报》时，恩格斯强调党报的办报者不仅要头脑清晰，还要有一定的理论素养，能认识到无产阶级的长远利益和革命道路。在同各种反对派的斗争中，恩格斯特别强调党报编辑和负责人需要具备无产阶级思想和大局观，既要有理论高度，又要善于向群众学习，还要懂得理论联系实际。为克服建国初期的经济困难，列宁把报刊的工作重点转移到指导经济建设上来，他要求报刊工作人员适应社会形势发展的需要，"少谈些政治""多谈些经济""多深入生活"。这些论述体现了党对新闻舆论工作者的高度重视，反映了对新闻工作者与时俱进的创新意识、求真务实的职业精神和功底扎实的理论素养等方面的具体要求。

对如何提高新闻宣传队伍的能力和水平，毛泽东等党和国家领导人曾做过明确的指示：一是要善于学习、掌握和运用马克思主义的基本理论和辩证方法，要

---

① 习近平. 坚持正确方向创新方法手段　提高新闻舆论传播力引导力［N］. 人民日报，2016 - 02 - 20，第 01 版.

② 马克思恩格斯选集：第 1 卷［M］. 北京：人民出版社，1995：203.

做到"办报心中有数"。二是要善于向群众学习。毛泽东提出"报纸工作人员为了教育群众,首先要向群众学习","要使不懂得变成懂得,就要去做去看,这就是学习。"① 三是要具备必要的职业素养。新闻记者在纷繁复杂的新闻现象面前,要保持冷静的头脑、敏锐的思想,善于运用辩证法,懂得比较判断,以防止新闻报道的绝对化、片面化与歪曲化,力求达到新闻报道的客观、真实、全面、有益。1948 年,刘少奇在《对华北记者团的谈话》中也专门谈到了要把新闻工作做好,党报工作者应具备的四项条件:为人民服务的态度、善于独立地做相当艰苦的工作、加强马列主义理论修养和熟悉党的路线和政策。②

思想价值观念的多元化、新媒体技术的多样化,对新闻工作者的能力和素质提出了更高的要求。为此,江泽民强调新闻工作者要具备政治强、思想正、作风好、纪律严的基本素质,既要重视学习又要重视实践,要"学习、学习、再学习;深入、深入、再深入"的"两点要求"③。他还系统提出要打好"五个根底":理论路线根底、政策法规纪律根底、群众观点根底、知识根底、新闻业务根底;树立"六大作风":敬业、实事求是、艰苦奋斗、清正廉洁、严谨细致、勇于创新的作风。④ 面对新的媒介环境,习近平于 2016 年在党的新闻舆论工作座谈会上的讲话中明确提出:"媒体竞争关键是人才竞争,媒体优势核心是人才优势。要加快培养造就一支政治坚定、业务精湛、作风优良、党和人民放心的新闻舆论工作队伍。新闻舆论工作者要增强政治家办报意识,提高业务能力,转作风改文风,严格要求自己,加强道德修养,保持一身正气。"⑤ 这些论述对新时期党的新闻舆论工作队伍的能力素质提出了具体要求,为全面建构新闻舆论工作者的道德精神、党性修养、职业品格、业务能力指明了方向。

随着时代的发展和理论的演进,作为马克思主义理论体系有机组成部分的马克思主义新闻观也不断地与时俱进,不断地丰富和发展,逐渐形成了马克思主义新闻观博大精深的内容体系。除了以上四个方面主要内容之外,马克思主义新闻观还包括了如新闻监督观、新闻效益观等诸多内容。

新闻舆论监督是新闻活动的一项基本社会功能,是新闻媒体发挥"社会公器"作用的重要途径。随着马克思主义新闻观的发展,新闻监督与报刊批评的重

---

① 毛泽东选集:第 4 卷 [M]. 北京:人民出版社,1991:1320.

② 对华北记者团的谈话(一九四八年十月一日),中国共产党新闻网,http://cpc.people.com.cn/G8/69112/73583/73601/73623/5069101.html.

③ 江泽民. 江泽民视察新华社谈新闻宣传任务 [N]. 人民日报,1991 - 11 - 05,第 01 版.

④ 江泽民. 在视察人民日报社时的讲话 [N]. 人民日报,1996 - 09 - 27,第 01 版.

⑤ 习近平. 坚持正确方向创新方法手段 提高新闻舆论传播力引导力 [N]. 人民日报,2016 - 02 - 20,第 01 版.

点也由对资产阶级新闻舆论制度、内容的监督与批判转到新闻舆论监督和报刊批评服务于社会与媒体自身上来。无产阶级新闻舆论监督主要是通过党报党刊在党内开展批评与自我批评和新闻媒体的社会舆论监督来实现的。马克思早在创办《新莱茵报·政治经济评论》杂志的过程中，就把报刊作为国家的第三种权力，并认为报刊的社会监督职能是人民赋予报刊的正当权利。党组织活动和工人运动离不开报刊的批评和新闻舆论的监督，马克思和恩格斯一致地认为批评和监督党的领导机关、党组织和负责人是党报的神圣权利，"工人运动的基础是最尖锐地批评现存社会，批评是工人运动生命的要素……难道我们要求别人给自己以言论自由，仅仅是为了在我们自己队伍中又消灭言论自由吗？"① 在党内发生意见分歧时，恩格斯指出，应允许党报自由发表意见和观点，接受报纸正确的批评并加以改正，以形成党内意见的统一和步调的一致，但也强调批评和监督不能超越党纲范围，不能制造党内分裂。列宁也就如何开展好党内批评，提出在党报上开辟专栏、在党内出版争论专刊的措施，并强调在党报上发表意见要讲究方式方法，既要提倡民主，确保自由意见的发表，又要开诚布公、光明磊落。在"十月革命"胜利后的第二天，列宁就宣布："我们愿意让政府时时受到本国舆论的监督，并主张在报纸上设立'黑榜'，用以揭露渎职行为和社会丑恶现象。"② 列宁认为，公开性和真实性是舆论监督的前提，报刊监督要报实情、讲真话，并要求把报刊的监督纳入法治轨道。这些观点为党报开展好党内批评和发挥好舆论监督作用提供了基本的指导。斯大林也特别重视报刊的舆论监督，并把它视为改进党的工作，避免重大失误的重要途径，他指出："要通过我们对我们缺点的自我批评和批评来组织党内的广泛的舆论，来组织工人阶级的广泛的舆论，使之成为敏锐的道义上的监督……"③。批评与自我批评是党的三大优良作风之一。毛泽东曾就报纸的批评功能提出了"开、好、管"的三字方针。批评的方式方法直接决定了批评的实际效果，毛泽东指出新闻批评要讲艺术，遵循一定的原则，其出发点必须是善意的，目的是"惩前毖后，治病救人"；要与正面报道结合起来，不能简单否定一切；要使被批评者认识到问题并加以改正。我国的改革开放事业，没有现成的经验可以借鉴，需要"摸着石头过河"，因此，就特别需要发挥人民群众和新闻媒体的舆论监督作用。为此，党的十三大报告指出，要"发挥舆论监督的作用，支持群众批评工作中的缺点错误"；十四大报告又提出，要"重视传播媒介的舆论监督，逐步完善监督机制，使各级国家机关及其工作人员置于有效的

---

① 马克思恩格斯选集：第4卷 [M]. 北京：人民出版社，1995：687–688.

② 陈力丹. 新闻学小词典 [M]. 北京：中国新闻出版社，1988：94–95.

③ 斯大林论报刊 [M]. 北京：新华出版社，1985：285.

监督之下"；十五大报告再次强调，要"把党内监督、法律监督、群众监督结合起来，发挥舆论监督的作用"；十六大、十七大报告也继续强调，要"加强组织监督和民主监督，发挥舆论监督的作用"。新闻舆论监督和批评要有的放矢，江泽民认为要"实行正确的新闻批评和舆论监督"，正确开展"对于人民内部的缺点错误""对于党和政府工作中的缺点、错误"的批评报道①。他还指出"舆论监督应着眼于帮助党和政府改进工作，解决实际问题，增进人民团结，维护社会稳定"②。网络的公开性、平等性、便捷性使得网络舆论监督成为当前新闻舆论监督的新途径。习近平多次强调要加强网络社会管理，进一步强化和规范网络舆论监督作用。事实证明，只有发挥好新闻舆论的监督作用，运用好新闻批评的方法，营造良好的舆论监督环境，才能利党、利国、利民，才能正确处理好改革、发展、稳定的关系。

　　新闻舆论宣传活动具有社会效益与经济效益的双重效果，这一特点决定了新闻舆论宣传工作的独特性。马克思主义新闻观认为，经济效益是新闻舆论宣传工作的物质前提，社会效益是新闻宣传工作的根本要求。在创办工人阶级报刊的过程中，马克思和恩格斯就曾深入办刊的具体经营与管理活动之中，多次为筹措创刊的经费、提高报刊的发行量、指导报刊的经营管理等殚精竭虑，多方奔走。马克思曾为创办《新莱茵报·政治经济评论》撰写了招股启事，为《新莱茵报·民主派机关报》撰写了公司章程，尝试利用现代资本手段来筹集办报资金和推行报刊经营管理。但马克思和恩格斯并没有为片面迎合市场，赚取过多的报刊利润而放弃创刊的初衷。在创办《新莱茵报·政治经济评论》的过程中，虽然报纸依靠零售发行，但他们依然坚持发挥报刊联系人民群众的"耳目""喉舌"作用，阐明无产阶级政党的立场，坚持了正确的办报方向，最大限度地实现经济效益和社会效益的统一。在中国共产党的领导下，无产阶级报刊及其活动经费基本上由党和国家提供，采用的是"公款办报、公款订报"的模式，以确保新闻宣传的社会效果。社会主义市场经济体制的建立和新闻舆论宣传体制的改革，在媒体产业化、市场化的背景下，一些商业媒体、广电企业和网络媒体衍生出片面追求经济效益而忽视社会效益的倾向，有偿新闻、虚假新闻等不良现象有所抬头。针对这一现象，邓小平对新闻舆论宣传工作提出了明确要求："思想文化教育部门，都要以社会效益为一切活动的唯一准则，它们所属的企业也要以社会效益为最高准则。③"1996 年，江泽民在视察人民日报社时也指出要优先提高报刊的社会效益，

　①　江泽民. 关于党的新闻工作的几个问题［N］. 人民日报，1990－03－02，第 01 版.

　②　江泽民. 论党的建设［M］. 北京：中央文献出版社，2001：132.

　③　邓小平文选：第 3 卷［M］. 北京：人民出版社，1993：145.

"人民日报社的同志在集中精力办好报纸的同时，要努力搞好经营和管理。"① 习近平在 2016 年党的新闻舆论工作座谈会上再次强调，要"把握好媒体的社会效益和经济效益的关系，始终把社会效益放在首位，反对一切将经济效益置于社会效益之上的做法。"② 新闻舆论宣传社会效益最高准则的提出和兼顾经济效益的原则，阐述了社会主义新闻事业在新时代下所应遵从的基本准则，这既符合了新闻舆论宣传工作服务人民、服务社会的基本方向，又符合了社会主义市场经济精神文化产品的市场规律，体现了社会效益与经济效益的统一。

马克思主义新闻自由观作为无产阶级争取新闻舆论自由权利的基本观点，奠定了马克思主义关于新闻舆论的基本理论前提。马克思主义新闻真实观更是反映了无产阶级新闻舆论工作者如实地揭示事实真相，遵循新闻规律的内在遵守的精神，是开展新闻舆论活动的基本指向。马克思主义新闻党性观则体现的是无产阶级关于新闻舆论活动的阶级性、党派性与人民性的统一，确立的是无产阶级新闻舆论活动的价值主导。马克思主义新闻人才观强调了无产阶级新闻舆论工作者的特殊身份和职责使命，为无产阶级开展新闻舆论队伍建设提供了重要的理论指导。这四方面的内容从基本前提、基本指向、价值主导和人才支撑四个维度形成了马克思主义新闻观的主要内容，是我国开展新闻舆论工作的主要理论依据和指导思想。虽然马克思主义新闻观的其他相关内容同样对当前中国的新闻舆论宣传工作和网络舆情的管理具有指导意义，但结合上述内容，笔者认为，以马克思主义新闻自由观、真实观、党性观与人才观为基本理论依据，对分析当前我国网络舆情信息自由过度、自律弱化、真假掺杂、导向偏差的现状和破解当前我国网络舆情管理存在的问题具有更强的针对性和更为直接的指导意义，因此，本书的论述也主要围绕马克思主义新闻观的这四个方面内容来展开。

第三节　马克思主义新闻观的历史地位与现实意蕴

马克思主义新闻观作为马克思主义理论体系的有机组成，在长期的革命、建设与改革开放的实践过程中，为传播革命理论、提供舆论支持、联系发动群众、引领主流价值发挥了巨大的作用，无论是对马克思主义理论的发展，还是对具体的新闻舆论活动都具有重要意义。

---

① 中国新闻年鉴社. 中国新闻年鉴（1997）[M]. 北京：中国新闻年鉴杂志社，1997：5.
② 习近平. 坚持正确方向创新方法手段　提高新闻舆论传播力引导力 [N]. 人民日报，2016 - 02 - 20，第 01 版.

一、马克思主义新闻观的历史地位

马克思主义新闻观是人们认识世界、改造世界，拓展人类交往的重要工具。"批判的武器当然不能代替武器的批判，物质力量只能用物质力量来摧毁，但是理论一经掌握群众，也会变成物质力量。理论只要说服人，就能掌握群众；而理论只要彻底，就能说服人。"① 马克思主义是人们认识和改造世界的理论武器，作为马克思主义理论体系的有机组成部分，马克思主义新闻观主要反映的是马克思主义关于新闻现象与新闻活动的规律，是马克思主义者以新闻舆论为基本内容，不断对人们的主观世界进行改造，进而增强人们对新闻的认知与理解的重要理论指导。马克思主义新闻观作为无产阶级认识新闻现象，推进新闻事业的理论武器，之所以能与时俱进，不断发展，彰显出持久的生命力，根本就在于它揭示了新闻传播的内在规律，反映了人的主观世界交往活动的本质。作为人们社会交往形态之一的新闻传播活动，它以语言文字、图片声音等为基本内容，以新闻媒介为载体，促使人类社会的各种知识、观念、信息等要素不断交流互动，满足和丰富了人们精神交往的需要，也使人对自然、社会以及人类本身的认知更加深刻全面，从精神层面极大地促进了人类自身的解放，丰富和拓展了人的本质。正如马克思所言，人们只有能够自由地获得世界范围内的最大量的信息，才能得到完全的精神解放②。总之，马克思主义新闻观，从辩证唯物主义和历史唯物主义的基本原理出发，把马克思主义基本原理与新闻传播的规律相结合，为人们提供了从新闻视角来观察、分析、看待社会现象的窗口，也为传播革命理论、开展舆论引导、指导人们的新闻交往活动提供了基本的依据与准则，进一步促进了人们正确认识主客观世界，开辟了人的精神解放和人的自由交往的新路径。

马克思主义新闻观是无产阶级取得胜利的重要武器，是无数的马克思主义新闻工作者在长期的革命斗争和社会主义建设过程中，对新闻理论和新闻实践不断总结和升华的结晶，是对新闻现象与新闻实践正确的理论概括。本质上，马克思主义新闻观属于意识形态的范畴，它的作用更多地体现在为无产阶级的革命和建设提供精神、舆论、意识形态和价值层面的支撑。从内容上看，马克思主义关于新闻真实性的思想，要求客观真实报道事物，反映事物真实面目，是辩证唯物主义和历史唯物主义科学世界观在新闻领域的具体体现。马克思主义关于新闻自由

---

① 马克思恩格斯选集：第1卷［M］．北京：人民出版社，1995：9．
② 陈力丹．精神交往论：马克思恩格斯的传播观［M］．北京：中国人民大学出版社，2008：31．

的思想，打破旧有制度的枷锁，争取人民民主权利，尊重艺术创作自由，反映了无产阶级革命的彻底性与斗争性。从党性原则上看，马克思主义新闻观认为新闻要坚持无产阶级的意识形态领导，为无产阶级政党服务，为人民服务的宗旨，把无产阶级的革命理念、价值观念等通过新闻舆论活动进行广泛宣传，坚持了新闻舆论宣传的党性原则，尊重了新闻创作的思想自由，体现了无产阶级新闻舆论宣传机构的党性原则。从载体上看，马克思主义新闻观以无产阶级党报党刊、新闻报纸、广播电台等媒介为基本工具，这些舆论宣传工具在无产阶级革命和社会主义建设中发挥了不可替代的作用。从队伍建设上看，无产阶级新闻舆论工作者是无产阶级在革命斗争中，在火与血的洗礼中不断发展壮大起来的，他们既是一支专业的新闻舆论宣传队伍又是一股意志坚定的革命力量，他们或以笔为武器对反动势力开展了批判揭露，或直接拿起武器与敌人进行殊死较量，体现了无产阶级新闻舆论工作者高尚的职业精神和大无畏的革命斗志。

马克思主义新闻观作为无产阶级新闻学的理论基础，丰富和拓展了新闻传播学的学科理论，为新闻学科的发展指明了新的方向。作为理论的马克思主义新闻观来源于无产阶级的新闻实践，又回归到新的新闻实践活动之中，为人们主客观世界的改造提供了新的视野和途径。总体上而言，新闻观由于归属于社会意识形态领域，因此，各阶级的新闻观也往往带有强烈的阶级意识倾向，以维护本阶级和集团的利益为最终目的。在无产阶级看来，资产阶级的新闻观无论是新闻的自由性、新闻的真实性以及新闻的公正性等，都是打着新闻自由、真实客观的幌子而为资产阶级利益服务的，所谓的新闻自由也只是资产阶级新闻的自由，对无产阶级的新闻报刊活动则采取了严格的书报检查制度加以限制；而新闻的真实性则也是片面的、有倾向性的真实，以此来掩盖事实真相；新闻的公正性也仅是对资产阶级的公正。马克思主义新闻观最大限度地确保了公民的言论自由，着力以公正的视角来揭示事实真相，从这一角度看，马克思主义新闻观回归了新闻的本质，把握住了新闻的内在规律，为我国新闻传播学科的发展提供了基本理论依据。同时，马克思主义新闻观的主要内容和基本观点也进一步指明了新闻的意识形态功能，阐明了新闻的党性色彩和阶级倾向，奠定了无产阶级新闻观的基本阶级立场。因此，马克思主义新闻观不仅丰富了马克思主义的理论体系，也对现代新闻传播学理论作出了贡献。

二、马克思主义新闻观的现实意蕴

与时俱进是马克思主义新闻观内在的品质。尽管马克思主义新闻观产生于纸媒时代，但它在发展过程中不断借鉴和吸收无产阶级新闻实践中的新经验、新思想、新理论，并与不同时代的媒介形态相结合，促进了马克思主义新闻理论体系的发展、成熟，体现了理论与实践、形式与内容、载体与目的的统一。因此，马克思主义新闻观作为无产阶级看待新闻现象、分析新闻事件、指导新闻实践的基本理论，在当前网络新媒体时代依然具有现实的指导意义。

（一）马克思主义新闻观是推进意识形态建设的重要支点

在我国社会转型的关键时期，生活方式和价值观念多元化，传统价值与伦理道德所面临的挑战使得我国意识形态安全正面临着重大考验。新媒体时代，面对西方社会思潮和价值观念的强势传播与无孔不入，中国社会的主流意识形态和主流价值观念更是受到来自各方面的冲击和挑战，急需加以巩固和强化。意识形态工作是党的一项极端重要的工作，要巩固马克思主义在意识形态领域的指导地位。马克思主义新闻观为引领中国社会的意识形态建设提供了重要的理论支持。从整体属性看，马克思主义新闻观的意识形态特质决定了其理论的丰富与发展无疑也充实和巩固着马克思主义意识形态建设的内容。从发展历史看，马克思主义新闻观从其产生之日起，就以服务无产阶级，支持工人运动，当好无产阶级的"耳目""喉舌"为职责使命。在后续的发展中，更是提出要"政治家办报""人民群众办报"，突出强调了新闻报刊的党性和人民性的统一。马克思主义新闻观坚持团结稳定鼓劲、正面宣传为主的方针，大力弘扬社会主义主流价值观，着力反映和体现社会进步的本质，顺应了时代发展的潮流和人民群众的期盼，起到了团结、激励、凝聚全国各族人民，宣传和巩固社会主义意识形态和主流价值观念的作用。

（二）马克思主义新闻观是引导我国社会舆论的重要工具

新闻是以文字、图片、声音等为表现形式对事实进行的描述。在报道事实的活动中，由于新闻舆论工作者看待问题的角度、看法、观点以及价值观念的差异，新闻报道活动必然反映出新闻舆论工作者一定的思想倾向和价值观念。社会舆论是民众社会情绪的放大，是人们对某一事件相对集中的意见和情绪的集中表达。信息社会，人们无时无刻不处于信息媒介的包围之中，因此，新闻报道对人们的思想与观点甚至价值观的影响越来越大，往往能左右人们对舆论事件的认知和态度。有鉴于此，当前各国已把新闻作为引导和控制社会舆论的重要工具。马克思主义新闻观坚持辩证唯物主义和历史唯物主义的基本立场，遵循了新闻报道活动的内在规律，力求对新闻现象做到如实报道，更真实反映事实真相，更公正报道新闻，这些内在特质使得马克思主义新闻观具备了以社会主流价值观来引导人们的价值判断，消除信息不对称，消解各种谎言、谣言，消弭或引导社会舆论回落的功能。当前中国社会正处于改革深化与利益调整的关键时期，各种利益、矛盾交织，加之网络虚拟交往的便捷，更导致诸多社会问题极易形成放大效应，造成社会舆论的广泛影响。因此，当前极需要以马克思主义新闻观为指导，强化新闻的舆论引导功能，加大正面的信息传播力度，进而化解社会舆论，澄清事实真相，营造和谐社会建设的良好舆论环境。

（三）马克思主义新闻观是促进我国媒介融合的重要指导

网络社会的崛起，使新媒体技术迅猛发展，逐渐形成了以传统媒体为主的官方舆论场和以网络媒体为主的民间舆论场两个舆论场域的分野。网络信息的无边界化、传递的便捷化以及言论空间的自由化，极大地释放了人们的社会参与热情，扩展了人们交往的范围，满足了人们的信息需要。但由于网民身份的匿名性、网络新媒体的低门槛、网络信息来源的多样化，也导致网络信息真假难辨，鱼目混珠，各种谣言、流言肆意充斥在网络之中，极易点燃和激化广大网民的情绪。因此，网络的民间舆论场亟须官方舆论的真实信息和权威声音来干预和引导。相较而言，官方舆论场信息来源的正规化、新闻报道的权威性，往往能揭示事实真相，反映事物本质，但由于其信息反馈的滞后、传播方式的单一，往往不能第一时间满足人们的信息需求。因此，传统官方舆论场也亟须更新传播方式，运用新的传播技术，提高传播效率。马克思主义新闻观与时俱进的品质不仅体现在对理论和内容的发展创新上，还体现在能紧扣传播媒介发展的步伐，较好运用传播媒介来开展新闻活动。马克思主义新闻观在创立时期，主要以报纸、刊物、书信等纸质媒介为传播载体；马克思主义新闻观在发展时期，随着电话、电报等电子技术的广泛应用，广播、电话、电报等成为新闻传播的重要载体。随着网络社会的发展，网络新媒体已成为人们使用频率最高的传播媒介，其社会影响也越来越大。因此，从马克思主义新闻活动与媒体关系的历史考察出发，继续发扬马克思主义新闻观中关于媒体经营与管理的思想，大力借鉴马克思主义新闻活动对新兴媒体运用的方式方法，无疑能助推当前网络时代传统主流媒体与网络新媒体的深度融合，为媒介融合提供重要指导。

（四）马克思主义新闻观是强化我国新闻队伍的重要保障

新闻舆论工作者是开展新闻活动的重要主体，其专业素质的高低直接决定着新闻报道的质量，其秉持的价值倾向也不断影响着新闻受众的价值观念。在当前网络社会，新闻舆论工作队伍建设正面临着多重考验，市场功利主义的扩张、多元价值观念的影响、媒体机构改革的压力、媒体技术更迭的加快无不对新闻舆论工作队伍的职业水准与能力素质提出了更新更高的要求。马克思主义新闻观从创立起就强调新闻舆论工作者的职业精神和专业能力，把新闻舆论工作者视为传播无产阶级革命理论、开展革命实践的重要力量。马克思和恩格斯就强调无产阶级报纸编辑要与人民时刻保持联系，反映人民的疾苦，体现人民的思想和精神，充当人民的喉舌，表达人民的情感；要求新闻的报道要摒除记者的个人倾向和情绪，以客观理性的态度和公正公平的职业精神报道新闻。列宁也进一步强调，新闻工作者要有较高的党性修养，要有坚定的革命意志，要具备较强的新闻宣传和社会动员能力，引导新闻工作服务于国家建设。中国共产党的领导人也大多具有新闻舆论工作的实践经验，他们始终把群众性、阶级性、理论修养与职业素养作为新闻舆论工作者必备的基本素质。可以说，无产阶级的新闻舆论工作队伍既是培养革命骨干的重要摇篮，也是造就党的思想家、理论家的重要基地。因此，在新的媒介环境下，进一步强调马克思主义新闻观的指导地位，是建设好我国新闻舆论工作队伍，开展好新闻舆论工作的重要保障。

（五）马克思主义新闻观是树立我国国家形象的重要途径

对社会整体而言，新闻舆论工作产生的重大社会舆论影响，甚至已成为与立法、行政、司法并立的一种社会力量，即第四权力；就国际关系而言，新闻舆论工作往往是树立一国形象，传播一国文化，展示一国发展的重要窗口。当前西方意识形态大行其道，价值观念肆意张扬，对社会主义意识形态建设形成了一种高压态势，尤其是在社会主义阵营处于相对低潮的阶段，西方资本主义社会更是利用其新闻媒体和宣传机器大肆宣扬其普世价值观念，诋毁和贬低我国经济社会发展，妄图影响我国的国际声誉和国际形象。马克思主义新闻观的科学性在于以客观公正的态度报道事实真相，以新闻的党性原则引领意识形态建设，无疑对传播社会主义主流价值观念，正确反映和报道事实，驳斥西方国家虚假和歪曲的新闻报道，维护中国国家形象具有重要的作用。从文化传播的角度看，中国的新闻舆论工作者在传播新闻信息的同时，还发挥着对外传播中华优秀传统文化、弘扬社会主义价值观念和宣传精神文化作品的职能，是世界了解中国社会、认识中国文化的重要途径。因此，要进一步加强和巩固马克思主义新闻观在当前新闻舆论活动中的指导地位，让世界听见中国声音，见证中国发展，这也是当前建设社会主义文化强国，弘扬中华民族传统优秀文化、树立中国良好国际形象和履行国际责任担当的重要途径。

第二章

中国网络舆情管理现状

著名学者曼纽尔·卡斯特在《网络社会的崛起》一书中指出："网络构建了我们社会的新社会形态，而网络化逻辑的扩散实质地改变了生产、经验、权力和文化过程中的操作和结果……在网络中现身或缺席，以及每个网络相对于其他网络的动态关系，都是我们社会中支配与变迁的关键根源：因此，我们可以称这个社会为网络社会，其特征在于社会形态胜于社会行动的优越性。"① 显然，网络社会已经摆脱了纯技术的存在形态，而发展为一种新的生存方式与社会结构。在这一网络化的社会形态下，网络舆情信息在各舆论场之间自由流动，进行着"能量"的交换与情绪的转场。一旦一定的意见气候或舆论规模形成，就将对现实社会和管理体制形成倒逼态势，各种挑战、诘问、质疑等随即而来，甚至还有可能带来网络暴力、群体极化或舆论绑架。因此，处于改革关键期的中国社会，如何应对网络社会崛起的结构性变化，如何开展有效的网络舆情管理和引导，已成为当前党和政府必须面对和迫切需要解决的重大课题。

第一节　中国网络舆情管理及现实条件

正如马克思"用时间消灭空间"的论断所言，网络社会的到来，打破了时空的局限，改变了媒介生态和舆论格局，在当前的舆论生态中网络舆情已成为搅动舆论格局变化的重要元素。

---

① ［美］曼纽尔·卡斯特. 网络社会的崛起［M］. 夏铸九，等译. 北京：社会科学文献出版社，2003：569.

一、网络舆情

学者们基于不同的学科背景与研究视角对网络舆情的内涵进行了阐述，归纳起来主要体现为三种主流观点：特殊反映论、政治态度论和民意集合论。

特殊反映论总体上认为网络舆情从属于现实社会舆情，是现实社会舆情的一种特定类型，是现实社会舆情在网络上的反映和延伸。如姜胜洪定义其为"媒体或网民借助互联网，对某一焦点问题、社会公共事务等所表现出的有一定影响力、带倾向性的意见或言论"①。杜骏飞定义其为"互联网上流行的对社会问题的看法或言论"②。网络舆情是社会舆情在互联网上的一种特殊反映，是干部群众对国家经济、政治、文化和社会发展趋势以及人们普遍关注的社会热点难点问题在网上的集中反映。③ 这些观点集中指出了网络舆情与现实社会舆情的内在联系，认为网络舆情是现实社会舆情的一部分，在本质上两者没有区别，只是舆情发生与作用的物理空间不同，一个作用于现实社会，一个发生于网络空间。政治态度论则从网络舆情的诉求方面进行了定义，把网民关于因变事项所集中反映出的政治态度、政治观点与政治情绪视为网络舆情。纪红等人就定义其为"在网络空间内，围绕舆情因变事项的发生、发展和变化，网民对执政者及其政治取向所持有的态度"④。这类观点认为网民的政治态度与政治情绪是至关重要的，只有网民的观点与情绪涉及政治层面才能引起网络舆情管理主体——政府的重视，才能促进网络舆情在全社会范围内的解决与治理。这类观点强调网络舆情的核心是网民的社会政治态度，强化了网络舆情的社会政治影响，而把其他非政治性的态度与情绪排除在网络舆情的内涵之外，忽视了网络舆情内容的丰富性与多样性。民意集合论认为网络舆情应该是网络民众关于中介事项所反映出来的民意、态度、情绪的集合。孟建等人认为，网络舆情是"社会民意和社会情绪在网络上的反映、表现与释放"⑤。王国华等人也认为网络舆情"是网民通过互联网传播的对于社会上某些刺激性事件之所有认知、态度、情感和行为倾向的集合"⑥。刘毅认为"网络舆情就是通过互联网表达和传播的各种不同情绪、意愿、态度和意

---

① 姜胜洪.网络舆情的内涵及主要特点 [J].理论界，2010（3）：151–152.

② 杜骏飞.中国网络新闻事业管理 [M].北京：中国人民大学出版社，2004：216.

③ 中宣部舆情信息局.网络舆情信息工作理论与实务 [M].北京：学习出版社，2009：6.

④ 纪红，马小洁.论网络舆情的搜集、分析和引导 [J].华中科技大学学报（社会科学版），2007（6）：104–107.

⑤ 孟建，裴增雨.网络舆情的收集研判与有效沟通 [M].北京：五洲传播出版社，2013：19.

⑥ 王国华，曾润喜，方付建.解码网络舆情 [M].武汉：华中科技大学出版社，2011：1.

见交错的总和"①。可见，网络舆情并非社会个体意见与情绪的反映，而是一定数量的网络民众在情绪表达与舆论演化过程中所形成的具有一定规模和影响力的意见与情绪，这些意见与情绪并非只局限于政治态度、政治观点等，而是与因变事项所反映的各类事件紧密相关的。

网络舆情与社会舆情在本质和形式上具有高度的关联性但又存在一定的差异性。两者的关联性首先表现为：网络舆情与社会舆情有着共同的本质，都是作为社会民众的观点、态度与情绪的集中表达，网络舆情的主体是广大网民，而社会舆情的主体则是社会民众。当然，社会民众之中包含了网络民众，网络社会也并不孤立于现实社会，因此，舆情主体存在交叉和重叠。其次，网络舆情与社会舆情存在互动关联。从舆情的产生空间看，有的产生于现实社会，流传于网络；有的则先发于网络而后传导到现实社会，舆情在两个舆论场之间流转互动。如"厦门 PX 项目事件"就首先由 105 名全国政协委员联名签署迁址提案为始。随后，通过媒体、网络等渠道广泛扩散，形成了网络热点事件，在网上与网下互动的影响下，厦门市民以"散步"的形式向政府表达了迁址的意愿。这一事件成为展现网络舆情与社会舆情互动关系的经典案例，它表明两者之间并不存在绝对的界限，往往相互影响、相互作用。

两者的差异性也较为明显。首先是作用的空间场域不同，网络舆情的产生、演化、传播与管理更多的是直接发生于网络空间，相比现实空间，网络虚拟空间为舆情的扩散与传播提供了更为便捷的平台，使得网络舆情涉及群体与影响范围更为广泛。其次是舆情传播模式的差异，网络舆情传播具备了主体身份的隐匿性、信息传播的即时性、媒介获取的便捷性、传播方向的多维性、传受双方的互动性以及平等性等特征。正是这些特征的存在，网络舆情呈现出与现实舆情明显的差异，"躲猫猫"事件、周久耕事件、杭州飙车案、网络红人"凤姐"等诸多事例中都体现出了两者的区别。

因此，结合上述分析和本书的研究主旨，笔者认为广义的网络舆情定义符合当前中国社会网络舆情的总体特征，即网络舆情是以互联网为媒介表现出来的社会民众的各种不同情绪、意愿、态度和意见的总和。

二、网络舆情的构成要素

网络舆情的产生、形成、发展与演化是一个动态的过程，由一个个网络热点

---

① 刘毅. 网络舆情概论［M］. 天津：天津出版社，2007：53.

转变成网络舆情，从客观事件发展为主观情绪，必然存在一定的转化条件与生成要素。结合上述网络舆情的定义，本书认为网络舆情主要由六个基本要素构成：舆情主体、舆情客体、舆情本体、舆情载体、舆情互动和舆情影响。

第一，舆情主体。舆情主体是区别网络舆情与传统舆情差异的基本指标。与传统大众传播主体相比，网络舆情的主体由社会大众转变为网络民众，网民展示出了比一般社会民众更大的言论自由、权力观念和参与意识。传播格局和传播模式的新变化，使得网络舆情的产生、演化与网民有了更为紧密的联系。中国互联网信息中心（CNNIC）定义的网民概念为：平均每周使用互联网至少1小时的中国公民。根据第49次《中国互联网络发展状况统计报告》，截至2021年12月，我国网民规模达10.32亿，成为名副其实的网络人口大国。但这里所指的"网民"是一个相对宽泛的概念。从网络舆情的角度来看，显然用广义的网民概念并不能真实反映网络舆情中的主体范畴。只有以传播和交流网络舆情信息为目的，以网络为媒介发表个人见解，表达个人情绪，表明个人观点与态度的网民个体与群体才与网络舆情主体所涵盖的内容相符合，才是本书所定义的网络舆情主体。

第二，舆情客体。客体是相对于主体而言的。网络舆情的产生是基于网络民众对某一特定事项即舆情因变事项而产生的各种态度、情绪和行为倾向。就此而言，舆情因变事项即为网络舆情的客体，它是网络舆情产生、发展和演化的前置性因素，也是影响网络舆情范围、烈度等的重要条件。在化解和消解网络舆情时，深入研究和分析舆情因变事项的内在矛盾，掌握其产生发展的变化规律尤为必要。尽管网络舆情因变事项的来源与内容千差万别，但大多与现实社会中的各种事件、矛盾、利益等有着密切的关联性，是这些问题在网络空间的迁移、衍生和投射。网络社会，私人领域与公共领域、虚拟社会与现实世界的界线日益模糊，因此，导致因变事项的刺激烈度与影响范围也极易扩散，形成了网络舆情客体形态的多样化和复杂化。2011年发生的"郭美美事件"，由郭美玲在网上炫耀其奢华生活并标榜是中国红十字会的商业总经理而引起轩然大波，一时成为网络舆情的热点事项，引发了公众对社会公益事业的信任危机。可见，作为网络舆情客体的舆情因变事项，在很大程度上直接影响和左右着网络舆情的产生与发展。

第三，舆情本体。从深层次上分析，舆情本体是舆情主体内在需求与价值观念的间接反映，它通过舆情主体对舆情客体的态度、情感、观点以及行为倾向等表现出来。从外在表现形式看，舆情本体主要通过网络话语、网络评判、网络表达、网络情绪等方式表露出来。一般而言，舆情本体是区别舆情与舆论的核心要素，它具有以下特点：一是显性与隐性共存，态度与情绪是个体内在的心理体验，一定程度上，只有当舆情主体产生强烈的情感共鸣时，态度与情绪才由隐性状态转变为显在的情绪表达；二是稳定性与易变性并存，网民的价值观念与价值认知在一定时期内具有相对的稳定性，但当舆情主体受到周边情绪的感染或受舆情中介事项的刺激时，便会发生态度和情绪的剧烈波动，从而打破舆情本体相对稳定的状态；三是正向性与负向性相互转化，正向性的情绪表现为信任、支持、愉悦、感动等，主要以倡导正面观念和积极情绪，维护网络理性和遵守网络秩序为主，负向性的情绪表现为憎恨、失落、对抗、谩骂、诋毁等，以批判现存秩序，宣泄不满情绪，放纵非理性言论，制造混乱，激化矛盾等为主要表征，作为舆情本体，随着舆情因变事项的发展与事件信息的披露，正向情绪与负向情绪之间还可能出现相互转化或同向强化的趋势。

第四，舆情载体。舆情载体是舆情主体借以表达舆情本体的传递通道或运载工具。舆情的产生与演化离不开舆情载体的作用，只有通过一定的载体，舆情才能传达或影响到现实社会层面。网络舆情的载体按形态可分为：时空载体、技术载体和话语载体三大类。时空载体是指网络舆情发生的时间条件与空间场域。网络社会的边界日益模糊化，为网络舆情的产生与演化提供了更为广阔的空间条件，网络社会舆情信息传递的即时性和信息消费的"快餐化"也为网络舆情的生成与发展创造了更为便利的时间条件。技术载体主要指各类网络新媒体技术，如微博、微信、Twitter、SNS 社交网络、QQ 群、MSN 等。技术载体的运用极大地提升了舆情在网络社会传播的速度和影响力。话语载体是指网络舆情的具体语言表达、叙述方式、话语体系等。网络话语具有典型的流行性特征，这些网络流行语受到了广大网民的追捧，甚至发展成为网络特有的流行文本"网络体"。这三类舆情载体形成了三位一体的结构，即时空载体是前提条件，技术载体是必要形式，话语载体是基本内容。

第五，舆情互动。网络舆情之所以能在短时间内形成巨大的"意见气候"，影响社会秩序，是因为舆情在产生与演化过程中的频繁互动。一是舆情主体间的互动。网民的情绪表达和价值判断在网络"围观"的环境中，会形成一种信息势能，特别是网络意见领袖，他们的意见和情绪更是能释放出强大的情绪感染力和心理暗示作用。社会心理学认为，在激情和情绪传播程度不断增强的情况下，社会个体的独立意识极易消失殆尽，"他不再是他自己，他变成了一个不再受自己意志支配的玩偶"[①]。二是传播媒介间的互动。尽管传统媒体与新兴媒体出现了分野，但网络舆情的产生与演化始终交织着传统媒体与新兴媒体的互动。如陕西

---

① ［法］古斯塔夫·勒庞. 乌合之众——大众心理研究［M］. 冯克利，译. 北京：中央编译出版社，2005：18.

的"周老虎"事件，就呈现出传统媒体与新兴媒体持续多次互动的特征。三是传受双方的互动。网络媒介改变了传统媒体的传播向度，模糊了传受双方的身份和边界，传者与受者的角色在网络媒体中频频转换，造成网络舆情信息的传递速度呈幂次方增长的现实。

第六，舆情影响。舆情的长尾效应显示，即使舆情的客体消失，舆情仍会持续，甚至有些舆情还会在一定条件的刺激下不断反复，形成"次生舆情"。网络舆情信息覆盖范围更为广泛，舆情参与主体也更为复杂，公共领域与私人领域在网络的渗透下相互嵌入的程度更深，因此，网络舆情信息的影响不仅仅体现在私人领域中个体道德与行为的反思与重构，还表现在公共领域社会公众心理认知与价值判断的变化与调整上。南京的"彭宇案"事件，经网络的扩散，直接进入公众视野，在事件调解平息之后，其影响却并没有就此终结，而是进一步引发了全社会关于个体道德与社会公德问题的反思。河北"我爸是李刚"事件、江苏"南京天价烟房产局长"事件、陕西"表哥杨达才"事件等都反映出了网络舆情信息的巨大社会影响和网络舆论监督的重要社会作用，对社会公众的心理认知、情绪态度和价值观念产生了巨大的冲击。

综上所述，从舆情的要素构成分析，我们可以把舆情主体、客体、本体与载体定义为网络舆情的核心要素，把舆情互动与舆情影响视为网络舆情的关键要素，这些要素的共同作用促成了网络舆情的产生、发展与消解。

三、网络舆情管理

网络舆情管理即管理主体对网络舆情进行的引导、疏导、管理、控制等系列活动，其目的在于把网络舆情信息、舆情活动和舆情影响框定在合理合法的可控范围之内。网络舆情的复杂性与多变性决定了网络舆情的管理是一项复杂的综合性管理行为。其管理的复杂性主要体现在舆情主体的多样、舆情本体的易变、舆情事项的复杂、传播环境的影响以及舆情爆发的随机性等方面。与传统媒介环境相比，网络舆情的主体扩大为广大的网络民众，在人人都是传播者的新媒体环境下，网民行为的多样性和易变性增强。作为情绪、观点、态度的网络舆情本体，则具有更强的隐蔽性、易变性和随机性，特别是广大的网络民众在信息不对称的情况下还极易受到各种传媒环境、信息、情绪和态度的影响，这使得对网络舆情信息的监测、预判、分析等管理活动都受到影响。网络舆情中介事项与网络热点事件爆发的不可预测性与偶然性也大大增强，这些因素的共同作用使得网络舆情的有效管理变得困难重重。另外，从网络舆情演进的角度来看，要管理好网络舆情不仅需要做到事前的预测与监控，还要做好舆情演进过程中网民情绪的引导与疏解、舆情中介事项信息的披露、传播媒介的选择以及舆情事件影响的消除等多个层面，因此，对管理者而言，管理好网络舆情是一项综合性极强的系统工程。

就结构而言，网络舆情管理主要由管理主体、对象、技术、方式、策略、环境等要素构成。当前中国舆论的实际环境决定了网络舆情管理的主体依然是党和政府，其他社会组织、媒体机构也是重要的主体之一，网民个体作为舆情信息的制造者和传播者也是重要的自律主体。网络舆情管理的对象为具体的网络舆情，除此之外，这一管理行为还提前到网络舆情爆发之前和延伸到网络舆情结束之后，包含了网络舆情的监控、研判、预警、应对、处置、评估、反馈等多个环节。就网络舆情的管理技术而言，党和政府拥有丰富的传媒资源和管理经验，并且已开始在新媒体技术领域发力，着力推进传统媒体与新媒体的全面融合，因此，网络舆情管理的技术涵盖了网络技术、媒介技术、传播技术和管理技术等多种技术手段。由于新的传播形态与媒介技术的出现，网络舆情与传统舆情呈现出较大的差异性，因此，管理方式和管理策略也较以往有了较大的不同。管理方式是具体作用于网络舆情的方式和方法，管理策略则主要是作为指导网络舆情管理方法的宏观性思维与战略，两者相辅相成，共同发挥管理网络舆情的作用。管理环境主要是指对网络舆情产生发展的各种宏观环境和具体舆论语境开展适当的引导和管理，以营造良好的舆论氛围与舆情环境。

鉴于网络舆情的特点，当前国内学界关于网络舆情的管理还有这样几种表述：一种表述为网络舆情引导，其目的在于通过正面舆情信息和主流价值观念来纠正和引导广大网民的观点和情绪，其方式以疏解和引导为主。从网络舆情的消解来看，网络舆情引导只是网络舆情管理的方式之一，是一种更为柔性的处置方式，而对于一些非法、暴力、极端的网络舆情信息，仅靠引导的方式并不能完全奏效。因此，网络舆情引导可视为网络舆情管理的一种方式。另一种表述较多的是网络舆情治理。治理理论是建设服务型政府的基本方略，治理即"各种公共的或私人的个人和机构管理其共同事务的诸多方法的总和，是使相互冲突的或不同利益得以调和，并采取联合行动的持续过程"①。可见，治理理论的实质是一种"多中心、多主体"的协商共治模式。固然，治理理论对于化解网络舆情具有一定的指导意义，但"多中心、多主体"的协商共治模式在具体的网络舆情管理过程中无疑会削弱党和政府在网络舆情管理过程中的主导作用和管控功能，特别是在一些需要运用刚性的管控手段和强制性的法律法规来规范和

---

① 许海清. 国家治理体系和治理能力现代化［M］. 北京：中共中央党校出版社，2013：12.

约束的方面，采取协商、妥协、退让的策略则根本不可能有效遏制非法网络舆情信息的传播。

管理是管理主体依据一定的标准和要求对管理客体主动施为以实现管理主体目的的动态过程。依据网络舆情的特征和管理的内容，可以把网络舆情管理分为不同的类型：如从舆情事件的爆发特性来看，可以分为一般事件网络舆情管理和突发事件网络舆情管理；根据网络舆情的发展阶段，可分为网络舆情的前置管理、网络舆情事中管理和网络舆情事后管理；从网络舆情所涉事项来看，可分为涉及腐败、涉及刑事、涉及民生、涉及权力等网络舆情管理；以舆情发生的位置划分，可分为国内事件网络舆情管理与国际事件网络舆情管理等。根据前述对网络舆情管理内涵的分析，可以从广义和狭义的角度定义网络舆情管理。狭义的网络舆情管理即政府网络舆情管理，是指政府及其特定职能部门通过运用一定的方法和手段对互联网上传播的带有某种利益诉求和意识倾向性的意见和言论进行干预和调整的过程。① 其管理主体是政府和其相关职能部门，实质上体现的是政府对社会舆论的一种传统管控行为。广义的网络舆情管理是指包括政府、社会组织、媒体以及网民等参与主体对各种网络舆情的综合研判与合作共治过程。② 广义的网络舆情管理在管理主体上体现了"政府主导、多元参与"的合作共治的社会治理体系，强调传统媒体与新兴媒体等多种媒体组合工具的使用，它直接反映的是国家的网络治理能力、体系和水平。因此，本书以广义的网络舆情管理为基准，意在以马克思主义新闻观的基础理论为指导，综合运用管理的理念与方法，取得网络舆情处置的最优效果。

四、网络舆情管理的现实条件

随着党和政府对网络舆情认知的深入和舆情管理经验的积累，当前中国开展网络舆情管理也存在一些现实条件，这些条件为中国网络舆情的有效管理提供了便利。

一是党和政府的高度重视。21 世纪以来，党和政府高度重视舆情工作，已把舆情的引导和管理提升到关系党的执政能力建设和治国理政水平的高度，把正确反映和疏导舆情视为实现党性与人民性统一的重要途径。党的十五大报告中就提出要逐步形成深入了解民情、充分反映民意、广泛集中民智的决策机制。党的

---

① 李远威. 我国政府网络舆情管理问题研究 [D]. 长春：东北师范大学，2013：4 – 5.
② 李昊青，兰月新，侯晓娜等. 网络舆情管理的理论基础研究 [J]. 现代情报，2015（5）：26.

十六大报告又进一步强调要完善深入了解民情、充分反映民意、广泛集中民智、切实珍惜民力的决策机制，明确提出建立社情民意反映制度。面对舆情发展的新形势，党的十六届四中全会进一步明确提出建立社会舆情汇集和分析机制，畅通社情民意反映渠道。党的十七届四中全会更明确强调要注重分析网络舆情。2008年，胡锦涛在人民日报社考察时指出："当前，世界范围内各种思想文化交流、交融、交锋更加频繁，'西强东弱'的国际舆论格局还没有根本改变，新闻舆论领域的斗争更趋激烈、更加复杂""新形势下，新闻宣传工作要高举旗帜、围绕大局、服务人民、改革创新，坚持正确舆论导向，提高舆论引导能力，营造良好舆论环境，更好地发挥宣传党的主张、弘扬社会正气、通达社情民意、引导社会热点、疏导公众情绪、搞好舆论监督的重要作用"①。2012年，党的十八大再次明确提出："牢牢掌握意识形态工作领导权和主导权，坚持正确导向，提高引导能力，壮大主流思想舆论"②。2013年8月19日，习近平在全国宣传思想工作会议上的重要讲话中指出："坚持团结稳定鼓劲、正面宣传为主，是宣传思想工作必须遵循的重要方针""要坚持巩固壮大主流思想舆论，弘扬主旋律，传播正能量，激发全社会团结奋进的强大力量"③。党的十九大报告又再次强调要"坚持正确舆论导向，高度重视传播手段建设和创新，提高新闻舆论传播力、引导力、影响力、公信力。加强互联网内容建设，建立网络综合治理体系，营造清朗的网络空间"④。党和政府是网络舆情管理的重要主体，是实现网络舆情有效管理最主要的公共权威和资源保障。总之，网络舆情管理由体制外纳入体制内，由社情民意层面上升为国家治理层面，这一认知的转变必然会给当前网络舆情的管理带来巨大的动力。从国外的实践经验来看，网络舆情管理已成为世界各国政府共同关注的焦点。以韩国为例，由于一系列网络负面事件的影响，韩国政府意识到加强网络道德建设的重要性，并开始循序渐进地推行网络实名制。尽管在推行的过程中也遭受到反对和质疑，但韩国政府通过广泛的社会讨论、全方位的政策宣传，获得了民众的广泛支持，网络实名制得以施行并以制度化的形式确定下来。

二是主流价值文化的弘扬。一定的文化价值体系为舆情主体价值观念与情绪

---

① 胡锦涛. 在人民日报社考察工作时的讲话 [N]. 人民日报, 2008 – 06 – 21, 第01版.

② 胡锦涛. 坚定不移地沿着中国特色社会主义道路前进 为全面建成小康社会而奋斗 在中国共产党第十八次全国代表大会上的报告 [N]. 人民日报, 2012 – 11 – 18, 第01版.

③ 习近平. 胸怀大局把握大势着眼大事 努力把宣传思想工作做得更好 [N]. 人民日报, 2013 – 08 – 21, 第01版.

④ 习近平. 决胜全面建成小康社会 夺取新时代中国特色社会主义伟大胜利 [N]. 人民日报, 2017 – 10 – 19, 第03版.

态度提供了基本的文化给养和生态环境，在心理状态、思维方式、知识结构、道德修养、价值观念、审美情趣和行为方式等方面对舆情主体起着潜移默化的影响。当前，面对西方文化价值观念的全面传播和渗透，我国大力倡导社会主义核心价值观，提倡社会主义道德观，弘扬中华优秀传统文化，并着力把社会主义主流价值观积极主动融入网络文化，为网络舆情的管理提供了充分的文化与价值的牵引力。《中共中央关于深化文化体制改革推动社会主义文化大发展大繁荣若干重大问题的决定》中专门提出了要大力发展健康向上的网络文化，加强网上思想文化阵地建设；加强和改进网络文化建设和管理，强化网上舆论引导，唱响网上思想文化主旋律；同时要积极推动优秀传统文化瑰宝和当代文化精品的网络传播，制作适合互联网和手机等新兴媒体传播的精品佳作，鼓励网民创作格调健康的网络文化作品，占领网络传播制高点，推动文明办网、文明上网。可见，党中央把网络文化建设作为重要内容纳入社会主义文化建设体系之中，并从网络文化的思想主导、内容体系、管理方式和传播行为等方面做了规范和约束。习近平总书记在2016年网络安全和信息化工作座谈会上的讲话中还专门强调了，要做强网上正面宣传，培育积极健康、向上向善的网络文化，用社会主义核心价值观和人类优秀文明成果滋养人心、滋养社会。主流价值在全社会的广泛弘扬和中华优秀传统文化的传承传播必将给广大网络民众提供积极健康的文化氛围和价值观念，这是培养当前健康网络文化的基础和内核。

三是网民理性的日渐增强。网民是网络舆情的主体，网民理性程度的高低代表和反映了社会民众的整体素养，很大程度上决定着社会的整体舆论生态与舆论指向。网民的非理性言论与行为，极易造成网络群体极化，最终形成网络群体性事件。随着我国经济社会的快速发展，人们对社会公平正义的追求与渴望更加迫切，对社会发展中的问题包容度与关注度也不断增强。尽管小部分网民对自身言论与态度情绪缺少理性的约束，表现出一些过度或过激的言论与行为，但作为主流的绝大部分网民在舆情表达、权力监督、有序参与等方面体现出更加成熟化、理性化的特征，多数网民由以往群情激愤的非理性表达转变为寻求问题解决的理性思考，由以往诉诸娱乐、暴力等对抗性的行为转向合作、协商、对话的建构性行为，特别是在涉及国家经济社会发展的重大问题，在关系社稷民生的关键问题以及在一些重大自然灾害、公益活动、刑事案件、政治事件与国际关系等问题上，广大网民能够以更加客观的态度，更加理性的表达以及更加理智的行为来推动舆情事态的良性发展，这些都彰显了当代中国公民的理性与务实精神。如汶川地震中体现的共克国难的精神；北京奥运、上海世博会展示的爱国热忱以及对社会腐败、违法违纪行为的追问与责难，都体现出网民对现实的强烈关怀和对问题本质的追问探寻。网民理性程度的放大，不仅能推动社会舆情的化解与消弭，建构和谐的舆论氛围与互信的社会关系，而且能弥合主流舆论场与民间舆论场的罅隙，推动和壮大民间舆论场的理性声音。

四是媒体生态链日益完善。在互联网的催生下，新媒体技术改变了传媒生态格局和信息流通路径，重构了信息传播流程，舆情信息的承接转移、扩散与互动在各层级媒介之间流转，并形成了较为完整的媒体生态链。在媒介社会化和社会媒介化的今天，媒体影响无处不在，媒体生态链的完整性直接影响着整体传播环境和信息传播的完整性，能避免传播过程中真实信息的流失，保障信息反馈的及时和准确。从生态链层级看，一级生态链主要为传统媒体舆论场与新兴媒体舆论场两个相对独立又相互交叉的信息场域；二级生态链主要表现为各种传播信息的交互结构、交互形态以及数据关系，如云计算、大数据等；三级生态链主要为各种门户网站、智能终端、社交平台、媒体工具等。媒体生态链的形成和完备，一方面为舆情的表达与诉求提供了广阔的平台，为网民情绪的释放提供了出口，另一方面在某种程度上也给舆情管理部门捕捉舆情信息、实施舆情监管、引导舆情走向提供了作用空间。

五是信息传播的公开透明。传播力决定影响力，透明度决定公信度，话语权决定主动权。政府信息公开既是打造责任型、透明型和服务型政府的应有之举，也是当前舆情管理的现实需要。只有信息高度透明，才能消除公众的各种猜疑和恐慌，才能体现舆情管理的主动性，也只有信息及时公开，才能更好地满足公众的知情权与监督权，从而避免谣言滋生，掌握舆情引导的主动。一方面是决策信息的公开。政府决策信息的不透明是引发社会舆情的重要源头，因此，政府高度重视信息公开工作，2008年开始执行的《中华人民共和国政府信息公开条例》，从公开范围、公开方式、公开程序以及监督和保障等各个方面对政府信息公开做了明确规定，为民众了解政府决策和重大事项提供了法律保障，同时也为抑制舆情的生成，保障民众的知情权提供了重要的依据。另一方面是过程和结果的公开。在公共权力行使过程中，通过新闻媒体发布事件信息，及时公布事件结果，探测民众意见和诉求，无疑为社会舆论监督提供了信息窗口，也为传递真实信息，化解不实舆情提供了有力支持。中央和各级地方政府已经相继开通了门户网站，开辟了政府公开信息整合服务平台，大力推进政务信息公开，政府官员主动在网上发声发帖、留言讨论，主动关切和回应社会热点。这些措施为政府形象的塑造、公众信息的获取以及社会舆情的引导提供了有利的条件。

第二节　中国网络舆情管理存在的问题及其原因

一、中国网络舆情管理存在的问题

作为互联网用户大国，中国正在走向以移动互联网为主要特征的自媒体时代。在这一背景下，网络舆情已成为反映社情民意、表达情绪态度的普遍方式，因此，如何有效管理网络舆情就成为当前党和政府必须面对的重点和难点问题。相比传统舆论的管理，网络舆情的众声喧哗，更加凸显出了当前我国在网络舆情管理方面存在的一些问题，具体表现在以下几个方面：

第一，管理主体不太明确。一般而言，党和政府作为管理主体，其重点在于加强网络舆情管理的宏观环境建设，营造良好社会舆论氛围以及以法律法规来对非法舆情信息进行约束。而社会和媒介组织的重点在于对具体的舆情活动发挥行业组织和媒体管理职能，实现对舆情的引导和规范。网民个体则更多是通过自身媒介素养的提升和个体理性的增强来对自我进行调节和管理，以发挥自律作用来影响网络舆情。一项网络舆情的产生发展往往是多重因素作用的结果，可能既有宏观舆论环境的影响，也有网民情绪的相互感染，甚至还有媒体的推波助澜，因此，网络舆情的管理往往需要多个层面的主体通力合作。然而就目前中国网络舆情管理实际来看，管理过程中往往出现主体不明确，相互推诿，消极应付，被动施为的情况，甚至有些地方和部门从本位主义出发，出现管理缺位、失位、错位的情况。2012年三亚的"宰客门"事件，就反映出地方政府在网络舆情管理上的"失位"，导致出现了官方和网络不同的"两个事实"，直接影响了地方政府的公信力。一些地方政府官员和管理人员还狭隘地认为网络舆情管理是宣传部门的具体工作内容，"少问、少管、少做"便会少出错误，少担责任。而对于一些社会组织和媒介组织而言，由于其行业发展的成熟度有限，公信力不强，管理话语权不大，往往很难形成有效的管理约束机制，导致其管理主体作用发挥不明显。

第二，管理方式不太科学。信息时代，各种信息的广泛传播与纵深渗透，大大削弱了信息传播的可控性；个性化信息的订制，多渠道的信息来源与广泛的信息参与，降低了信息的安全性与可靠性，信息风险由此产生。网络传播环境中，微信、微博等移动终端即时信息推送技术的迅猛发展，打破了信息的整体式、单向度的传播模式，信息以碎片化、即时化、个性化和可视化等方式呈现出来，人们可以随时随地获取海量信息，并通过发帖、转载、围观等方式进行广泛参与，进而将舆情信息引向更深层次和更广范围。在这一网络舆情喧嚣的背景下，传统舆情管理方式已无法有效应对纷繁的网络舆情信息。近年来，政府公共部门应对网络舆情的方式方法虽然有了较大的改进，但一些地方政府部门还存在几个突出的问题：一是刚性为主的管理方式。受传统社会管理制度惯性与路径依赖的影响，目前在网络舆情的管理过程中，特别是在一些重大的网络群体性事件中，地方政府公共管理部门还更多以刚性的强制管理手段为主，政府部门在具备了掌握事件真相的优势的情况下，因处置不力，信息阻塞，导致网络流言、谣言蔓延扩散，耽误了对舆情的有效引导。二是处置不及时和应对不得当。主要表现为地方政府部门对网络舆情的监控和预警不到位，对网络舆情热点事件的把握与分析能力不足，网络舆情爆发之后的事态处置不力。"7·23"甬温线重大突发事故的处置过程中，因政府有关部门真实信息发布的不及时，细节甄别不仔细，传播沟通策略选择的失误引发了网络民众的重大非议，导致一时间网络舆情高涨。此外，在网络管理的方式方法上，个别地方政府部门管理和引导手段较为单一，主要是依赖于行政手段来推进管理，刚性有余而柔性不足，对舆情作为意识形态的特性尚不能有效把握。对此，澳大利亚政府实施的网络过滤计划也值得我们在网络舆情的管理方式上进行反思。

第三，管理制度不太健全。面对传统舆情向网络舆情的发展，传统媒体向新兴媒体的升级，近年来国家及相关部门在网络舆情管理方面制定出台了一系列法律法规：《中华人民共和国网络安全法》、《信息网络传播权保护条例》（修订）、《中华人民共和国计算机信息网络国际联网管理暂行规定》（修订）、《互联网新闻信息服务管理规定》、《即时通讯工具公众信息服务发展管理暂行规定》、《互联网等信息网络传播视听节目管理办法》等。从内容来看，这些法律法规主要涉及两个层面：一是规范新闻媒体出版、发行，确保公民言论自由与信息知情权的权益保障性规定；二是打击和处罚网络、信息等违法犯罪行为的强制惩处性规定。尽管这些相关规章制度对舆情管理和舆情应对都有涉及，但内容包罗庞杂，笼而统之的较多，就如何开展网络舆情管理和引导的专门性规定还需细化，特别是在涉及违法犯罪、司法审判、言论自由、媒体管理所产生的道德绑架、恶意抨击、负向影响等方面还有完善空间。关于网络信息实施诽谤罪的管理规定方面存在的漏洞和法律条文适用性的问题，管理制度和体系的不健全、不完善，一方面使得政府有关部门舆情管理无章可循，无法可依，极易造成过度或过失管理行为的发生，侵害舆情主体的相关权益，不利于舆情的及时化解；另一方面，也使得广大社会民众参与网络舆情的行为易失去约束和限制，给社会造成混乱，增大社会治理成本。

　　第四，管理对象定位不准。从社会发展的角度而言，网络舆情的管理不仅仅是针对某项具体的网络舆情的管理行为，它还应包括对网络舆论环境、网络舆论场域、网民价值建构、舆情信息内容、媒体运营管理、意见领袖培植等多方面的内容进行有效的管理与引导。从具体网络舆情分析，管理主体应从网络舆情产生、发展的中介事项、影响群体、情绪态度、参与网民、媒体平台等多个角度进行管理，同时还涉及对舆情信息内容的研判、预测、监控、应对、处置、评估等过程性的管理。但从目前中国网络舆情管理的实际来看，管理主体在管理过程中表现出重事中应对，轻事前预防；强调单个事项的解决而忽视整体环境的营造；突出具体管理实效而忽视管理的社会影响等特点。缺少整体性与系统性的管理视角，从而导致相关管理部门在舆情的管理过程中往往抓不住舆情事件的重点，分不清舆情管理的主次。如 2012 年的"镇江自来水"事件，就是一起典型的因对管理对象定位失准，导致地方政府对外公布的自来水受污染的原因与事实不符，从而激怒了社会民众，破坏了地方政府的社会形象。此外，管理主体在大量网络虚假信息、非法信息的干扰下，也极易出现定位偏差、认知不全和信息不对称的现象。

　　第五，管理机制尚需健全。良好的管理体制机制是舆情管理取得实效的保障。面对日新月异的新媒体技术和风云变幻的网络舆论场，尽管当前中国政府在网络舆情管理的体制机制方面进行了一定的探索和尝试，但还是反映出管理体制机制上的明显短板，离健全的管理体制机制的建立尚有一定距离。管理体制机制的欠缺主要表现在以下几个层面：首先是宏观层面多元主体协商共治机制的缺乏。当前网络舆情在管理过程中，作为管理重要主体的党政管理部门，与社会组织和媒介组织等多主体的协商共治、分工合作机制还没有形成。这一现状直接造成的结果是，政府管理权力的强化和社会、行业组织的弱化。网络舆情的化解与管理缺少了中间环节和缓冲地带，势必会使党政管理部门始终处于风口浪尖上，舆情处置稍有不慎，必然会带来政府公信力的下降。其次是微观层面应对具体网络舆情产生演化的管理机制还不健全。一是网络舆情的监测、预警机制方面还不完善。尽管当前开发和使用了系列的搜索引擎、WEB 信息采集、大数据分析、网络调查、民意征集等信息收集技术，但在网络舆情信息的收集上还存在一定的延误，往往是在舆情开始出现一定的征兆之后才进行，对一些苗头性的、倾向性的信息没有及时掌握，也没有引起警觉。对于一些收集到的信息，进行加工、整理、分析、预测的通力合作机制尚未形成，各监测、预警机构之间的协同性与配合度较差，信息不能及时共享，使得监测、预警机制难以有效发挥作用。二是在网络舆情的处置上尚未形成行之有效的应对机制，舆情爆发后，个别地方政府管理部门治理不力的现象还时有发生。一方面是因为信息公开的及时性和公开程度还不够，导致一些猜测、谣言在网络流传；另一方面是突发舆情的应急预案不科学，导致在舆情的处置过程中，没有统一步调，达成一致共识，采取统一行动，最终出现与管理初衷相违背的情况，甚至一些应对措施反而还进一步激化了矛盾，扩大了事态。三是对事后评估与反馈机制的忽视。一项舆情事件结束之后，随着中介事项的化解、情绪态度的消退，管理部门很少会再花时间、精力去关注舆情事后的影响，评估舆情处置方案的实际效果，安抚民众事后的情绪与态度。由于舆情长尾效应的存在，舆情事后的评估与反馈作为管理的重要环节，在整个管理流程中依然具有非常重要的作用，是评估、消解舆情的社会影响，观察了解网民情绪聚散回落，判断网民价值趋向的重要途径。舆情事后评估与反馈机制的不完善，也往往会造成一些次生舆情或引起网民情绪的反弹，最终再次形成网络舆情的热点。

第六，管理环境有待优化。如果探究网络舆情产生的深远原因，就会发现社会环境对网民个体的影响是网络舆情产生的重要根源。因此，要尽可能减少网络舆情的产生，就必须加强对整体舆论环境的建构，营造良好的舆论氛围与畅通表达渠道。然而，现实情况却不容乐观，主要表现在以下几点：一是对环境硬件建设的投入不足。虽然随着改革的渐进深入，中国社会发展有了长足的进步，但在传播先进社会思想文化、宣传社会公共道德、弘扬社会先进典型、强化社会舆论监控与研判、新媒体技术开发与应用、公共媒体建设与传播渠道拓展等方面，一些地方政府投入还远远不足，不能完全满足当前广大民众的需求。因此，对环境硬件建设投入的不足，导致管理主体不能及时发现舆情苗头，无法有效拦截和引导不良信息，给一些非法舆论和不良价值观念的滋生、传播提供了可能的空间。二是对软环境建设的管理力度还需加强。思想文化环境是舆情软环境建设的重点，也是环境建设的难点。当前，我国社会正大力弘扬社会主义核心价值观，广泛宣传中华优秀传统文化、革命文化和社会主义先进文化，这些思想文化建设虽然取得了一定的效果，但就某些地方和单位组织而言，社会主流价值观建设还仅停留在宣传口号和红头文件上，并没有落地生根，发挥应有的社会功能。特别是在网络舆论场域中，网络舆论的软环境管理还面临着巨大的挑战，一些非主流价值观念、非理性网络表达、网络暴力、网络侵权等行为还大量存在，已成为当前网络舆情管理最主要的障碍。三是网络法制环境建设的滞后，导致刚性约束力不强，正面引导乏力。如当前一些网络"大V"利用互联网平台进行系列的非法舆论活动，故意制造大量网络热点、网络噱头，挑起网络事端，刺激网民情绪，激化社会矛盾，并以此谋取非法利益，极大地影响了广大网民的有序参与行为，给社会稳定带来巨大隐患。对此，《环球时报》刊文指出了一些网络"大V"的非法活动套路，"充分利用新媒体工具，将互联网平台作为搅乱舆论的主要场所；找寻对手的薄弱环节和软肋，放大舆论效应，让不同个人、群体之间的矛盾成为自己的'财源'；利用民众痛恨腐败、追求公平正义的心理，打着为当事人追求公平正义的幌子，营造假象，敲诈勒索，大肆牟利"①。

二、中国网络舆情管理问题产生的原因

中国网络舆情的产生与发展受社会多重因素的影响，既有宏观社会环境方面如思想领域层面、政府管理层面和技术发展层面等的原因，也有微观层面如网民个体的成熟度、中介事项的广泛性、情绪态度的易变性、舆情信息的不可控性等的原因，这决定了中国网络舆情的管理是一项复杂的综合性系统工程。结合前述分析，从网络舆情管理的主客体方面来看，当前中国网络舆情管理存在问题的原因主要有以下几个方面。

（一）管理主体方面的原因

第一，管理理念上的偏差。受制度路径和管理惯性的影响，作为管理主体的一些政府管理人员及相关职能部门在网络舆情的管理上，其思想观念和执政理念还深受"官本位"和"权力中心"的影响，在施政过程中以"我"为主体，以"权"为中心，以"管"为手段。这一理念的固守违背了现代服务型政府建设的要义和政府善治的精神，在主观上颠倒了官民关系，始终把网民视为管理和约束的对象，反映在思想、认知和情感上，体现的是对民众的不信任与不理解。在这种惯性作用下，一些地方官员还养成了工作浮躁、欺下瞒上、忽视事实、不重调查、主观决策的工作态度与工作习惯，在现实的管理过程中引发了大量网民情绪对立的事件。据中国社科院的一项调查显示，超过70%的受访者认为一些地方政府存在"隐瞒真实情况，报喜不报忧"、不作为和乱作为的现象。老百姓变成了"老白信，老不信"②。管理理念与思维导向是根深蒂固的，它的长期存在必然也通过相应的管理体制、手段和方式体现出来。当前中国网络舆情散布面广，社会影响大，既有可能涉及某一行业或某一地区，也有可能跨地区、跨行业。而

---

① 吴化铭. 陈杰人，从网络"大V"到"网络害虫"［N］. 环球时报，2018-08-17，第03版.
② 贺林平. 广东网络问政："问答"转向"深问"［N］. 人民日报，2012-10-23，第23版.

各级地方政府作为网络舆情管理的主体，其管理职责和权限范围有着明确的边界，因此，管理体制的不顺主要表现在权责的边界与舆情的跨界之间存在的冲突，由此导致在网络舆情的管理过程中，部分管理主体出现推诿、回避、隐瞒等行为，致使网络舆情管理出现盲区和真空地带，抑或是出现多头管理、无序管理、各自为政等情况。因此，在某种意义上，管理理念上的偏差是当前中国网络舆情管理问题存在的根本性原因。因此，要调整管理理念，纠正制度惯性，克服思维定式，管理主体就必须要有一定的遵循，以科学的理论和方法来管理网络舆情。

第二，专业管理人才的缺乏。专业的网络舆情管理人才是中国政府及管理部门实施网络舆情管理，贯彻落实党治国理政方略，传递社会正面信息，弘扬主流价值观念的重要力量。就政府职能而言，目前我国各级政府和职能部门几乎都肩负有网络舆情监管的主体责任。但在现实管理活动中，既熟悉引导沟通技巧又懂得新媒体技术的舆论管理人才少之又少，现有舆情管理工作者的素质与能力也亟待提高，这已成为制约当下中国网络舆情有效管理的瓶颈。一方面，专门的舆情管理人才培养体系和人才培养机构尚未建立。目前关于网络舆情管理的人才培养还只是作为一项工作内容来进行培训，并没有上升到系统化、专门化、职业化的高度，由此导致在具体的网络舆情管理中缺少专业型人才的指导。另一方面，专业化的网络舆情管理队伍尚未形成。从目前管理人员的构成来看，大部分舆情管理工作人员由政府相关部门工作人员兼任，网络舆情的监管任务只是其诸多工作内容之一。在网络舆情危机爆发后，管理应对人员也往往是由中介事项所涉相关部门人员临时拼凑组建的，不具有长期性和稳定性，随着网络舆情的消解，这些人员也回归到各自工作岗位，难以开展网络舆情的事后管理。专业舆情管理工作人员的不足，舆情管理经验的缺乏，组织应对能力的薄弱，参与积极性的不高，这些问题在具体的舆情管理过程中如不加以克服，极有可能造成不可挽回的社会影响。三是新型意见领袖的培育、扶植乏力。随着网络舆论场的活跃，传统意见领袖逐渐丧失了话语主动权和舆论影响力，一些网络新型意见领袖已成为引领网络舆情走向、策动网络舆情事项发展的重要推手。然而，当前地方政府和相关管理部门并没有及时采取相应的措施来教育、引导、培育这部分群体，网络新型意见领袖也处于自发、自为和自组织的放任状态，由此也给一部分不法的、极端的新型网络意见领袖提供了作用的空间和牟取非法利益的可能。如当前已经暴露出来的一些非法网络"大V"利用其在网络社会的影响，不断发布网络负面消息和不实舆情来博取民意，实施敲诈勒索和炮制公共舆论事件，极大地扰乱了中国网络舆论场的秩序，挑战着中国政府网络舆情管理的底线。对此，我国政府和舆情管理部门必须保持高度的警惕，加强网络新型意见领袖的引导和培植，积极主动发声，传递正面信息，营造良好舆论生态环境。

第三，媒体公信力日渐势弱。公信力是指在社会公共生活中，公共权力面对时间差序、公众交往以及利益交换所表现出的一种公平、正义、效率、人道、民主、责任的信任力。作为一种社会系统信任，公信力既是一种重要的社会权威资源，也是重要的社会心理资本，它涉及公众的社会信任度与公众的社会评价，是弥合社会阶层裂痕，建构互信社会的重要资源。媒体公信力是媒体本身的重要属性，是新闻媒体发挥社会作用、引导社会舆论的重要特质。有学者认为媒体公信力是媒介通过长期地向受众提供真实、可信、权威、高尚的传播产品，在受众心目中建立起来的诚实守信、公正、正派的信任度和影响力。① 马克思在《摩塞尔记者的辩护》中说到，民众的承认是报刊赖以生存的条件，没有这种条件，报刊就会无可挽救地陷入绝境。② 传统传播环境中，新闻宣传媒体有着不容置疑的公信力，发挥着重要的社会影响。新媒体环境下，信息门槛的开放，网络媒介技术的发展，特别是新媒体自律性的弱化，媒体的市场化运作和利益驱动以及新媒体对传统媒体所建构的权威性和公信力的不断解构，各种有偿新闻、虚假报道、低俗之风、网络暴力、网络谣言等现象层出不穷，传统新闻媒体的社会形象和公信力不断下降已成为不争的事实。媒体公信力的下降给网络舆情的引导与管理带来直接的后果有以下几点：一是公信力资源丧失。媒体是党和政府的宣传机器和政策方针的传导工具，公众对党和政府的信任，对公共权威的服从，很大程度上得益于新闻媒体的大力宣传。媒体公信力的下降，直接导致公众对新闻媒体信息真实性的质疑，对公共权威信任度的下降。网络舆情引导的公信力资源逐渐弱化与丧失，不利于公共权力部门和新闻媒体机构开展网络舆情的管理和引导。二是社会心态的失衡。公信力是一种社会资本，也是一种心理资源，它与公众的社会认知、价值评价和心理认同等活动密切关联。与传统传播环境中公众信任度高形成鲜明反差的是，网络环境下公众对新闻媒体的信任度与认同感降低，对媒体信息真假的质疑、报道动机的猜测和社会价值共识的歪曲等，导致作为网络舆情主体的广大网民在行为动机、交往心态、言论表达、情绪宣泄等方面出现对立、对抗等非理性或不信任的心理状态。三是舆情引导乏力。媒体是舆论引导和舆情管理的重要工具和载体。网络环境下媒体公信力的下降，直接反映为新闻媒体机构对舆情信息的反映、聚合、号召、动员能力的弱化，媒体失去了对舆情信息监督与

① 李吉昌. 试论大众传媒的公信力 ［J］. 西安建筑科技大学学报（社会科学版），2003（3）：59.
② 马克思恩格斯全集：第1卷 ［M］. 北京：人民出版社，1995：381.

管理的权威性和垄断性，网络中的各种负面情绪、暴力行为、谣言流言、恶搞哄闹等大肆泛滥，舆情疏导与管理难度增大。

（二）管理对象方面的原因

第一，舆情主体交往自由增强。交往是人类的基本生存方式之一，也是舆情产生的基本条件之一，各种信息、思想、观点、见解与情绪正是在公众的持续交往之中，不断碰撞、交织、沉淀，没有公众自由、多元的交往，舆情本体即意见、情绪和态度无法集中与集聚，舆情的演化与发展就会出现中断，可见，舆情是人们交往活动的必然产物，交往活动是舆情产生的基本环境之一。

在网络社会，人们的社会交往发生了颠覆性的变化，交往空间从传统熟人社会向网络虚拟社会拓展；交往向度从由内至外的"同心圆"向纵横交错的"网状"方向发展；交往方式也由面对面的直接交流转向"键对键"的间接交流，网络成为人们的重要交往中介与交往手段。交往自由的提升、交往途径的增多、交往方式的变化、交往内容的丰富，必然带来舆情数量上的激增与影响面的扩散，增加了监控与管理的难度。具体表现为以下几点：一是网络交往的开放性降低了交往中的规范制约，为网络越轨行为埋下了"伏笔"。网络交往中夹杂着各种负面情绪、语言暴力、违法恐吓，动辄掀起"拍砖"和"人肉搜索"，种种网络暴力行为已经威胁到现实公民的合法权益与合理的人际交往，甚至一定程度上形成了舆论的倒逼，影响司法审判活动。二是网络交往的原子化、个体化缩减了人际交往的约束力。在现实社会，交往行为受到人际关系与内在道德规范的制约，一旦出现交往越轨苗头即可能会受到相应人际交往圈规则的遏止。然而，在网络环境下，人们原子化、个体化的交往方式，摆脱了人际圈的内在规制，产生了随心所欲、不受约束的交往意识，导致传统道德在网络中的沦陷，交往越轨的行为大大增加，给社会的和谐稳定带来隐忧。三是交往空间的虚拟性造成了人们交往的异化。当前，人们的交往行为过度依赖于网络技术与新兴媒介，"电子技术到来之后，人延伸出（或者说在体外建立了）一个活生生的中枢神经系统的模式"①，人与人的交往转变为人与电脑的对话，平等、自由、全面的交往活动被各种技术、信息与利益所捆绑，交往一方把另一方"视作客体、物、抽象的实体，视作实现自己的某种目的、满足自己的某种需要和欲求，或完成某种超人的或神圣的事业的手段"②，人们的人际互动顺序也由"见面—认识—表达"

---

① ［加］马歇尔·麦克卢汉. 理解媒介——论人的延伸［M］. 何道宽，译. 北京：商务印书馆，2000：76.

② 衣俊卿，孙占奎. 交往与异化——关于现代交往的负面研究［J］. 哲学研究，1994（5）：19.

转为"表达—认识—见面"。网络舆情主体交往自由边界的扩大，极易造成网络交往中对他人私权与个人隐私的践踏与侵犯，把私人领域事项扩张为公共领域事项。

第二，舆情话语体系日渐分野。新媒体技术的发展，不仅在技术上出现了新兴媒体与传统媒体的分野，同时也促成了网络话语舆论场和传统媒体舆论场两个不同话语体系的明显区别。新兴媒体以其信息传播上的双向互动，内容上的个性化、即时化和话语体系上的生动性、灵活性满足了现代社会人们对信息"短、快、新、奇"的需求，受到了大众特别是年轻群体的青睐。

传统媒体话语体系的形成与影响主要依赖于传统媒体的权威性社会资源和对信息资源的垄断，代表和反映的是社会精英群体的价值观念和意见态度，与新兴媒体代表的草根大众的话语体系在内容、形式与方式上都存在诸多差异。网络的兴起使得信息资源的分配方式发生了根本性变化，草根民众获得了更多的信息资源和表达渠道，拥有了更多的话语空间和话语权力，不断解构和重构着传统媒体环境下话语体系与话语权力，直接导致两大话语体系的分离与隔阂。话语体系的分离主要表现为：话语平台从相对单一向多元化发展，话语主体从少数精英向多数公众延伸，话语方式从相对封闭向更为开放转变①。两大话语体系在风格与表达上的不同、内涵与效用上的差异，给网络舆情的引导和管理造成多方面的影响。话语体系的分离拉大了舆情主体社会阶层之间的罅隙，无形中强化了社会各阶层的身份认同和心理认同，增大了社会疏离感和对抗程度，激化了社会关系，造成两个舆论场之间信息交流与互动的异步化，不利于两个舆论场的融合和舆情的有效管理。

第三，舆情信息传播的新特点。从直接原因上分析，网络舆情管理诸多问题的存在，主要是网络新媒体时代舆情信息传播出现的与传统媒体时代不同的特点所致。

一是传受界限的模糊化。传统大众传播学理论认为，"少数精英掌握着具有强大影响力的媒体，与政府、民众构成了各种不平等的权力关系"②。网络新媒体技术的发展，颠覆了传统大众传播理论。网络身份的匿名性极大地释放了网民现实社会中的规则意识与道德束缚，网民可以抛却现实社会中身份、地位、名誉、职业等的社会性差异，以平等的自由的角色参与网络传播行为。新媒介技术更是进一步扩大了网民表达的话语空间和言论表达权力，传受双方的角色身份差

---

① 甘恬. 新闻传播规律的自然回归——传统媒体话语体系重构的基本原则 [J]. 新闻实践，2013
(2)：17.

② 刘吉，金吾伦. 千年警醒——信息化与知识经济 [M]. 北京：社会科学文献出版社，1998：367.

异已不再成为不可逾越的"鸿沟",信息得以即时传播和共享,"信息孤岛"已不复存在,网民既可能是信息的制造者、传播者,也可能是信息的"接受器"。一个不经意的轻轻点击、一个简单的复制粘贴行为、一行文字的编辑发送都可能融合了传者与受者的角色身份。因此,在传者与受者功能体现与角色划分已然模糊化的情况下,极易出现网络舆情管理对象定位的偏差。

二是网民群体自组织化。自组织理论主要是指复杂系统在一定条件下通过自发的运动,实现无序向有序发展,低级状态向高级状态演变的过程。网络舆情活动中,网民由网络围观、网络看客发展成为网络舆情主体,网民的意见、情绪也由舆情之初相对混沌、分散、模糊的状态演变为相对集中或相互对立的状态,实际上也是网络舆情自组织化的过程。这一自组织化与网民主观意见的集中和网民意见阵营的划分在过程上是同一的。在自组织化的过程中,广大网民依据舆情事项的发展态势和自身的价值评判,在网络意见领袖的影响下,自发地进行"排队站位",形成几种不同的情绪和观点的对立,最终推动网民群体极化效应的产生。网民群体自组织化的过程强化了网民的自主行为,增进了网民的心理与情绪的认同,这无疑也给化解网民情绪、引导网络舆论增大了难度。

三是场域转换的频繁化。法国社会学家布尔迪厄认为,场域是一个相对独立的社会关系的网络空间,是"诸种客观力量被调整定型的一个体系(其方式很像磁场),是被某种赋予了特定引力的关系构型,这种引力被强加在所有进入该场域的客体和行动者身上"[①]。在网络时代,信息的传播方式由"宣讲式"切换为"对话式",传播渠道由"单一式"发展为"多通道",传播场域也由"封闭式"转变为"开放互动式",传播活动的壁垒和界限消除,信息的主导权和解读权逐渐移交到民众手中,任何草根民众都可以借助网络发声,陈述己见。舆论场重心也由传统官方舆论场向网络民间舆论场转移。网络空间成为舆论对话的主要场所,往往官方主流媒体的相关报道尚未见诸报端,网络媒体就已经掀起了舆情的惊涛骇浪。从2011年471个有效样本的分布情况来看,网络新媒体首次曝光的事件有307起,而传统媒体曝光的仅有145起,不足前者半数。[②]尽管如此,但传统舆论场其信息的权威性与真实性,传统主流媒体的全面性和影响力依然在舆情的演化发展过程中发挥着重要作用。由此形成了两个场域之间既有重叠与交叉,又有解构与排斥的复杂关系。在这一关系之中,舆情信息在各种媒介和网民参与的作用下,不断在两个舆论场域之间频繁流转,给网络舆情管理主体了解事

① [法]布尔迪厄、[美]华康德. 实践与反思——反思社会学导引 [M]. 李猛,李康,译. 北京:中央编译出版社,2004:138.
② 谢耘耕. 中国社会舆情与危机管理报告(2012)[M]. 北京:社会科学文献出版社,2012:29.

实真相、开展舆情监控、获取有效信息、掌握事件脉络造成了时空障碍，加大了舆情管理的社会成本。

四是扩散向度的病毒化。新媒体的出现改变了传统媒体的新闻制造与传播流程，对媒介生态格局与媒介生存序次产生了深远的影响。新媒体技术迎合了当前信息传播即时化、数字化、碎片化、个性化的特征，极大提高了人们的信息获取能力，满足了不同社会阶层个性化的信息需求。在传播方式上，也颠覆了以往传统媒体"一对多"的大众传播模式，以一种病毒式裂变和链接的方式进行传播，在传播向度上呈现出"一对一""一对多""多对一"和"多对多"的混合传播特征，信息传播的层级减少，传递时效性增强。同时，病毒式传播向度对网络舆情信息传播带来的负面影响也不可低估，如信息来源的广阔性降低了信息的可信度；信息爆炸式的增长也使人们无所适从，真伪难辨；大量冗余信息的产生，过度消耗了人们的时间与精力；不断出现的惊悚、搞怪、新奇、戏谑等刺激性信息影响了人们的情绪等。在病毒式传播方式的影响下，舆论对社会生活"探照灯"式的反应，强化了舆论的"舞台化"效果与象征性意义，往往出现一些舆论绑架司法、舆论排斥公德、舆论左右思想的现象，直接影响了舆情的走向与有效管理。

五是把关门槛的低矮化。在网络新媒体时代，新闻信息从制造、生产到传播、反馈较传统大众传播过程发生了根本性的变化，传统"把关人"理论受到了全面的质疑和挑战，面临着"把不住关"或"无关可把"的现实困境。在网络社会，信息"把关人"由以往职业新闻记者向普通网民转变，"把关"信息的权力也转移到了普通网民手中，因此，在缺少规则约束的网络空间中，每个人既要是自己的"代言人"，也要是自己言论的"把关人"。这一现状带来的直接后果是"把关人"身份的低矮化和把关能力素质的缺失，最终导致网络舆情信息真伪难辨，虚假信息易于流传的现况。如当前一些网民为寻求事件真相，深挖事件根源频频发起网络"人肉搜索"、热点事件追踪、网络舆论评议、网络真相揭露等言行，造成了网络空间的众声喧哗。特别是微信、微博等自媒体技术的兴起，每位公民都成为潜在的新闻制造者和舆情信息源，在网络上自由表达意见，根据自身喜好和价值观念来评价事物，舆情引导难度增大。因此，当前要传播真实网络舆情信息，营造良好的舆论环境，形成清朗的网络空间还需要在网络舆情信息的"把关人"方面下功夫。

六是议程设置的个体化。简单而言，即议程设置决定了新闻媒体在什么时间，通过什么样的媒体，选择什么样的主题作为议题，发布新闻信息。正如美国政治家伯纳德·科恩所言："报纸或许不能直接告诉读者怎样去想，却可以告诉读者想些什么。"① 传统媒体通过长期垄断议程的设置权以影响受众的看法和态度，进而引导和控制社会舆论。在互联网时代，传统媒体议程的设置已经发生了变化：从议程设置的主体看，新媒体的发展使传受双方的身份模糊化，每个人都是新闻的制造者、信息的传播者和接受方，从而使议程的设置权由传统媒体转移到新媒体使用者手中，议程的设置主体也由组织转变为个人。从议题设置的事项看，舆情热点事件不断增多，网民的注意力随之不断转移，网民依据个人的兴趣和判断，以浏览、转载、转发、发帖等方式对热点事件进行传播，使得网民摆脱了传统媒体议程设置的安排，得以进行"自我议程设置"。从议程设置的范围来看，网络新媒体打通了公共舆论场和私人舆论场的隔阂，网民通过各种自媒体平台拥有了更多的"话语权"，可以把私人舆论场的热点事件反映到公共舆论场，也可以把公共舆论场的热点事件导入到私人舆论场。因此，网络新媒体突破了传统媒体以公共舆论事件为客体来设置议题的框架，实现了议程由个体决定，议题由私人定制的传播格局。这对于网络舆情的管理，尤其是对舆情热点的分析、舆情走向的监控和舆情事态的预测等方面形成了巨大的干扰。

七是意见领袖的泛在化。网络环境下，传统二级传播理论中意见领袖的作用与功能出现了一定的调整和变化，衍生了"新型意见领袖"群体。新型意见领袖借助网络新媒体，通过掌控网络话语权，依靠网络公众的追捧，掀起巨大的舆论风暴，左右着网络舆论格局的形成，并逐渐发展为一股全新的社会力量。新型意见领袖的出现既是网络传播行为自组织化的结果，也是网络社会发展、网民情绪引领和网络信息整合的现实需要，正如勒庞所说："大多数人，尤其是百姓中的大多数人，除了自己的行业之外，对任何问题都没有清楚合理的想法，意见领袖的作用就是为他们引路"②。在新型意见领袖的影响下，网络舆情由一种零散、无序、隐性的状态逐渐发展演变为集中性的意见和态度表达，网民也逐渐分化为不同的舆论阵营。随着网络自媒体技术的发展，信息引领者不再是金字塔顶端的少数人，普通的社会民众也能参与到网络信息的传播活动中来，新型意见领袖的数量和类型不断增多，构成成分也越来越复杂。新型意见领袖的泛在化、草根化极大地解构了传统意见领袖的精英身份，在扩大了网络参与面的同时，也往往由于新型意见领袖的"草根性""平民化"的特征，带来各种非法的、负面的舆情信息和不良情绪态度在网络广泛流传，直接影响了网络舆情的管理。

第四，多元价值文化的冲突。随着中国改革开放的纵深发展和西方文化价值

---

① 李彬. 传播学引论 [M]. 北京：新华出版社，1993：142.

② ［法］古斯塔夫·勒庞. 乌合之众——大众心理研究 [M]. 冯克利，译. 北京：中央编译出版社，2004：115.

观念的传播，传统与现代、东方与西方在政治、经济、文化等多方面正发生着激烈的碰撞，多元多样的价值观念与思想文化不断在各个领域发生交流、交融、交锋。互联网的发展已超出了技术的界限，改变了"社会"的结构与意义，并融入人们的日常生活之中，对人们的思想观念和价值文化都产生了长久而深刻的影响。

对网络舆情而言，价值文化的多元多样影响首先是影响舆情主体的思想观念与价值判断。舆情本体即舆情主体的各种观点、意见和态度，是一种主观的价值认知和心理活动。网络的开放性、匿名性以及话语平权，网民以平等的身份发表意见与建议，表明观点与态度，多元多样的价值观念必然会影响舆情主体的主观认知，引起观点、情绪与态度的变化，客观上给网络舆情的整合和舆情事件的管理造成困难。其次是影响舆情的引导与疏解。政府管理部门和管理人员是实施舆情管理的主体，在多元价值观念和多样文化交融的背景下，在舆情管理过程中对舆情中介事项和舆情发展态势必然存在不同的态度和不同的认知，从而影响舆情管理合力的形成。最后是对广大网民的影响，特别是对网络新型意见领袖的影响，直接左右着网络舆情的发展态势。网络新型意见领袖的观点、态度与情绪直接影响着广大网民的态度与意见，部分新型意见领袖、"网络博主"、"版主"等散布的一些偏激、负面和对抗性的言论与情绪直接导致了网络舆情的扩大化和事态的严重化。

第三章

马克思主义新闻自由观与网络舆情管理

马克思主义新闻自由观是马克思主义新闻理论的核心和基础，是当代中国新闻舆论活动的重要理论指导，也是开展舆论管理与引导的重要理论依据，对当前网络舆情管理具有重大的现实指导意义。

第一节 马克思主义新闻自由观的内涵

自由不是先验的概念，而是在历史中生成的。资产阶级的新闻自由观念也是如此，它绝不是一种自然法权或无须验证的先验性存在，而是在资本的生产关系之中，在社会主体间关系的基础上所形成的法权观念。同样，马克思主义新闻自由观也是在历史的发展中不断形成的，在反对资产阶级书报审查和无产阶级新闻实践中不断发展起来的，反映和体现了更高层次的人的本质需要和人性的解放。随着斗争形势和革命任务的变化以及对新闻自由认识的深入，马克思主义新闻自由观的内涵也在不断丰富发展，新闻自由不再仅是对"一般自由"的概括，而更是体现为人的精神自由与传媒行业的自由。与资产阶级新闻自由相比，马克思主义新闻自由观具有鲜明的时代特征和独特的价值意蕴，它反映了社会公民对自由的基本诉求和对新闻自由基本规律的认知，融合了时代性、权益性、价值性、科学性。

一、新闻自由是公民权利的重要内容

新闻自由与言论自由、出版自由一样，是公民自由权利的基本内容之一，也是社会公民实现人的本质与解放的基本手段。正如马克思所言："自由的每一种形式都制约着另一种形式，正像身体的这一部分制约着另一部分一样。只要某一

种自由成了问题，那么，整个自由都成问题。"① 没有新闻自由，公民的其他自由也就无从谈起，自由发表意见是一切自由的基本前提，是人的本质规定。

自 1644 年约翰·弥尔顿在《论出版自由》一书中最早提出新闻自由思想以来，新闻自由的主体问题就一直伴随着新闻传播学的发展而存在。在当前新闻媒介、形态以及环境发生巨变的信息时代，新闻自由的主体界定显得愈发重要，它也直接影响着新闻自由的真正实现。一种观点认为新闻自由的主体是新闻媒体机构。"新闻自由是指新闻媒介为了公共利益，在法律所允许的范围内采访、写作、报道、发表新闻信息的自由。"② 这一观点从具体新闻传播活动出发，认为新闻自由的权利归属于新闻媒介专有，突出强调新闻业界内新闻自由的各种表现形态，以行业自由来代替新闻自由。另一种观点认为，新闻自由的主体并不是单一的，而是包含了政府、媒体与公众在内的多重主体。新闻自由属于民主与人权范畴，从法理上看，主要由新闻媒体、公民和政府三方构成，表现为人类认识自然界、人生和社会的报道权③。在传统媒体时代，公民作为社会分散的个体，缺少必要的媒介工具和表达渠道，其新闻表达与新闻诉求又具有很强的个体性差异，因此，导致公民的这一政治权利在实际的社会生活中很难得到有效落实，往往由代表某一阶级或阶层的政治集团或社会团体对个体性、差异性的新闻诉求进行共性抽取之后再通过新闻媒体表达出来。"一般公民的新闻自由往往由他所属的阶级或集团的新闻机构来实施，只要这些新闻媒体能够反映本阶级大多数人的要求，每个阶级成员也就享有了新闻自由权。"④ 这一观点从新闻自由实现的角度进行了论述，但忽略了新闻自由的阶级性。此外，从当前新闻自由的现实功能分析，新闻自由还在某种程度上代表和体现了社会民众对党和政府等公权组织机构的新闻舆论监督。社会角色的定位和功能的不同决定了政府等公权组织是不适宜作为新闻自由主体的。

马克思主义新闻自由的主体从本体论意义上理解并不是某个阶级或政治集团，而是享有各项基本自由权利的社会公民。从词义上看，英文"the press"一词可对应的中文有多种翻译，"出版""新闻""报刊"或"新闻出版"等。陈力丹教授在比较了中西方关于新闻自由的理论与现实差异之后指出，西方国家新闻自由的主体在学理层面、法律意义以及现实操作中与中国新闻自由具有明显的

① 马克思恩格斯全集：第1卷 [M]. 北京：人民出版社，1995：201.
② 顾理平. 新闻法学 [M]. 北京：中国广播电视出版社，2005：213.
③ 刘建明. 新闻自由的七种权利 [J]. 新闻爱好者，2001 (3)：12.
④ 刘建明. 从主体论到客体论的新闻自由观 [J]. 清华大学学报（哲学社会科学版），1996 (3)：54.

区别，从中国的语境考虑，"the press" 翻译为 "新闻出版" 是比较合适的。这一点在新版的《马克思恩格斯全集》中已有体现。从权利的归属分析，新闻自由作为一项普遍的权利内容，是公民自由权利的重要部分，是公民表达自由、言论自由和出版自由等权利的集中表现，就此而论，其主体也不是传媒机构或政治集团，而是社会公民。从现实法律规范来看，我国宪法和《香港基本法》《澳门基本法》中，也都涉及 "新闻自由" 的概念，进一步佐证了新闻自由的主体为社会公民。

在网络社会，传播媒介成为人类交往和生活的重要工具和载体，延伸和扩展了人的感知能力，人们之间的交往活动由传统人际传播进入到网络媒介传播。网络媒介的多样性与便捷性为公民提供了即时高效的传播工具和传播渠道，改变了传统媒体时代人们依赖新闻媒体机构和政治集团来实现新闻自由权利的方式，人们通过网络媒体直接进行话语表达和新闻传播，这无疑提升了公民个体在传播活动中的地位和作用，传受双方都成为传播活动的主体，每一位社会个体都是自己的 "代言人"。因此，可以确定的是，网络环境下新闻自由的权利主体将真正回归到社会公民个体身上。

二、新闻自由是交往自由的主要形态

交往是人的本质需要，也是人对自己本质的全面占有。交往活动实现的前提必须是社会公民的全面自由，既包括政治权利的自由、经济权利的自由，也包括精神的自由。马克思和恩格斯认为新闻的大规模传播是现代商品经济造成的 "普遍交往" 的产物①。可见，人们的物质交往和经济行为无形之中促进了新闻传播活动的扩散，物质交往自由的实现成为新闻自由的基本前提。反之，在一定的交往阶段，新闻自由的不断实现，并确认为公民的一项基本政治权利，也进一步保障了人们交往自由在更大范围的实现。随着社会复杂程度的增大和交往工具的丰富，人们交往的自由度不断提升，新闻媒体成为重要的交往工具和交往手段，新闻自由也成为交往自由的主要形态和重要内容之一。

新闻属于人的精神活动范畴，是现代精神交往的最常见形态，是构建人们精神生活的重要内容。新闻融合了文字、语言、价值、媒介等诸多文化性要素，是人类精神与文化的外在表现，因此，新闻传播实质上体现的是文化传播。一般意义上认为，新闻所代表和反映的是人对客观世界的主观表达，尽管新闻的真实性

---

① 陈力丹. 精神交往论——马克思恩格斯的传播观 [M]. 北京：中国人民大学出版社，2008：230.

原则要求新闻必须尽量反映客观事物的真相，但就本质而言，新闻始终是客观事物的主观反映，因此，它总体上归属于社会意识形态领域，是人的精神活动的重要方面，"自由报刊是人民用来观察自己的一面精神上的镜子"①，也是构建和展现人的本质力量的重要载体。尽管客观的物质交往和经济行为是促成人类交往的重要根基，但作为全面自由发展的人，其交往活动必定包含着特有的精神内容。马克思就特别指出："自由的出版物是人民精神的慧眼，是人民自我信任的体现，是把个人同国家和整个世界联系起来的有声的纽带；自由的出版物是变物质斗争为精神斗争，而且是把斗争的粗糙物质形式理想化的获得体现的文化。"②它表明，作为新闻主要形式之一的"自由的出版物"是人的精神活动自由的重要体现，是个人与外界进行密切交往的重要途径，也是人们反抗精神束缚，争取自由权利的重要武器。

"没有新闻出版自由，其他一切自由都会成为泡影。"③ 马克思把新闻自由视为人类最基本的自由，发表意见的自由权是一切自由体现的基础和前提。新闻也是人类自由交往的重要媒介，新闻自由度越大，自由权利的保障性越强，也就意味着人类交往范围、交往工具和交往内容越丰富。以个体感知和体验为中心的精神交往活动，其交往范围和交往内容都非常有限，并且直接限制了主体交往自由的实现。以报刊、新闻作为媒介和载体的现代社会的交往，则直接扩大了主体的交往范围，开阔了人们的眼界，充实了人们的精神生活，连通了个人与世界的关系，反映和促进了人们从民族的交往到世界交往，从物质的交往到精神交往的深入，促进了人类交往自由的实现。"自由报刊是观念的世界，它不断从现实世界中涌出，又作为越来越丰富的精神唤起新的生机，流回现实世界。"④

三、新闻自由是监督权力的社会公器

对公民而言，新闻自由既是目的又是手段。无产阶级社会人民争取新闻自由是实现人的基本自由权利的重要目的，它是通过在与封建专制制度和资产阶级专制统治的斗争中得以实现的无产阶级的新闻自由。正如恩格斯所言："出版自由，不同意见的自由斗争就意味着允许在出版方面进行阶级斗争。"⑤ 正如自由都不是抽象的、绝对的，而是具体的一样，阶级社会中的新闻自由也是具体的，有阶级性的，不存在无阶级的绝对的新闻自由。资产阶级社会的新闻自由是资产阶级

---

①②④ 马克思恩格斯全集：第 1 卷 ［M］. 北京：人民出版社，1995：179.

③ 马克思恩格斯全集：第 1 卷 ［M］. 北京：人民出版社，1995：201.

⑤ 马克思恩格斯全集：第 6 卷 ［M］. 北京：人民出版社，1961：528.

作为统治阶级的新闻自由，而对无产阶级则进行严格的新闻限制，"问题在于新闻出版自由是个别人物的特权呢，还是人类精神的特权。问题在于一方面的有权是否应当成为另一方面的无权"①。资产阶级通过各种书报检查制度、新闻出版规定、新闻封锁、新闻查封等方式来压制无产阶级争取新闻和言论自由的权利，通过统治阶级的强权来压迫、控制被统治阶级的新闻言论，因此，在阶级压迫和阶级斗争的社会中，只有统治阶级才享有新闻自由，并且这一自由是建立在对被统治阶级剥削和压迫的基础之上的。无产阶级的新闻自由反映了新闻活动的内在规律，是工人运动取得胜利的重要保障和必要途径，是公民争取自身权利的重要斗争手段，与人民性相统一并融入人的自由全面发展之中，正如恩格斯所言，"第一次能够谈到真正的人的自由，谈到那种同已被认识的自然规律和谐一致的生活"②。

正是由于无产阶级新闻自由的全面性、彻底性和人民性，因此，它在社会主义社会发挥着较资本主义社会更为重要的作用。它既是无产阶级争取自由权利的基本手段与方式，也是监督政府权力、传递新闻信息、开展舆论引导的重要保障，是确保政府、社会、公民权利间制衡的重要社会公器。马克思曾把无产阶级创办的新闻刊物在社会中发挥的作用形象地比喻为"第三个因素""第三种权力"。他指出，"管理机构和被管理者都同样需要有第三个因素，这个因素是政治的因素，但同时又不是官方的因素……这个具有公民头脑和市民胸怀的补充因素就是自由报刊。在报刊这个领域内，管理机构和被管理者同样可以指说对方的原则和要求，然而不再是在从属关系的范围内，而是在平等的公民权利范围内进行这种批评"③。这充分说明了早年的马克思已经认识到无产阶级新闻自由权利的获得，是报刊发挥社会作用的基础，是制约政府和沟通民众的重要工具，也是平衡和监督政府与公民之间权利关系的重要砝码。马克思就曾直言，"当报刊匿名发表文章的时候，它是广泛的无名的社会舆论的工具；它是国家中的第三种权力"④。

在现代信息社会，新闻媒介发展迅猛，组织化的新闻媒体日渐发展为个体化的表达媒介，每位公民都是"新闻记者"，不管是新闻媒介的使用、新闻信息的获取还是新闻内容的报道、新闻媒体的形式，与传统社会相比都获得了更为全面的自由权利和更为充分的表达空间。在网络时代，新闻信息传播的快速便捷以及

---

① 马克思恩格斯全集：第 1 卷［M］. 北京：人民出版社，1995：167.
② 马克思恩格斯全集：第 26 卷［M］. 北京：人民出版社，2014：121.
③ 马克思恩格斯全集：第 1 卷［M］. 北京：人民出版社，1995：378.
④ 马克思恩格斯全集：第 10 卷［M］. 北京：人民出版社，1998：232.

新闻活动准入的低门槛进一步释放了公民对社会民主自由权利追求的热情，营造了更为宽松、更为民主的舆论氛围。新闻的社会影响日益放大，已全然超越了新闻本身作为信息传递形式的内涵，而成为制衡各种政治权利关系，发挥舆论监督作用的重要社会力量，现代社会已把新闻媒体视为除立法、行政、司法之外的"第四种权力"，并对其他三种政治权力起制衡作用。

四、新闻自由是相对自由的舆论活动

新闻自由思想作为马克思主义新闻观的核心内容，是无数无产阶级革命家和新闻舆论工作者在长期的新闻实践活动中关于新闻自由观点的凝结，是指导马克思主义新闻舆论工作者不断反抗资产阶级新闻审查，打破资产阶级新闻信息垄断权的重要工具，也是进一步拓展人类交往，建构和丰富人类精神世界，塑造自由而全面发展的人的重要方面。

马克思主义新闻自由观作为无产阶级争取阶级自由、实现公民言论与出版自由权利的理论武器，在指导无产阶级的新闻活动中发挥了重要的作用，马克思曾指出："批判的武器当然不能代替武器的批判，物质力量只能用物质力量来摧毁，但是理论一经掌握群众，也会变成物质力量。理论只要说服人，就能掌握群众；而理论只要彻底，就能说服人。所谓彻底，就是抓住事物的根本。但是，人的根本就是人本身"[①]。这一论断从本质上反映了作为理论指导的无产阶级新闻自由观，只有被广大人民群众所掌握并运用到具体的实践之中去，才能把理论转变为具体斗争的工具。同时，马克思的这一论述也表明，如果理论不彻底、不全面、不深刻或者不能为人民群众所理解、掌握，就不能发挥理论应有的功能，不仅不能很好地指导革命实践，更不能深刻地展现人的自由本质。就此而言，马克思主义新闻自由权利的实现，不仅受制于无产阶级力量的壮大，还受限于受众对新闻信息的认知与理解，以及新闻报道和反映事实的广度与深度。从传播学意义上分析，新闻自由作为开展新闻活动的基本前提和保障，要实现这一自由还有赖于传播受众对新闻信息的理解与感知。新闻传播活动离不开必要的新闻媒介和新闻载体，因此，新闻媒介的作用与功能也决定着新闻自由的发挥。著名传播学者丹尼斯·麦奎尔在《受众分析》一书中就提出："受众既是社会环境——这种社会环境导致相同的文化兴趣、理解力和信息需求——的产物，也是特定媒介供应模式

---

① 马克思恩格斯选集：第 1 卷［M］. 北京：人民出版社，1995：9.

的产物"①。

从政治权利的角度分析，正如自由也是有阶级、有限度一样，新闻自由也是有限度的舆论活动。从政治权力结构来看，马克思关于新闻"第三个因素""第三种权力"的论述以及现代社会对新闻的"第四种权力"的认知表明，新闻要成为自由表达的舆论工具，发挥社会舆论引导功能，必须是在某一政治权力结构和一定的组织框架体系之内，否则，一旦突破既有的政治体系和组织结构，新闻活动就会受到政治组织体系的各种限制，也就没有新闻自由可言了，毛泽东所提出的"舆论一律又不一律"也是这层意思。在现代法治化国家建设的进程中，世界各国对新闻自由和新闻报道活动制定和出台了相应的新闻出版法，把新闻自由框定在一定的法律体系范围之内，以支配新闻活动正确地反映世界。

可以说，现代新闻自由是一种法定的自由，只有当社会每位公民自觉地依法使用媒体，依法行使表达权利，合法参与新闻活动，社会主义新闻自由才能得以真正彰显。

第二节　马克思主义新闻自由观是网络舆情管理的根本依据

网络传播媒介技术的不断发展，极大地提升了人们获取和传播信息的能力，并引发了传统传播模式的显著变化。就新闻信息而言，报道主题多元化、受众与市场碎片化、产品形态多媒体化、传播渠道复合化、信息流通全球化等②，已成为当前网络环境下新闻信息传播的基本特点。网络赋予了公民个体极大的言论自由与话语空间，公民个体的话语权与影响力不断增强，个体意见与情绪在网络社会呈病毒式扩散，不断发酵与积聚，通过媒介的传导，最终形成网络群体极化现象，由此在网络社会掀起舆论风暴，进而直接影响到现实社会公民的态度。尤其是当前微信、微博等自媒体传播技术的兴盛，直接冲击了传统媒体的信息垄断权，信息无须经过二次传递，而直接为公民开通了信息传播的"直通车"，确认了公民信息交往的自由权和知情权，满足了公民和媒体自我表达的诉求。但网络自媒体技术也带来了新闻信息传播过度自由化的问题，引发了舆情信息传递过度混乱的局面，导致了假舆情信息在网络的肆意蔓延和网民非理性参与行为的增多。

马克思主义新闻自由观的内涵为新闻理论与新闻实践提供了丰富的理论滋养

---

① ［英］丹尼斯·麦奎尔. 受众分析［M］. 刘燕南，李颖，扬振荣，译. 北京：中国人民大学出版社，2006：2.

② 熊程，邹一沛. 网络时代马克思主义新闻观的继承与发展［J］. 青年记者，2013（7）：30.

与实践指导。网络社会，面对舆论主体权益的扩张，马克思主义新闻自由观在回应各种挑战之中也随着时代与传媒的发展不断与时俱进，为当前中国社会网络舆情管理提供了根本的依据。

一、确认了舆情主体的自由表达权利

马克思主义新闻自由的主体是社会公民，其基本出发点与落脚点也都在于保障公民的基本言论自由、表达自由以及出版发行自由的权利，实现人的自由的本质。马克思主义新闻观认为，人的本质带有自由的属性，所以一切人都要求新闻自由[①]，只有拥有了新闻自由权利的社会公民才能自由发表意见、表达诉求，这也是马克思主义新闻自由观发挥作用的基础和前提。在现代社会，公民新闻自由权利的确认与扩张是多重因素相互作用的结果。一方面，网络的虚拟性给广大网民创造了自由发表意见的广阔空间，网络社会门槛的低矮化给网民提供了自由进出网络舆论场的便利，网络社会的匿名性更是极大地激发了网民网络舆情参与的热情。网民的这些行为表明，在互联网时代，我国社会公民的民主自由权利得到了极大的改善和提升。另一方面，随着我国政治体制改革的深化和现代民主政治建设进程的加快，政府简政放权，政府把不该管或管不好的一些事务下放给社会，把原属于公民、社会的权利归还给公民和社会，由此赋予了公民个体与社会组织以更大的权益保障和活动空间，进一步激发了公民和社会的活力。

马克思主义新闻自由观为推进现代民主政治建设，保障社会公民的新闻自由奠定了坚实的基础。网络极大地扩展了人们的思想与活动空间，吸引了广大社会民众参与到网络活动之中来。在公民向网民转变的过程中，马克思主义新闻自由观确认了人的自由本性，把人的新闻自由视为其他自由权利的基本前提，并把新闻、舆论等作为人类交往活动的重要形态，把媒体、语言等视为人类交往活动的基本媒介。当前网络舆情是人们交往活动的重要表现形式，网络舆情呈病毒式扩散，幂次级传播的特点也正是基于对人的新闻言论自由权利的确认。没有公民新闻言论自由权利的确认，网民言论自由的表达就不可能实现，公民民主自由的权利也不可能真正落实，现代民主政治建设也可能沦为空谈。

二、明确了舆情主体的自由表达限度

马克思主义认为自由都是相对的，没有无条件绝对的自由。马克思主义新闻

---

① 刘建明．马克思主义新闻观理论基础［M］．北京：清华大学出版社，2010：112.

自由是人们新闻言论的全面自由，但同时这一自由也是有限度的。马克思主义认为新闻自由虽然是公民的一项基本权利，但同时它与别的自由一样，既是目的又是手段。在阶级压迫和阶级斗争尖锐的时期，马克思主义新闻自由观作为无产阶级反对封建专制和资产阶级专政的斗争武器，为争取公民的新闻自由而斗争，为人类的解放事业开辟了道路。但同时，马克思主义认为新闻自由不是万能的，它既是有限度的，也是有限制的。就马克思主义新闻自由的限度而言，主要体现在三个方面。一是认为新闻自由不是万能的，不能被泛在化和抽象化，不能把新闻自由推崇为"一切的一切"，否则就会使其他实现人们目的的手段成为多余，"新闻出版自由同医生一样，并不能使一个人和一个民族变得完美无缺，它自己也不是十全十美的"①。二是认为新闻自由不应被看作一种行业自由，不能仅是为了追求名与利而存在，"新闻出版最主要的自由就在于不要成为一种行业。把新闻出版物贬低为单纯物质手段的作者应当遭受到外部不自由——书报检查——对他这种内部不自由的惩罚；其实他的存在本身就已经是对他的处罚了"②。新闻自由是人们追求真理和反映客观世界本质的活动，是人的思想自由或精神自由，"新闻出版物是个人表达其精神存在的最普遍的方式"③。当然，马克思也考虑到了新闻出版自由与物质条件的联系，认识到新闻自由的实现还必须以一定的物质条件为基础，否则也只能流于空想。三是认为新闻自由具有一定的阶级性。马克思主义新闻自由观要体现公正公平，展现事实真相，但在阶级斗争还存在的情况下，新闻自由还具有一定的阶级性。江泽民就曾强调："在任何一个国家，都不存在绝对的毫无限制的'新闻自由'"④。因此，无论是作为意识形态的新闻还是作为政治权利的自由，始终是不同阶级、政治集团、党派的意志和利益的反映，新闻自由也不可避免地被打上了阶级的烙印。

就马克思主义新闻自由的限制而言，新闻出版法既是对新闻自由的保障，也是对新闻自由的限制。要实现新闻自由就必须有新闻出版法的保障，"新闻出版法是真正的法律，因为它是自由的肯定存在。它认为自由是新闻出版的正常状态，新闻出版是自由的存在"⑤。同时正是因为有了新闻法的保障，新闻活动才能获得更大的自由，才能体现新闻主体权利和义务、自由与责任的统一，并在相互的制约之中使新闻自由趋于合理的尺度。如果失去了新闻法的约束，新闻活动

① 马克思恩格斯全集：第 1 卷［M］. 北京：人民出版社，1995：152.
② 马克思恩格斯全集：第 1 卷［M］. 北京：人民出版社，1995：193.
③ 马克思恩格斯全集：第 1 卷［M］. 北京：人民出版社，1995：196.
④ 中共中央文献研究室. 十三大以来重要文献选编（中）［M］. 北京：人民出版社，1993：773.
⑤ 马克思恩格斯全集：第 1 卷［M］. 北京：人民出版社，1995：175.

就极有可能突破人们自由的界限，导致"野蛮的自由"和新闻舆论的过度泛滥，新闻的真实性、客观性与公正性就无法保障。

网络的开放性、平等性和互动性，让公民获得了较以往更大的表达自由，特别是在对社会热点事项的关注上，公民通过网络进行自由表达，形成网络上的众声喧哗，在网络"意见领袖"的影响和作用下形成一定的"意见气候"，最终演化为网络舆情。目前，随着网络舆情主体自由权限的扩张，网络舆情乱象丛生，亟须明确和强化一定的理论加以引导。马克思主义新闻自由的相对性思想为当前我国政府开展网络舆情管理提供了总体思路和有力借鉴。一是马克思主义新闻自由观关于新闻舆论主体自由权利的确定性、相对性与网络舆情主体的自由权限具有高度的契合性，为引导和管理网络舆情主体的言论、表达自由提供理论来源和基本遵循。二是马克思主义新闻自由观中关于新闻出版法的"重力定律"为规范与规约网络舆情主体自由权利提供了指南，要求网络舆论传播和网民舆情表达必须在法律的范围之内，不能超越法律的管辖，成为侵犯他人权益和隐私、损害公共利益的工具。三是马克思主义新闻自由观的阶级性思想对中国网络舆情管理者甄别舆情真伪，运用阶级意识抵制西方新闻舆论的侵蚀与渗透，反映政治性舆情事件的真相具有重要的现实意义。四是马克思主义新闻观区分了新闻自由与行业自由，有助于人们正确认识商业媒体或商业网站的新闻内容，认清商业媒体的炒作行为与新闻信息传播活动的区别，辨别舆情真实信息与炒作信息，同时也为政府部门规范商业媒体管理、净化新闻行业的风气提供了理论支撑。

三、强调了新闻舆论监督的重要作用

马克思曾把新闻报刊形象地比喻为"第三个因素""第三种权力"，现代社会新闻媒体更是被视为立法、行政、司法之外的"第四种权力"，在政治权力的关系之中起着制衡与约束作用。新闻舆论的社会影响日益增大，对权利关系与政治活动发挥的影响也越来越显著。尤其是在当前网络新媒体时代，管理者在信息资源方面的优势与先机已不复存在，信息的不对称性、知识的鸿沟以及身份阶层的差距正在被新的传播媒介所缩小，人们实际所处社会环境已由边沁的"全景式监狱"转变为"共景监狱"，不再是个体瞭望塔对众人的监视，取而代之的是众人对个体的凝视与控制。具体分析，马克思主义新闻观中关于新闻舆论监督的思想主要体现为以下几点。一是舆论监督是新闻报刊的重要职能。马克思曾指出："报刊按其使命来说，是社会的捍卫者，是针对当权者的孜孜不倦的揭露者，是无处不在的耳目，是热情维护自己自由的人民精神的千呼万应的喉舌。"① 新闻媒体是报道和反映社会舆论的载体、工具，马克思主义新闻报刊所具有的人民性与党性原则要求新闻报道具有真实性，能代表和反映人民意志。因此，马克思主义的新闻舆论监督职能，实际上是人民所赋予新闻报刊的基本功能，代表了人民群众的利益来行使监督职能。二是新闻舆论监督的对象不仅包括资产阶级国家政权和当权者，还包括无产阶级政党的领导机关和党的领导干部。恩格斯就曾提及"要使人们不要再总是过分客气地对待党内的官吏——自己的仆人，不要再总是把他们当作完美无缺的官僚，百依百顺地服从他们，而不进行批评。"② 可以说，无产阶级的新闻舆论监督是全方位的监督，是一种普遍的社会约束，列宁就曾要求新闻舆论在党员、政府、社会秩序和劳动纪律等方面发挥监督作用。三是新闻舆论监督要有度。新闻舆论反映的是广大人民的意志，因此，在履行监督职责的过程中既要秉持公开公正的原则，又要反映实际情况，如实地报道事实，指出缺点和错误，而不能歪曲事实，以主观代替客观，有失公允和偏颇，擅自侵犯监督对象的隐私权。毛泽东就提出开展好舆论监督工作的"开、好、管"三字方针，其中"好"是指把报纸的舆论监督职能工作做好，而不是乱批一通，对什么事情是否应该点名批评都应经过仔细研究，目的是"惩前毖后，治病救人"。四是新闻舆论监督要讲究方式方法。无产阶级的新闻舆论监督主要是以无产阶级的党报党刊为载体，通过正面引导、榜样示范和负面揭示、批评监督来扬善惩恶。列宁曾提出："把那些顽固地保持'资本主义传统'，即无政府状态、好逸恶劳、无秩序、投机活动的公社登上'黑榜'"③。另外，他还指出"党和人民报刊必须用生活中生动具体的事例和典型来教育群众，从正面引导社会舆论，给全民树立榜样，成为鼓舞群众积极工作、遵守劳动纪律和彰扬社会主义新风尚的工具，以此促进社会主义革命和建设"④。

在网络新媒体时代，新闻媒体的多样化、信息渠道的多元化、传播范围的扩散化，使得舆论监督在监督主体、对象、内容、范围、方式、影响等方面发生了全方位的变化，舆论监督的时效性与影响力面临着巨大考验。在此背景下，马克思主义新闻观关于新闻舆论监督的思想给当前网络新媒体环境下的舆情监督提供了基本的思想启示和价值源泉。一是为网络舆情监督的全面性提供了基本的理论依据。马克思主义新闻自由观突出强调了人的主体地位和人的言论自由，并把舆

① 马克思恩格斯全集：第 6 卷 [M]. 北京：人民出版社，1961：275.
② 马克思恩格斯全集：第 38 卷 [M]. 北京：人民出版社，1972：33.
③ 列宁选集：第 3 卷 [M]. 北京：人民出版社，1995：493.
④ 许新芝，罗朋，李清霞. 舆论监督研究 [M]. 北京：知识产权出版，2009：142.

论监督作为开展无产阶级斗争、发挥人民民主、强化意识形态建设、监督公共权力的重要途径。在网络社会，传播技术和信息环境较传统社会发生了巨变，公民拥有了更为广阔的公共言论空间、更为自由的舆论监督环境和更为主动的政治参与意愿。舆论监督主体也随之由新闻媒体向公民个体转变；舆论监督的对象也由公共权利组织扩展为社会公民个体；舆论监督的方式也由组织监督、上级监督转变为个体监督、民主监督；舆论监督的内容也由社会公共权力扩大为公民日常生活的方方面面。马克思主义新闻舆论监督思想的全面性为网络舆情监督主体的全面性、内容的丰富性、方式的科学性提供了基本的理论依据。二是为网络舆情监督的真实性提供了基本的价值基础。马克思主义新闻舆论监督思想特别重视舆论监督的客观性与真实性，反对任意捏造、歪曲事实，更是反对无中生有，随意制造谎言、谣言，把客观性与真实性视为舆论监督活动开展的根本要求和基本前提，失去了客观性与真实性，舆论监督也就失去了存在的意义和基本的公信力。当前虚拟的网络世界充斥大量的虚假、负面信息，给舆情监督带来了巨大的干扰，要从众多的舆情信息中梳理、甄别客观、真实、有价值的舆论信息，就必须要本着实事求是的态度、客观真实的原则，追根溯源，对反映出来的真实舆情信息进行分析和引导，以化解网络舆论乱象。三是为网络舆情监督的有效性与限度性提供了基本的尺度标准。马克思主义新闻自由观既强调精神、思想、言论的自由，又突出自由的相对性和约束性，认为只有在法律框架之内才能真正实现新闻言论的自由，这一思想为新闻媒体和网络民众的舆论自由提供了基本的标尺和合理合法的区间，也对开展新闻舆论监督提出了基本的要求。新闻舆论监督，既不能侵犯监督对象的自由权利，把任何新闻言论都纳入监督范围之内，压抑社会活力；也不能放任负面言论与情绪扩散，对社会舆论的影响置之不理，漠然对待。它必须在既有的法律框架和自由范围之内，一旦超越了这一限度，新闻舆论监督不仅不能起到有效的约束与监督作用，反而会破坏社会和谐，影响人际交往，毁坏政社关系。因此，一方面，新闻媒体、社会舆论、民众舆情的监督始终要在依法依规的前提下进行，只有这样才能发挥新闻舆论监督最大的社会作用和功效。就现实而言，新闻舆论监督和网络监督已然给公共权利的行使者带来了巨大的震慑效果，如近年来出现的"周久耕案""杨达才案"等即是网络舆论监督发挥反腐功效的典型案例。另一方面，媒体机构、网络民众享有了更大的言论、表达自由，话语空间与话语权力进一步增强，表达方式与沟通渠道也更加灵活多样，在网络身份匿名的遮盖下，一些网民的非理性言论、侵犯他人隐私的行为也时有发生，进一步说明当前网络舆论监督还亟须理性化和规范化。

四、建构了舆情主体的公共理性精神

公共理性是和谐社会的基础，是人们思想与价值观念的基本反映，也是现代公民的基本素养。公共理性是以成熟自律的公民社会为基础，集合了国家理性、政党理性、利益集团理性和个人理性，融合了工具理性与价值理性、大众理性与精英理性的利益融合的机制和合作共治的能力。"公共理性是一个民主国家的基本特征。它是公民的理性，是那些共享平等公民身份的人的理性。他们的理性目标是公共的善，此乃政治正义观念对社会之基本制度结构的要求所在，也是这些制度所服务的目标和目的所在。"① 依据马克思主义新闻观，新闻自由是改造社会的"公器"，是有力的"批判的武器"，是监督和制约国家、政府与社会的重要工具。公民新闻自由权利越大，越需要公民具备更强的理性约束能力，特别是在网络环境下，公民只有具备更强的公共理性精神，才能不越矩越规，才能获得更大的言论自由。具体而言，马克思主义新闻自由观的内在精神在对新闻舆论主体公共理性精神的建构方面主要体现在以下几方面。

一是认为自由报刊不是少数人谋取私利的工具，而应以其所具有的国家理性和公共理性精神为广大人民服务，反映人民意愿，报道人民疾苦。"报刊是带着理智，但同样也是带着情感来对待人民生活状况的；因此，报刊的语言不仅是超脱各种关系的明智的评论性语言，而且也是反映这些关系本身的充满热情的语言。"② 意即只有运用自由报刊的理性观点，摒弃统治阶级的政治立场，从人民群众的实际利益出发，从客观公正的理性视角来看待社会问题，才能提供理性的解决办法。可见，自由报刊是无产阶级进行革命斗争、争取人类解放的有力武器，同时也是以无产阶级立场进行新闻报道、代表和反映人民利益、为人民群众服务的宣传媒介，体现了自由报刊的工具理性与价值理性的统一。

二是认为自由报刊在国家政治生活中起着重要的舆论监督和社会批评的功能，是政治理性的外在表达。马克思在《摩塞尔记者的辩护》一文中讲到自由报刊时提出，"在报刊这个领域内，管理机构和被管理机构同样可以批评对方的原则和要求，然而不再是在从属关系的范围内，而是在平等的公民权利范围内进行这种批评。"③ 他还就自由报刊的使命指出："报刊按其使命来说，是社会的捍卫

---

① ［美］约翰·罗尔斯. 政治自由主义 ［M］. 万俊人，译. 南京：译林出版社，2000：225 - 226.
②③ 马克思恩格斯全集：第 1 卷 ［M］. 北京：人民出版社，1995：378.

者，是针对当权者的孜孜不倦的揭露者，是无处不在的耳目，是热情维护自己自由的人民精神的千呼万应的喉舌。"① 这些观点表明，在国家政治生活中，自由报刊是必不可少的因素，报刊引导社会舆论，开展舆论监督，为受众反映真实的社会生活现状，"使一种特殊利益成为普遍利益"②，都是在充分发挥舆论理性批判作用的基础之上的，自由报刊应摆脱统治阶级政治权力的影响和私人利益的干扰，独立自主、理性地开展舆论监督和社会批判，只有这样才能促进政治理性向社会理性发展，保证社会的公平和进步。

三是认为自由报刊作为"第三个因素"在政府和社会、官方和民间之间独立发挥着理性的作用，是国家理性、政府理性与个体理性的集中体现。在社会生活中，以报刊为代表的媒介起着连接公民与社会、国家的桥梁作用。报刊通过揭露社会生活真相，开展舆论批评与监督来发挥其作为"公共领域"所特有的相对独立性和批判性。"这种自由、独立的公共领域，就是近代社会形成的大众传媒，它是培育社会公共理性的一个十分重要的途径。"③ 马克思在争取人类解放和自由权利的斗争中，通过打破旧的国家机器，实现新闻出版自由，来捍卫人民的自由表达权利，展现人民的公共理性和自由报刊的批判功能，其根本目的是要政府遵循公共理性的原则来推动德国由封建专制体制向政治现代化转型。因此，作为"第三个因素"和"第三种权力"的自由报刊，从其作用与功能、职责与使命来看，是培育和引导社会公共理性精神的重要载体，是促成国家、政府、个人达成共识，增进社会协商民主的重要工具。

现代社会在政治民主向社会民主、制度性权利向个人性权利的转变过程之中，现代公共理性发挥着重要的作用，是达成民主共识、解决公共危机、缓和社会矛盾的重要内核与精神主导。然而，在社会不断发展、民主政治不断增强、公民个体不断成熟的同时，网络社会相对的无序性、离散性与非理性给现代公共理性精神的培育带来了极大挑战。特别是以移动互联网和数字媒介技术为依托的新媒体的蓬勃发展，极大地释放了人们的参与热情，各种非理性的情绪、观点、态度迅速覆盖于网络社会，影响了社会整体秩序和理性的建构。正如埃瑟·戴森所言："数字化世界是一片崭新的疆土，可以释放出难以形容的生产能量，但它也

① 马克思恩格斯全集：第6卷［M］. 北京：人民出版社，1961：275.
② 马克思恩格斯全集：第1卷［M］. 北京：人民出版社，1995：378.
③ 余章宝，杨晓惠. 马克思新闻出版自由思想及其现实意义［J］. 福州大学学报（哲学社会科学版），2007（1）：36.

可能成为恐怖主义者和江湖巨骗的工具，或是弥天大谎和恶意中伤的大本营"①。因此，运用马克思主义新闻观以新闻舆论主体公共理性精神的基本要求来引导当前网络舆情主体的非理性行为具有较强的针对性和可行性。

一是有助于提升网络舆情主体的媒介素养与公民意识。马克思主义新闻自由观确认了新闻言论的自由权利，也以辩证思维对这一自由权利进行了相应的规制，使新闻舆论真实反映人民意愿，表达人民诉求，避免沦为利益集团谋利的工具。同时，作为监督政府与社会良性发展的"社会公器"，必须运用好新闻舆论监督，彰显其独立于政府和利益集团的理性价值。可见，马克思主义新闻自由观从道德价值、政治权力和制度规制三个维度建构着新闻舆论主体的公共理性。在现代社会，媒介素养既是指公众对媒介信息和媒介技术的认知，也被理解为媒体工作者的职业道德精神。"媒介即人的延伸"，这种延伸不仅是对人的社会功能的强化，更是对人的精神本质和职业素养境界的提升。因此，媒介素养必然以公共理性为前提和基础，媒介素养的提升也必然体现为公众公共理性的不断增强。

在海量的网络信息面前，个体网民作为网络舆情主体，其理解能力、选择能力、思辨能力、评估能力等媒介素养易受网络匿名化、群体极化、意见领袖等多重因素的影响，致使自我观点丧失，表达立场模糊，理性思维弱化。对此，马克思主义新闻观关于舆论主体理性精神的内涵对于增强网络舆论主体的分析评判能力、理解感知能力、合理表达能力、协商沟通能力，提高舆论主体对自我权利、个体道德、政治生活与法律法规的关切，提升舆论主体的媒介素养，强化舆论主体自我理性的建构和公民意识都具有重要的指导意义。

二是有助于形成舆情主体的"重叠共识"，推动网络社会发展成熟。随着网络舆情的发展，舆情主体由分散差异的个体逐渐演变为持不同意见的群体，这些网络群体并非如勒庞所言为一群"乌合之众"，而是具有相同的价值观念、情绪态度和观点思想的集合，他们有着一定的利益诉求和观点表达。在群体极化作用下，作为集合体的网络舆情群体之间呈现出群体在观点、情绪、态度上的分歧，极易引发网络"多数人的暴政"，导致群体性的网络非理性行为，进而向现实社会扩散，影响社会整体和谐。马克思主义新闻观所蕴含的公共理性精神对舆论主体的内在道德、言论表达与媒介使用起到了有效的约束，使之由个体理性向集体理性发展，并通过传媒的社会作用，形成舆情主体的"重叠共识"，从而有效消解网络舆情群体之间的分歧，增进网络整体理性。

---

① ［美］埃瑟·戴森. 2.0版数字化时代的生活设计［M］. 胡泳，范海燕，译. 海口：海南出版社，1998：17.

　　马克思主义新闻观关于自由报刊的观点，不仅对揭露政治统治、反映民众意愿起到了重要中介作用，而且对维护政府与社会的权力边界，平衡社会各主体之间的关系同样具有重要意义。就此而论，新闻媒介为舆论主体和新闻媒体开展监督、批判等活动提供了基本的话语表达平台，营造了一个相对独立的公共舆论中介和言论空间。这一中介和空间的"公共领域"特性体现在"理想的公共领域绝非单一、普通的公共概念，而是能够开放给弱势群体表达不同意见，容纳多样的意见表达，丰富公共论述的多元性"① 方面。马克思主义新闻观的价值内涵体现在始终以实现广大人民群众的根本利益为出发点，关注人民群众的现实生活，维护公民的自由表达权利，尽管媒介样态由传统纸质媒介形态发展为网络新媒体形态，但其价值内核和基本精神依然发挥着主导性作用，推动着网络社会走向成熟理性，正如有学者所言："网络中出现的新形态的舆论空间，毫无疑问为社会重新整合舆论力量，帮助政府在决策中提高透明度有着积极意义"②。

---

① 哈贝马斯. 交往与社会进化［M］. 重庆：重庆出版社，1993：173.

② 彭伟步. 从咖啡屋到网络公共空间［C］//陈卫星. 网络传播与社会发展. 北京：北京广播学院出版社，2001：143.

第四章

马克思主义新闻真实观与网络舆情管理

对任何新闻而言，真实是新闻的生命，是新闻之所以存在和发挥作用的基本前提。马克思主义新闻真实观与资产阶级新闻真实观具有本质上的区别，马克思主义新闻真实观从客观存在的社会事实出发，站在无产阶级和最广大人民群众的立场来看待客观对象，具有客观的真实性和广泛的代表性，其丰富的内涵与辩证的思维为当前揭示网络舆情真相、破解网络舆情不实信息、有针对性地化解与引导网络舆情提供了重要的思想与方法的指导。

第一节　马克思主义新闻真实观的内涵

辩证唯物主义和历史唯物主义的世界观和方法论是马克思主义最根本的理论特征，马克思主义新闻观也正是因为遵循了这一世界观和方法论，从而使得新闻报道活动更加贴近事实真相，更能反映事实原貌，不仅在传统媒体时代，而且在新媒体时代也彰显出新闻报道的鲜活性与客观性。然而，新闻报道毕竟是一项主观见之于客观的活动，新闻的真实性与客观事物的真实存在并不能完全等同。

一、新闻与真实的关系

新闻与真实有着密切的联系，新闻真实性既有对真实的一般性概括，也有对真实性的特殊解读，因此，对新闻真实的理解必须要结合真实的含义来进行分析。一般意义上认为，真实是一个哲学词汇，主要有三层意思：一是指与客观事实相符，主要是与客观事物本质规定相一致；二是指情感的真实，即主体对客观事物表达出的与个人意志相符的感情和情绪；三是指表达确切清楚，即表达切中要害，或事物的基本内在呈现清晰。

　　据此，从新闻客观性的角度理解，新闻真实即新闻与所报道对象的符合性及其符合程度。新闻以客观事实为基本依据，没有客观事实的存在，就不会产生新闻报道性的活动。所以新闻对客观事实的报道和记录，只能建立在既有客观事实的基础之上，不能歪曲、夸大事实或凭空捏造。尽管新闻是对客观事实的报告或记录，但却是在新闻舆论工作者的"加工"之后叙述出来的，必然会存在价值判断与主观选择等主观因素的影响，因此，厘清新闻的客观性与主观性之间的关系，对于理解和把握新闻真实性的内涵具有重要意义。

　　新闻要反映客观事实，这是对新闻活动最基本的要求，也是新闻的生命力所在。马克思主义新闻观认为，事实是第一性的，是新闻的本源，新闻是第二性的，是对客观事实的真实的报道①。马克思曾多次强调报刊要报道事实，"我们的全部叙述都建立在事实的基础上，并且竭力做到只是概括地表明这些事实"②。恩格斯曾指出："杂志将完全立足于事实，只引用事实和直接以事实为依据的判断——由这样的判断进一步得出的结论本身仍然是明显的事实"③。列宁认为尊重事实是唯物主义最基本的态度，是无产阶级政党争取人民支持和信任、获取人民帮助和拥护的力量源泉，"我们应当说真话，因为这是我们的力量所在，而群众，人民、大众将在事实上即在斗争后作出究竟有没有力量的解答"④。在马克思主义中国化的进程中，中国共产党也特别重视新闻的真实性，注重发挥新闻信息真实性的作用，批判虚假新闻报道。毛泽东曾告诫新闻工作者："要讲真话，不偷、不装、不吹"⑤。刘少奇更加明确地指出："如果我们不敢强调客观的、真实的报道，只强调立场，那么我们的报道就有主观主义，有片面性。如果这样做，就是下决心要片面性。新华社的报道，如果有了片面性，就会丧失一切，对自己不利，对人民不利，就不能成为世界性通讯社"⑥。改革开放后，国内关于新闻真实性召开了专题座谈会，会议纪要中提出要在新闻界开展维护新闻真实性的活动，把杜绝新闻失实、维护新闻真实性原则问题，作为新闻单位整党的主要内容之一。⑦ 2008 年，胡锦涛在人民日报社考察工作时也提出："要注重在报道新闻事实中体现正确导向，在同群众交流互动中形成社会共识，在加强信息服务

　　① 陈力丹. 马克思主义新闻观思想体系［M］. 北京：中国人民大学出版社，2006：670.
　　② 马克思恩格斯全集：第 1 卷［M］. 北京：人民出版社，1995：371.
　　③ 马克思恩格斯全集：第 42 卷［M］. 北京：人民出版社，2017：413.
　　④ 列宁全集：第 11 卷［M］. 北京：人民出版社，1987：333.
　　⑤ 毛泽东新闻工作文选［M］. 北京：新华出版社，1983：128.
　　⑥ 新华社新闻研究所. 新闻工作文献选编［M］. 北京：新华出版社，1990：118.
　　⑦ 中国社会科学院新闻研究所、中共中央宣传部新闻局. 真实——新闻的生命［M］. 北京：中国新闻出版社，1986：1.

中开展思想教育,用事实说话、用典型说话、用数字说话,化解矛盾,理顺情绪,引导各方面群众共同前进"①。在新媒体时代,习近平多次在全国性会议上强调要利用好各类传播平台,客观、真实、生动地报道中国经济社会发展的情况,同时还对新闻工作者提出察实情、说实话、动真情的要求。这些论述表明马克思主义新闻观把握了新闻活动的内在规律,突出反映了无产阶级新闻报道活动具有真实性、客观性、公正性的内在特点。

但在实际的新闻报道中,由于新闻工作者的主观认知与价值判断的差异性,事实真相发展与显露的过程性,以及新闻活动中政治倾向、经济组织、文化习俗、传统道德等多方面的影响与干扰,容易出现新闻失实、失真的情况。因此,对几种干扰因素进行分析,无疑对进一步注解新闻真实性内涵大有帮助。

(一) 新闻真实与价值判断

新闻舆论工作者是新闻事实的记录者、报道者,但他们对新闻事实的认知程度,既受到他们对事件真实信息了解程度的影响,也受其自身主观价值立场的影响。马克思曾言:"观念的东西不外是移入人的头脑并在人的头脑中改造过的物质的东西而已。"② 新闻舆论工作者的主观意识与报道立场源于客观世界,是客观世界的主观反映,因此,可以说新闻舆论工作者及媒体的主观价值与立场观点都应是客观世界的产物。那么,在新闻报道活动中,新闻舆论工作者在对新闻信息进行"加工"过程中,就有可能会受到自身能力、认知水平、价值观念、信息充分程度或是利益因素的影响,最后导致所报道的新闻内容违背事实真相。在市场经济环境下,受利益的驱使,有偿新闻、虚假新闻等层出不穷,如早前出现的"华南虎"事件,就是受地方利益的驱使而制造出来的典型的虚假新闻。因此,要确保新闻的真实性,就必须要不断纠正新闻舆论工作者主观价值判断上的偏差,使其尊重事实,忠于真理,作出符合事实真相的逻辑判断。

(二) 新闻真实与政治倾向

马克思主义新闻观认为媒体是意识形态机构,新闻是反映社会意识形态的重要形式。在阶级社会,新闻的意识形态属性决定了它存在明显的政治立场和政治倾向,毛泽东就曾指出,在阶级社会消失以前,意识形态必然会体现出阶级关系。有鉴于此,不同的政治集团都试图把新闻媒体作为自己的政治宣传机器,抢

---

① 胡锦涛. 在人民日报社考察工作时的讲话 [N]. 人民日报,2008 - 06 - 21,第 01 版.
② 马克思恩格斯选集:第 2 卷 [M]. 北京:人民出版社,1995:112.

占舆论至高点，以增强其在政治活动中的影响力。因此，阶级社会中属于意识形态范畴的新闻活动必然带有一定的阶级意识，反映一定的政治倾向。由此，我们似乎可以得出结论：由于政治倾向的存在，新闻媒体在服务于政治活动的过程中为满足政治的需要而违背新闻对事件真相与事实本质的追寻，从而使之与真实性发生了悖离。虽然政治意识具有强烈的阶级倾向，但在不同的阶级统治之下，新闻真实性的表达与实现有着不同的程度，因此，关于新闻媒体政治倾向性对新闻真实性的影响我们还需做具体的分析。如资本主义国家的新闻媒体被打上了深刻的政治烙印，被政治集团所左右，为政治需要所服务，新闻报道中时常出现的虚报、瞒报、臆断、歪曲等现象不仅佐证了资产阶级新闻媒体的阶级本质，而且进一步说明资产阶级的新闻媒体无法全面、真实地反映事实真相，美国"水门事件"中的新闻报道就明显反映出新闻服务于政治的特征。相比而言，在无产阶级革命斗争中，无产阶级始终把新闻宣传机构作为自己的"耳目喉舌"，把新闻媒体作为代表和反映广大人民的利益诉求、体现和表达无产阶级的政治态度、发展和壮大无产阶级新闻舆论的斗争工具和理论武器，为无产阶级的革命事业作出了重大贡献。无产阶级的新闻媒体坚持辩证唯物主义和历史唯物主义的基本观点和立场，以反映人民群众的生活和诉求为价值依归，其内在的"党性"和"人民性"决定了它能更加贴近事实真相，更加真实地反映现实生活。

（三）新闻真实与主观认知

唯物主义认识论认为，人们的主观认知是一个由感性认识到理性认识逐渐深入的过程。在感性认识阶段，人们的认识具有直观、零散、肤浅、片面的特点，并不能完全认识到事物的真实本质；而在理论认识阶段，人们对客观事物的认识有了质的飞跃，能透过感性、感观的把握而深入认识到事物内部，掌握事物规律，认清事实真相，揭露事件本质。然而，从感性认识到理性认识的逻辑升华并不能一蹴而就，而是一个艰难曲折的过程，需要认识主体在思维上不断去粗取精、去伪存真、由表及里、由外到内的探求，在实践上不断地进行探索，反复地进行实验，认真地加以求证。从本质而言，新闻真实也即是报道和反映事实的内在本质和真相，都需要通过一定形式的语言和文字载体来实现对事实真相的揭示，这是一个客观作用于主观的过程，也是一个主观表达和反映客观的过程。因此，这就要求新闻舆论工作者克服主观认知中的片面、肤浅、零散的局限性，尽可能去揭示事实真相，反映事物的内在关联。

然而，现实社会中新闻舆论工作者受诸多主客观因素，如网络海量信息的强烈干扰、信息的选择性障碍、材料的真伪性甄别、认知能力的强弱以及个体情绪的波动等的影响，必然会呈现出个体在主观认知方面的差异。这些差异化的认知反映在新闻媒体的报道之中体现为，同一新闻题材和事件在不同的新闻媒体和新闻报道中出现内容表述、事实描述、过程结果等方面的偏差。尤其是当前新媒体时代，个性化、定制式的信息来源与发布渠道，无论是对传者还是受众都带来明显的干扰，这些影响造成了人们对网络舆情信息认知出现偏差。对信息传者而言，认知的主观性典型表现为对信息的把关能力减弱，容易偏离传播真实信息的轨道；对信息受众而言，体现为在信息的解读与理解上呈现明显的主观性、差异性，个体化的信息大量涌现，从而导致无法完全掌握真实信息。

（四）新闻真实与自然约束

以事实为依据是新闻媒体工作的基本准则和要求。事物发展的内在规律证明，任何复杂事件真相的显露都有一个由不清晰到逐渐明朗的过程。沃尔特·李普曼就曾指出："我认为最有生命力的假设是新闻和真相并非同一回事，而且必须加以清楚地区分。新闻的作用在于突出一个事件，而真相的作用则是揭示隐藏的事实，确立其相互关系，描绘出人们可以在其中采取行动的现实画面。只有当社会状况达到了可以辨认、可以检测的程度时，真相和新闻才会重叠。"① 事实真相的发展会约束新闻报道的真实性，当事件发展处于萌芽时期时，事实真相暴露得还不充分，事件信息展示得还不全面，就会使得新闻舆论工作者往往只看到事实的"冰山一角"，以部分替代全部，以个体代表全体，出现以偏概全的情况。只有当事实的全貌基本清楚，事情的基本矛盾表现明确后，新闻舆论工作者才能从整体上全面地分析和报道事实，这样的新闻报道也才是真实可靠的，才最具有说服力和公信力。

此外，人们对事实真相的认识还受认识工具、管理体制、自然环境、社会关系等多方面客观条件的制约和限制。虽然随着现代科学技术的迅速发展，人们认识自然、改造自然、认识事物和分析真相的能力大大增强，但从特性上分析，事实的真相与客观的科学研究行为两者还是具有较大的差异性。社会事件所涉面较广，掺和着各种利益关系和矛盾主体，中间还夹杂着特定社会群体的主观情绪和态度，并不能完全用科学实验或技术工具来解决或说明。如在当前移动互联网环境下，各种移动终端网络设备已成为人们获取信息的主要途径之一。然而这一现代媒介技术的发展在便利了人们的信息交往的同时，也给人们获取真实信息带来

---

① ［美］沃尔特·李普曼. 公众舆论［M］. 阎克文，江红，译. 上海：上海人民出版社，2006：256.

了阻碍，信息来源的多样化与信息发布的广泛性，都容易造成信息传播过程中的失真现象。因此，要全面理解新闻真实的含义，就必须正确认识新闻与真实的内在关系，始终把新闻反映和报道客观真实的信息作为基本的要求，摒除各种主客观因素的干扰。

二、新闻真实的特征

依据新闻真实的内涵，新闻要达到真实状态就必须实现新闻报道、创作等主观性活动与客观事实相符合，即主观与客观的统一。马克思主义认识论认为，认识是主体对客体的反映，是客观世界的主观映象，客观物质世界是可知的，人们不仅能够认识物质世界的现象，而且可以透过现象认识其本质。因此，新闻活动必须以客观事实为基本依据和基础信源。相比客观事物的真实性，新闻真实有其独有的特征。

第一，新闻真实是再现性真实。新闻真实就是强调新闻报道与客观事实相符合，也即马克思主义所说的"根据事实来描写事实"。与文学真实相比，新闻真实虽然在报道过程中也加入了一定的艺术表现手法，但它排除虚构和想象，以客观描述为主，以反映事实真相为唯一目的，并不涉及人们关于美丑善恶的评判。与科学真实和理论真实相比，虽然都以求得事实真相为目标，但新闻真实在叙述和求证的方法上只能根据事实真相的发展来进行报道，不能脱离事实，而科学真实和理论真实则可以通过预测推理、假设否定或概念范畴、逻辑推论等方法来进行论证，在某种程度上可以超越既有事实基础而进行大胆假设预测。实际上，在新闻活动中，所有的新闻都是根据事实来进行描写、叙述及报道的，但新闻活动毕竟是一项主观的创作性活动，必然带有某种程度的主观性，由此造成新闻报道并不完全等同于事实，它只能最大限度地与事实相符，最大可能地把事实再现在受众面前，这种再现的事实在于让人们在一定程度上把握事实状况，了解事实真相。因此，作为再现性真实的新闻报道就必须要求准确性，"达不到准确，你就是没有得到任何新闻"[1]。

第二，新闻真实是有限性真实。新闻真实把新闻报道与对象真实状况完全相符作为最高目标，但就现实新闻活动而言，要达到这一完全相符的状况并不实际，而实际新闻在传播过程中所达到的真实程度总是有限度的。这也意味着，每

---

[1]　［美］杰里·施瓦茨. 如何成为顶级记者［M］. 曹俊，王蕊，译. 北京：中央编译出版社，2003：20.

一次新闻报道活动，它所能揭示或展现的事实真相总是有一定限度和一定范围的，对复杂事件而言，要尽可能达到新闻完全与事实状况相符，需要新闻进行持续的报道才有可能。结合新闻传播的不同维度，理解新闻真实的有限性主要可以从以下几方面来把握：一是范围的有限性。现实世界无所不包，而新闻报道只是对新近发生的事件的报道，只涉及新闻报道对象的真实与否，具有特定的指向性，这些特定对象也只是其中很小的一部分，是万千世界中的"微小颗粒"。二是时间的有限性。新闻只是对新近发生的事件的报道，它是对特定对象在某一时间节点上的事实描述与反映。当然，新闻可以持续对事实真相进行报道，但每一次报道活动也都总是在一定的时段内进行并反映一定时期的对象性特征，也即新闻对事实真相的揭示具有过程性与层次性。三是传播主体认知的有限性。新闻传播活动是人类反映现实世界的基本手段之一，传播主体对新闻事实的认知总是受到主客观诸多因素的影响，是受限制、有局限的，因此，传播的新闻事实也仅是传播主体认知限度内的真实，而并非绝对真实。在复杂事件的新闻报道中，传播主体受认知能力的影响，也只能通过多次报道而逐渐接近事实本质真相。四是新闻报道对象复杂性、流变性与多样性的特点也从客体方面限制了新闻真实性的有效获取。五是受众接受的有限性。新闻活动要取得事实报道的实际效果，在某种程度上还与受众的接受能力、受众的既有经验与认知体系有着密切的关联。作为有着思想感情与主观意识的受众群体，对新闻信息的接受具有主观能动性和选择性，更多是在自己的既有知识框架体系和理解能力的范围内来接受信息，"正如我们按照自己的准则进行自我调整一样，我们也会按照那些准则去调整我们所看到的事实。……我们的准则在很大程度上决定着我们应当了解什么以及如何了解。"① 可见，透过新闻报道活动的不同维度，无论是在具体真实上还是在整体真实上，新闻真实性都是有限度的。

第三，新闻真实是整体性真实。如上所述，新闻真实实际上是再现性真实，它与事实的"本质真实"存在一定的距离，现实新闻报道活动中，也不可能要求一次新闻能全部报道事实真相。但对具体的新闻媒体而言，某一特定时期，针对某一重大问题或某一专题的系列报道要确保新闻真实，就必须要求新闻报道达到"整体真实"的要求。整体性真实强调新闻要在再现性真实的基础上，以更加广阔的视角，更加高远的境界，更加全面的分析，从总体上和整体上观察、反映和报道事件，只有这样才能避免具体的新闻报道活动出现"一叶障目，不见泰山"的情况。在新闻活动中，整体性真实能从事实整体上、全局上或发展趋势以及内

---

① ［美］沃尔特·李普曼. 公众舆论［M］. 阎克文，江红，译. 上海：上海人民出版社，2006：91.

在联系上展现"本质真实"，有助于人们更好把握和理解事实真相，对具体的新闻报道活动具有修补和校正的作用。早在1989年，江泽民就曾强调："我们的新闻工作者要做到真实地反映生活，就要深入进行调查研究，不仅要做到所报道的单个事情的真实、准确，尤其要注意和善于从总体上、本质上以及发展趋势上去把握事物的真实性"。[①] 新闻报道活动中每次报道活动的真实即新闻的具体真实，相对来说比较容易把握，但新闻的具体真实相对于整体性真实而言，往往体现为一种"碎片化"的真实，对于受众群体的认知来说，新闻的具体真实既具有建构性作用，也具有解构性作用。因此，为促进受众对新闻真实的全面认知，就必须从新闻整体真实的角度来进行把握。一是在新闻报道活动中要如实地反映事物的主流与支流，反映事实的主要矛盾与次要矛盾，不能把少量的和非主流的事实作为主流的和主要的事实进行报道，在新闻传播的总量中造成假象。二是要做到新闻报道的有机结合、有机联系，不能孤立地、片面地对个别新闻事实下最终的结论。要达到新闻报道的整体真实，就必须把媒体某一时期的报道，或对系列新闻报道中的事实有机结合起来，探究其中内在联系，以整体性、有机性的思维和视角来看待新闻报道活动。三是要做到新闻报道中的客观公正。客观公正的报道能使受众避免受到新闻传播者的主观干扰，防止有意地用主观偏见代替客观事实，进而独立自主地认识和判断事实真相。恩格斯特别重视这一点，他曾指出："在商业方面，人们容易学习这种做法。这有时是有好处的，但是，在政治上，也和在科学上一样，还是应当学会客观地看待事物"。[②]

第四，新闻真实是过程性真实。从社会历史观的角度理解，新闻传播活动是人类精神交往活动的重要方面，人类精神交往活动的渐进性与层次性决定了新闻传播活动具有过程性的特点，如新闻传播的范围由小到大，受众由少到多，渠道由窄到宽，形式由单一到多样。新闻传播的渐进性与层次性最主要反映在新闻真实方面。如前所述，由于新闻真实是一种再现性真实，"再现性真实"与事实真相并非完全一致，从报道实际看，新闻要完全符合事实真相也是非常困难的。究其原因，在于新闻真实具有过程性真实的特征，具体可以从三个方面来理解。一是事实真相揭示的过程性。众所周知，事实真相的发展、人们对真相的认识都有一个相对较长的周期与过程，传播主体在再现事实的过程中，可能不能一次性完全准确报道事实真相，而是随着认识的深入，报道的增多逐步揭示事实真相，也可以理解为新闻报道再现的事实是有限度、有层次的真实。特别是在媒体对一些

① 中共中央文献研究室. 十三大以来重要文献选编（中册）[M]. 北京：中央文献出版社，2011：204.

② 马克思恩格斯全集：第36卷 [M]. 北京：人民出版社，1974：259.

重大事件的报道上，事实真相不可能通过一次新闻报道就完全揭示，有时可能需要连续报道才能准确完整地反映事实真相。正如贝尔纳·瓦耶纳所言："谁也不能说自己掌握了全部新闻，但是通过每个人所掌握的分散的、不完整的片段，却可以最终合成一个协调的整体。"① 马克思也指出："只要报刊生气勃勃地采取行动，全部事实就会被揭示出来。"② 二是受众接受的过程性。新闻报道的主要任务在于向受众传播真实信息。在此过程中，受众要全面解读新闻信息，准确还原事实真相受到诸多因素的影响，如新闻文本信息的叙述方式、新闻受众的理解程度、接受主体的素质修养、传播的整体环境、媒介的公信力等，这些因素都可能影响对新闻真实的解读。三是新闻真实的过程性还体现在历史真实的检验之中。历史真实实际上已经超越了新闻真实的直接意义，它是以历史的眼光审视既有新闻报道的真实问题，通过光阴流逝的方式去检验"再现真实""解读真实"本身的真实性问题。历史真实的要义在于对再现真实做出最终的证明。③ 从历史的视角来看，只有经受住历史考验的新闻真实才是真正的真实，才是新闻真实所应达到的最终状态，而一部分新闻真实由于无法在历史的检验中得到证实，只能作为获取历史真实的阶梯、步骤、环节或佐证。因此，不管是准确的新闻真实还是没有得到检验的新闻真实，在历史的长河中都体现出新闻真实的过程性和阶段性。

第五，新闻真实是即时性真实。新闻之所以具有吸引力和生命力，很大程度上是由于新闻反映和报道的大多是新近发生的事件，超出一定的时间范畴，新闻就失去了原有的价值和意义，人们头脑中的"新闻"也就成为"旧事"。新闻报道活动的时效性特征反映在新闻真实上，即新闻真实是对一定事实在一定时间范围内的存在和表现的展示，因而，新闻真实是当下的真实。即时性的真实，是指事物处于这一时间内所表现出来的真实状态，从历史真实来看，正是由无数个即时真实才构成了整体的历史真实。但即时真实往往由于新闻对时效性的追求，加之事实信息的流变性与不确定性，即时性真实往往并不能完全反映事实真相的整体概貌，给新闻真实带来某种"残缺"，而需要后续的报道来不断进行纠正和修复。正如恩格斯曾指出的那样："新闻事业使人浮光掠影，因为时间不足，就会习惯于匆忙地解决那些自己都知道还没有完全掌握的问题。"④

新闻真实的即时性特征与新闻真实的过程性紧密相关，它要求人们在了解新闻信息时结合当时当地的时空环境，不能总以历史性真实和事件的完整面貌来衡

---

① ［法］贝尔纳·瓦耶纳. 当代新闻学［M］. 丁雪英，连燕堂，译. 北京：新华出版社，1986：37.

② 马克思恩格斯全集：第1卷［M］. 北京：人民出版社，1995：358.

③ 杨保军. 新闻真实的特点分析［J］. 新闻研究，2005（3）：5.

④ 马克思恩格斯全集：第37卷［M］. 北京：人民出版社，1971：319.

量新闻报道过程中的即时性真实，在信息不完全的情况下，人们要以过程性的视角来看待新闻的真实性。同时，即时性真实要确保当下的新闻报道是真实的，否则新闻真实性将不复存在，新闻的公信力也失去了根基。新闻真实的即时性还要求社会提供一个更加宽松、透明的舆论环境，使人们能透过即时性真实最终把握新闻事实的真相和全貌。

第二节　马克思主义新闻真实观是网络舆情管理的必然逻辑

在网络环境下，人们无时无刻不生活在媒体信息所营造"茧房"里。在这一环境下，人们初步形成了一个"共享"新闻资源、"共产"新闻文本、"共绘"新闻图景和"共同"新闻主体的时代①。然而，就网络舆情而言，"共"时代的开创，各种虚假网络舆情信息也同样被广泛传播。马克思主义新闻真实观就何为新闻真实，如何认知和看待新闻真实以及如何运用真实信息来校正虚假新闻做出了明确的回答，为当下人们认识和分析网络虚假舆情提供了全面的指导原则与基本的理论逻辑。如果我们把网络舆情简化为一个传者与受者多次信息互动交流的过程，那么它主要由网络舆情的传者、受者、媒介以及环境四个基本要素构成。这四个基本的要素相互作用，形成了一个相对完整的信息交流的系统路径和时空场域。因此，运用马克思主义新闻真实观指导网络舆情管理就必须从这四项基本要素入手。

一、传播源流的信息真实是网络舆情管理的逻辑前提

当前，中国社会网络舆情乱象丛生，究其原因，主要在于舆情信息源流上出现了信息失真的情况。舆情信息源流上的失真是信息失实的第一个关口，失真的舆情信息也是造成舆情后续不断演进和加剧的前置因素。因此，要加强网络舆情管理，就必须从舆情信息源头上进行治理，强调网络舆情信源的真实性，这也是当前开展网络舆情管理的基本逻辑前提。马克思主义新闻真实观特别重视新闻信息来源的真实性，并强调"我们的全部叙述都建立在事实的基础上，并且竭力做到只是概括地说明这些事实"②。从当前网络社会的发展特征分析，网络舆情源

---

① 杨保军．"共"时代的开创——试论新闻传播主体"三元"类型结构形成的新闻学意义［J］．新闻记者，2013（12）：32．

② 马克思恩格斯全集：第 1 卷［M］．北京：人民出版社，1995：371．

流失真主要归结于以下几个方面原因。

一是舆情信息制造权的旁落。在网络社会，话语平权和民间舆论场的形成，社会信息的制造权、发布权与传播权已然发生了转移。原本属于新闻舆论工作者和新闻媒体机构的舆情信息生产、制造权转移到了广大民众的手中。人们通过各种新媒体工具、移动网络终端设备、即时互动技术等把各种社会疑点、矛盾纠纷和各种个性化、情绪化的舆情信息发布到互联网上，试图引起网络围观。甚至有些商业媒体受利益的驱动，刻意制造一些子虚乌有的虚假信息进行发布，以制造商业噱头，创造获利机会；还有一些不良媒体故意散播各种网络谣言谎言、涉黄涉黑、暴力恐怖等不良信息，以混淆视听，歪曲事实，扰乱社会秩序。在此背景下，传统新闻媒体机构和新闻舆论工作者采、写、编的工作流程已发生了较大变化，新闻信息的垄断地位被打破，独家采编报道的权利被分享，作为信息的第一策源地的位置已然下降，对互联网信息的把关作用也进一步弱化，大量的网络信息，不再需要经过专业人士的过滤、求证与报道，而直接通过新媒体平台发布出来。由此，大量虚假的网络舆情被人们制造出来，并在互联网上进行大肆复制、转载、蔓延、传播，成为当前网络舆情管理的一大顽疾。

二是新媒体技术的放大效应。以信息共享、网络传播和电子商务三大功能为主要特征的 Web3.0 时代正式开启，把网络的强大功能深度融入了人们的日常生活之中，带来了人们思想观念和社会结构多方面的变化。网络的使用从精英化、扁平化到全民化和平面立体化的变迁，反映了网络嵌入人类社会活动的程度逐渐加深，影响逐渐加大，对人类社会生活的关涉面也从局部拓展到全局。在这一背景下，各种新媒体技术不断被研发出来，它既适应了互联网传播短、平、快的现实需要，又满足了人们多样信息交流的需求，同时也实现了网络经济与传媒产业的有效对接，因此，新媒体具有社会和经济的双重效益。新媒体的这些基本特征使得其在网络虚拟空间内得以大行其道，甚至已成为当前人们进行交流交往最为主要和最为流行的媒介工具。数据显示，截至 2020 年 12 月，我国手机网民规模为 9.86 亿，较 2020 年 3 月新增手机网民 8885 万，网民中使用手机上网的比例为 99.7%。[①] 网络舆情以新媒体为载体，通过新媒体技术，如数字杂志、数字报纸、数字广播、手机短信、移动电视、网络、桌面视窗、数字电视、数字电影、触摸媒体等得以广泛传播，在速率上呈幂次方传递，在方向上呈病毒式扩散，在效果上呈现出蝴蝶效应，对网络舆情的演化发展起到了推波助澜的作用，这无疑也给各种虚假网络舆情的滋生、传播、发展提供了更为便捷的传播条件，进一步增大

---

① 中国互联网络信息中心. 第47次中国互联网络发展状况统计报告 [R]. 2020 (12)：17.

了网络舆情管理的难度。

三是网络言论责任的分散化。由于在具体的网络舆情活动中，一方面，人们能隐藏真实的身份和个人信息，以匿名的身份随意在网络上发表言论，而不当言论或虚假信息所带来的行为后果与行为责任较难确定。另一方面，除了隐藏个人真实身份信息外，网民还通过发布各种虚假信息歪曲事实真相，以达到隐藏、掩饰个人真实意愿的目的。"社会心理学研究表明，人在匿名状态下容易摆脱角色关系的束缚，容易个性化，从而产生与现实角色行为不相符合的社会行为，容易降低社会控制力。"① 从网络群体行为分析，网络言论责任的分散还在于网络群体的基数过于庞大，言论背后往往代表的是某一社会阶层或某一社会群体的集体意志，网民群体容易出现"法不责众"的心态。如"7·23"甬温线特大交通事故中，因铁道部新闻发言人言辞不当而引发的舆论狂潮；"郭美美"事件中广大网民对红十字会的信任危机而产生的舆论抨击；江西"宜黄强拆"事件中网民对基层执法权的质疑等，既体现了网络舆论监督理性的、积极的、建设性的一面，也反映出了部分网民非理性的、消极的和破坏性的一面。因此，网民"法不责众"的心理放纵了网络群体对自身言论的约束，放弃了对自身言行责任的坚守，出现一些过激、虚假的言论。加之目前我国社会关于网络言论的相关法规虽然已有颁布，但由于网络言论的法律边界还需进一步厘清，与言论权、自由权、隐私权的关系还需进一步明确，这些法规还只是对违法行为的框定，大量处于灰色地带的言论和舆情信息还无法得到有效的遏制。因此，网民在言论上权利的扩大与责任的消解，也使得网络舆情在源流上容易出现虚假、失实的情况。

四是网民非理性心态的扩张。从现代化进程来看，转型期的中国，正处于传统与现代断裂与重建的进程之中，社会结构的嬗变、社会规则的重组、社会交往的调整以及社会矛盾的增多等宏观上的变化必然反映和体现在广大民众的日常活动之中。就社会内部关系而言，我国改革进入关键时期，各种利益格局的调整更加频繁，各利益主体之间的摩擦增多，社会阶层分化明显，文化价值观念冲突加剧，社会正处于矛盾的多发期。这也给当前我国社会舆情的产生与发展提供了滋生的"土壤"，特别是互联网的发展，更是为民众扩张权利、传播舆情、表达情绪提供了"出口"与平台。西方思潮的涌入和人们现实利益差距的拉大，导致人们思想观念与价值取向的变化，部分处于弱势地位的社会群体在心理和心态上出现了失衡，表现出一定的社会抗争意识，在言论和行为上的非理性、对抗性增

---

① 吴正国. 虚拟社会中的人际交往特点初探 [J]. 内蒙古社会科学（汉文版），2001（4）：110.

强。网络的便捷性、平等性、匿名性为人们提供了意见和情绪传播的基本条件，人们往往把在现实社会中不愿、不能或不敢表露的真实意愿，不满情绪以及意见态度在网络的虚拟空间中表达出来，网民的非理性言行也通过网络得以广泛扩散。网民为作网络舆情的主体，其非理性心态主要是通过各种非理性的言行表露出来，如各种对社会不满情绪的宣泄，往往影响了人们的正常思考与人际和谐，也极容易在网络上聚集形成非理性的群体意识，从而导致网络生态的进一步恶化。从这个角度看，现实社会中广大民众心态上的失衡向网络媒体的扩散也是虚假网络舆情信息的重要来源。

就本质而言，新闻与舆情同质而异形，新闻与舆情都是对社会现实问题的反映和表达，但舆情的涵盖面相比新闻更广泛，它不仅包括已经以新闻形式报道出来的社会舆情问题，同时还指处于酝酿期，潜在或隐性的并在社会广为流传，但尚未以新闻形式表现出来的社会问题。马克思主义新闻真实观把对新闻的真实性要求回溯到社会信息传播的真实层面，这无疑对舆情真实具有同样的指导意义。因此，马克思主义新闻真实观对人们从网络舆情信息产生的源头，从虚假信息的制造或生产端来进行认知、分析、分辨以及管理具有现实的指导意义，马克思主义新闻真实观的内容同样也适用于我们对网络舆情信息真实性的要求。

二、传播受众的认知真实是网络舆情管理的逻辑导向

现代传播学理论认为，传播活动中传者与受者的身份界限正日益模糊，传播的行为、过程以及效果不仅受传播者的影响，而且也受传播受众的影响，甚至有时传播受众对传播活动起到决定性的作用。现代使用与满足理论站在受众的立场，把研究焦点从传统的传播者转移到了受众身上，认为受众是有着特定"需求"的个体，通过分析受众对媒介的使用动机和获得的满足来考察传播行为给人类带来的心理和行为上的效用，突出强调了受众的能动作用与重要地位。丹尼斯·麦奎尔在《受众分析》一书中就明确指出："新闻的接受分析清楚地表明，理解新闻的框架如何，很大程度上取决于接受者的社会地位和世界观，接受者不仅能够而且强烈地倾向于将媒介报道的'事实'，纳入当地的或个人的解释和关系框架中来处理。新闻的受众总是热衷于在与自己对世界的认识一致的前提下，来建构和发展自己对于'真实'事件的认知和评价。"[1] 可见，新闻传播的效果实际是有限的，

---

① ［英］丹尼斯·麦奎尔. 受众分析［M］. 刘燕南，李颖，杨振荣，译. 北京：中国人民大学出版社，2006：126.

它与受众的认知、理解有着密切的关联。

尽管马克思主义新闻观诞生于传统纸媒时代，然而从其诞生之日起，作为创始人的马克思和恩格斯就特别注重新闻信息传播的实效性和信息接收者即受众在新闻活动中的重要作用。马克思就明确指出："不管人们认为这是事实还是杜撰，事件的道德实质始终是人民的思想、忧虑和希望的体现，是一种真实的童话。人民看到自己这种本质在它的报刊的本质中反映出来，如果它看不到这一点，它就会认为报刊是某种无关紧要的东西而不屑一顾，因为人民不让自己受骗。"① 因此，马克思提出人民的报刊应"生活在人民当中，它真诚地同情人民的一切希望与忧患、热情与憎恨、欢乐与痛苦"②。可见，人民报刊的使命就在于揭露事实真相，反映人民疾苦，真诚地为人民服务。如果报刊不能反映人民的呼声，表达人民的心声，关注人民的疾苦，则报刊作为新闻传播形式之一的实效性与公信力就会受到严重影响。对此，毛泽东也谈到："报纸是要有领导的，但是领导要适合客观情况，……群众爱看，证明领导得好；群众不爱看，领导就不那么高明了吧？"③ 这里群众是否爱看、爱听就成为衡量新闻舆论工作成效的重要标准和依据。同时，他还多次强调要从报纸受众的角度来转变文风，以使报刊信息更易懂，人民更易接受，"要把报纸办得引人入胜""切忌死板、老套，令人看不懂，没味道，不起劲"④，为此，他还做了形象的比喻："射箭要看靶子，弹琴要看听众，做宣传也要看对象"⑤。在新时期，习近平也多次就新闻宣传工作和网络舆情管理作出了指示。2013年8月19日，在全国宣传思想工作会议上，习近平再次强调，必须坚持巩固壮大主流思想舆论，关键是要提高质量和水平，把握好时、度、效，增强吸引力和感染力，让群众爱听爱看、产生共鸣，充分发挥正面宣传鼓舞人、激励人的作用。可见，在当前网络社会，充分反映受众的诉求，关注受众的需求，已成为加强网络舆情管理的必然导向与原则要求。具体而言，新闻舆论工作者和媒体机构要取得实际的舆论效果，达到传递真实信息，实现共感共鸣，就必须要结合新闻受众的认知水平、情绪态度和文化素养进行综合考量，而不能笼统地进行新闻宣传，这既不符合新闻传播的规律，也达不到新闻传播的实际效果。为此，要引导受众接受和理解真实信息，防止虚假信息的传播，要充分考虑受众以下三个层面的具体情况。

① 马克思恩格斯全集：第1卷 [M]. 北京：人民出版社，1995：353.
② 马克思恩格斯全集：第1卷 [M]. 北京：人民出版社，1995：352.
③ 毛泽东新闻工作文选 [M]. 北京：新华出版社，1983：189－202.
④ 毛泽东新闻工作文选 [M]. 北京：新华出版社，1983：288.
⑤ 毛泽东新闻工作文选 [M]. 北京：新华出版社，1983：259.

（一）受众的认知能力是甄别舆情信息真假的基础

受众是有着具体感知与认知能力的社会群体。传统的受众理论把受众仅理解为被动的信息"接收器"，在传播活动中，受众不能表达和展现自身的主观能动性，是被灌输、被引导和被影响的对象。现代受众理论的发展，使受众摆脱了被束缚的境地，其身份也经历了作为大众的受众、作为群体的受众和作为市场的受众的发展，数量也发生了从观众到大众再到小众的变化。由此，丹尼斯·麦奎尔得出了结论，他认为"时下，受众可以比以往任何时候都人数更多，规模更加'巨大'"[①]。特别是在网络新媒体环境下，传播格局和传播向度的变化，受众对传播活动的影响力越来越大，作用日益凸显。这些新的变化，使得信息接收者置身于海量信息之中，其对庞杂信息的感知、了解、分析能力就显得特别重要。第47次中国互联网发展状况统计报告显示，网民中具备初高中教育水平的群体规模最大。截至 2020 年 12 月，初中、高中/中专/技校学历的网民群体占比分别为 40.3%、20.6%；小学及以下网民群体占比由 2020 年 3 月的 17.2% 提升至 19.3%。[②] 这说明，当前我国网民受学历、学识的影响，整体认知能力还偏低，对某些网络事件和网络现象的认识还不全、理解不深、把握不透，对网络信息的真假辨别能力还不强，无法从舆情信息的源头上来甄别和避免虚假信息的传播。

（二）受众的情绪态度是接受真实舆情信息的关键

对于网络舆情信息的接受，不仅受接收者学识水平、认知能力的影响，而且还受到受众接收信息时情绪态度的左右。就网络舆情的受众来看，虽然舆情信息的传播随着传播格局实现了单对单、点对点的传递，信息传递的信度、效度与速度都有所提高，但对受众的信息接受而言，个体之间、群体之间的相互影响与感染也对受众接收舆情信息起着重要作用。丹尼斯·麦奎尔曾明确表示，"受众不只是技术的产物，也是社会生活的产物。受众的形成一直受到各种社会因素的影响。正是这些社会因素而不是媒介，将决定我们能否在一个原子化的、疏离的世界中找到我们自己。同样，能否进入一个互动的乌托邦，既取决于技术提供的可能性，亦取决于社会因素的影响"。[③]作为网民的受众，受互联网特性的影响，我们可以探测到，网络群体极化是网络受众态度情绪化和主观化的典型表征。"如果一开始群体内成员的意见比较保守的话，经过群体的讨论后，决策就会变得更

①③　［英］丹尼斯·麦奎尔. 受众分析 [M]. 刘燕南，李颖，杨振荣，译. 北京：中国人民大学出版社，2006：14.

②　中国互联网络信息中心. 第 47 次中国互联网络发展状况统计报告 [R]. 2021 (12)：25.

加保守；相反，如果个人意见趋向于冒险的话，那么讨论后的群体决策就会更趋向于冒险，这种现象被称为'群体极化现象'。"① 实际上，现实社会中的这种群体极化现象，同样存在于网络社会之中。美国学者凯斯·桑斯坦就明确指出："毫无疑问的，群体极化正发生在网络上。讲到这里，网络对许多人而言，正是极端主义的温床，因为志同道合的人可以在网上轻易且频繁地沟通，但听不到不同的意见。持续暴露于极端的立场中，听取这些人的意见，会让人逐渐相信这个立场。各种原来无既定想法的人，因为他们所见不同，最后会各自走向极端，造成分裂的结果，或者铸成大错并带来混乱。"② 网络群体极化的背后反映的是社会心理心态上的变化，它是社会广大受众某种社会情绪的宣泄与反映，是一种病态的社会心态。在这一过程中，网络信息受众受到相互间情绪的影响与感染，形成网络群体意见，群体意见进一步固化之后反过来再强加于网络个体之上，最后会导致网络流言的真实化。特别是当社会不满情绪聚集时，极易引起网络群体的怨恨心理，由此引爆网络群体性事件。因此，要使真实舆情信息在网络上传播，发挥出正面舆情信息的社会效果，进行网络舆情的引导，还需高度关注网络受众的情绪态度，避免不实、失真的舆情信息煽动起网络受众的不良情绪。

（三）受众的媒介素养是认同真实舆情信息的保障

在信息时代，媒介所营造的"拟态环境"对受众的认知真实造成了不可低估的影响。媒介不仅以技术形态存在，更是以当事人的身份参与到网络舆情事件之中，"新闻媒体远远不只是信息和观点的传播者，也许在多数时候，它在使人们怎样想这点上较难奏效，但在使受众想什么上十分有效。由此可见，不同的人看到的世界是不同的，不仅因为他们的个人兴趣，还因为他们所读的报纸的作者、编辑和出版人为他们描绘的蓝图不同"③。可见，在网络社会，媒介是一把双刃剑，其强大的公众性、鼓动性和影响力既可以以积极的正面报道促进社会和谐，也可以通过偏差、虚假、失实的报道煽动广大网民的情绪，造成社会秩序的混乱。就此而言，网络社会受众的媒介素养就显得尤其重要。美国媒介素养研究中心将其定义为：媒介素养是人们面对媒介各种信息时的选择能力、理解能力、质

---

① ［美］凯斯·桑斯坦. 网络共和国：网络社会中的民主问题［M］. 黄维明，译. 上海：上海人民出版社，2003：50–51.

② ［美］凯斯·桑斯坦. 网络共和国：网络社会中的民主问题［M］. 黄维明，译. 上海：上海人民出版社，2003：50.

③ ［美］斯坦利·巴兰，丹尼斯·戴维斯. 大众传播理论：基础、争鸣和未来［M］. 北京：清华大学出版社，2004：13.

疑能力、评估能力、创造能力、制作能力以及思辨的反应能力。可见，受众的信息认知、共享、传播、评价等能力是媒介素养的中心内容。从效果来看，受众的媒介素养受到诸多内外因素的影响：受众个体认知能力、受众信息环境、受众情绪态度的变化、受众道德文化修养等。这些直接影响着受众对真实舆情信息的接受程度。在网络的喧嚣环境下，广大网民往往容易一股脑地接受信息，不加区别地复制、跟帖、传播、分享一些虚假、失实的舆情，缺少对舆情信息理性的分析与认知，缺少对信息真伪独立的辨别与区分，无形之中助长了网络舆论的不良风气。因此，在网络社会中，受众更需要加强媒介素养建设，建立起一道虚假信息的"防护栏"，只有这样，才能既有利于自身能力建设，又有助于净化网络舆论空间，维护社会和谐稳定。

三、传播媒介的把关过滤是网络舆情管理的逻辑关键

传统媒体时代以报刊、广播、电视三类新闻传播媒介为主要载体，传播结构主要以"一对多"为主。随着互联网的发展，新兴传播媒介和技术飞速发展，各种以"短、平、快"信息传播见长的新兴媒体"大出风头"，传播格局也由此发生了根本性的颠覆。第47次中国互联网发展状况统计报告显示，移动互联网发展依然是带动网民增长的首要因素。截至2020年12月，我国网络新闻用户规模为7.43亿，较2020年3月增长1203万人，占网民整体的75.1%；手机网络新闻用户规模达到7.41亿，较2020年3月增长1466万人，占手机网民的75.2%。[①] 这表明，当前我国庞大的手机用户群体，通过手机移动终端，能随时随地接触到网络信息，媒介的可得性和信息传播的便捷性大大增强，这也加大了网络虚假信息传播的可能性，为虚假网络舆情的传播提供了基础性的条件。"媒介即人的延伸"，现代传播媒介是人们深入了解社会、获取信息、开展交流的触角，是信息传播的中介和载体。作为信息传播的重要环节与载体，传播媒介对信息的真假以及信息传播的有效性担负着重要的责任。

马克思主义新闻观把新闻媒介视为人类交往的重要工具和手段，把人民报刊视为人民精神的表达者，它不仅代表和反映了人民的意愿，而且也促使人民真实地认识社会和自己。在马克思看来，"自由报刊是人民用来观察自己的一面精神上的镜子，而自我审视是智慧的首要条件"[②]。针对社会现实状况，马克思还提

① 中国互联网络信息中心. 第47次中国互联网络发展状况统计报告 [R]. 2021（12）：33.
② 马克思恩格斯全集：第1卷 [M]. 北京：人民出版社，1995：179.

出，人民报刊是"国家中的第三种权力"，并认为社会中的管理者和被管理者都需要"第三个因素"，"自由报刊不通过任何官僚中介，原原本本地把人民的贫困状况反映到御座之前，反映给这样一个当权者，在这个当权者面前，没有管理机构与被管理者的差别，而只有不分亲疏的公民"①。因此，人民报刊不能成为被政府或当权者摆布的工具，更不能成为政府的传声筒，否则，就会脱离人民的现实生产生活，不能代表和反映人民的意愿。人民报刊一旦不能对事件进行真实地报道，不能正确、客观、公正地反映社会真实状况，就不符合人民利益的需要，也就失去了人民的信任，报刊也就完全丧失了其存在的基础，"人民的信任是报刊赖以生存的条件，没有这种条件，报刊就会完全萎靡不振。"② 可见，在马克思恩格斯时代，他们就视报刊为人类交往活动和信息传播的重要中介，是引领社会舆论的重要工具，"报纸是作为社会舆论的纸币流通的"③。

在我国，党和国家领导人始终把新闻媒体放在重要位置，特别重视新闻媒体信息传播的真实性。刘少奇在《对华北记者团的谈话》中就提及："群众对我们，是反对就是反对，是欢迎就是欢迎，是误解就是误解，不要害怕真实地反映这些东西。唯物论者是有勇气的，绝不要添加什么，绝不要带着成见下乡。""如果能够真实、全面、深刻地把群众情绪反映出来，作用就很大。"④ 这说明作为党的报刊，必须要发挥贴近群众、反映真实、避免主观的作用。针对虚假、错误思想的传播，刘少奇还曾警告："如果给群众以错误的东西，散布坏影响，散布错误的思想、错误的理论、错误的政策，把群众中的消极因素、落后因素、破坏因素鼓动起来，就要犯大的错误。因此，报纸工作如果做不好，就是最厉害的脱离群众，就会发生很危险的情况。"⑤ 改革开放后，针对社会上出现的一些不正之风和不实报道，1981 年 1 月 29 日，在《中共中央关于当前报刊新闻广播宣传方针的决定》中明确要求，报刊、新闻、广播、电视要正确处理表扬和批评的关系。不论表扬还是批评，都必须实事求是，真实可靠，绝不能道听途说，弄虚作假，浮夸失实。邓小平也认为："报纸真的同实际、同群众联系好了，报纸办好了，对领导是最大的帮助。"⑥ 这些论述表明，新闻媒体机构作为党和国家的宣传机器，传递真实信息，反映民众意愿，既是其基本的职责使命，也是增强党和

---

① 马克思恩格斯全集：第 1 卷 ［M］. 北京：人民出版社，1995：378.
② 马克思恩格斯全集：第 1 卷 ［M］. 北京：人民出版社，1995：234.
③ 马克思恩格斯全集：第 10 卷 ［M］. 北京：人民出版社，1998：232.
④ 刘建明. 马克思主义新闻观经典读本 ［M］. 北京：清华大学出版社，2009：138.
⑤ 刘少奇选集（上卷）［M］. 北京：人民出版社，1981：397 - 398.
⑥ 刘建明. 马克思主义新闻观经典读本 ［M］. 北京：清华大学出版社，2009：66.

政府公信力、引领社会舆论、化解社会矛盾的有力武器。

随着新闻管理体制和新闻媒体机构改革的推进，大量的商业性媒体机构开始涌现，如何传播好真实信息、发挥好舆论引导作用就显得更加重要和更为迫切。对此，江泽民在强调了舆论导向作用的同时，还特别重视新闻的真实性问题，他说："新闻的真实性，就是要在新闻工作中坚持党的一切从实际出发、实事求是的思想路线。……一叶障目，不见泰山，抓住一点，不及其余，尽管这一叶、这一点确实存在，但从总体上来看却背离了真实性。"① 用事实说话、遵循事实真相是新闻报道的基本原则。胡锦涛在 2002 年全国宣传部长会议上的讲话中指出："要坚持讲真话、报实情，实事求是地反映情况，坚决反对弄虚作假。"② 在网络社会，各种虚假信息无孔不入，针对这一现实情况，习近平也多次强调新闻宣传工作和舆论引导要强调真实性，"要根据事实来描述事实，既准确报道个别事实，又从宏观上把握和反映事件或事物的全貌。……新闻媒体要直面工作中存在的问题，直面社会丑恶现象，激浊扬清、针砭时弊，同时发表批评性报道要事实准确、分析客观"。③

马克思主义新闻观强调传播媒介要始终以真实为生命，把传递真实信息作为最基本的职责使命。同样，在网络信息时代，传播媒介变得多样化、商业化，这更需要加强媒介对舆情信息的把关能力，对舆情信息进行有效的筛选、过滤，把虚假、歪曲、失实的舆情加以排斥，向社会民众和广大网民传递真实有效信息，传导社会正能量。因此，要符合马克思主义新闻真实观的时代要求，进一步提升新兴媒体的社会公信力，还要在以下四个方面加强重视。

第一，新媒体与选择性注意。新媒体时代造就了一个意见的"自由市场"，人们的注意力已然成为各新媒体相互争夺的重要的资源，这实际上反映了隐藏其后的新媒体市场的竞争行为。新媒体时代是"注意力经济"时代。人们的感官在面对大量信息输入时，并不是对所有信息刺激都会做出反应，知觉的选择性会保留那些对人们刺激性强的或者与原有态度相近的一些信息，从而过滤掉那些不能引起人们注意力的刺激信息。现代受众理论认为，受众对媒介的接触具有很强的选择性，他们更倾向于接受一些与自身原有态度较为一致的信息，而尽可能回避那些与自己意见不一致的信息。网络新媒体时代"比起早期广播电视的受众，今

① 中共中央文献研究室. 十三大以来重要文献选编（中册）［M］. 北京：中央文献出版社，2011：203 – 204.

② 胡锦涛. 在全国宣传部长会议上的讲话［N］. 人民日报，2002 – 01 – 11，第 01 版.

③ 习近平. 坚持正确方向创新方法手段　提高新闻舆论传播力引导力［N］. 人民日报，2016 – 02 – 20，第 01 版.

天的受众们对于所接收的信息的关注度更低了，这是因为有更多的媒介渠道在争夺总量近乎稳定的注意力资源的缘故"①。在"内容为王"的新媒体环境下，为争夺广大网民的注意力与关注度，各新媒体在大力改进传播技术的同时，也不断更新着传播内容，这也给了一些不良媒体可乘之机。有的媒体绞尽脑汁地"抢"新闻，想方设法地制造"亮点""卖点"，甚至炮制虚假新闻以吸引人们的眼球；有的媒体喜欢炒作热点新闻，抓住某一新闻事件大做文章，却无视题材的真正新闻价值，小题大做、大肆炒作、偏激感性；有的媒体做新闻讲究包装、夸张、渲染、铺张，以增强报道的感情色彩和视觉冲击力，只是为了满足读者的猎奇心理；有的媒体为了追求所谓"卖点"，过度使用新闻资源，甚至人为地左右新闻事件向自己预先设计好的方向发展。② 媒体机构为迎合网民的心理，刻意传播的这些非法信息、暴力信息、垃圾信息、庸俗信息不仅污染了网络空间，有悖于法律与政策，而且还置新闻真实性于不顾，为虚假舆情提供了滋生的"土壤"和"放大器"。

第二，新媒体的自利性诉求。新媒体与传统媒体在管理体制、经营机制、传播形态以及市场竞争方面存在较大差异。作为市场经济主体之一的网络媒体机构主要是通过信息传递和吸引公众的关注来获得市场效益，但部分网络新媒体过度追求经济效益，而忽视了作为传播媒介所承载的基本功能和责任。为提高关注度和点击率，追求轰动效应，增加销售量，提高收视（收听）率，牟取更为丰厚的经济利益，不惜背离新闻真实性的原则，丧失媒体基本的原则立场。如2016年的"魏则西事件"，就是一起典型的因网络媒体的自利性需要而置患者疾苦于不顾的网络事件。百度搜索推行的搜索竞价排名机制影响了搜索结果的公正性和客观性，误导了广大民众，从而受到社会的广泛指责。此起事件还连带引发了人们关于医疗系统的舆情问题，即"莆田系"利用网络媒体和商业网站大肆进行虚假广告宣传，欺骗病人，从中牟取暴利的舆情事件。可见，现代商业性媒介组织增多，媒介市场鱼目混珠，一些媒体机构在利益的驱动下，已不再把重点放在舆情信息的真假上，而是更多考虑如何获取更多的广告经费，如何制造更多的舆情热点以吸引人们的关注和点击。这无疑直接阻滞了真实舆情信息的传播，干扰了社会稳定，影响了人民生活，给社会和谐造成了负面的影响。

第三，新媒体把关能力的弱化。如前所述，传统"把关人"在信息传播流程中起着重要的作用，他们决定着信息内容的取舍、继续或中止，决定着信息传递

---

① ［英］丹尼斯·麦奎尔. 受众分析［M］. 刘燕南，李颖，杨振荣，译. 北京：中国人民大学出版社，2006：165.

② 华羽. 媒体不应追求畸形的轰动效应［N］. 光明日报，2011-10-11，第04版.

的可靠性和可信度，"把关人"只有站在客观公正、实事求是的立场才能把真实信息传递好。然而，当前传播格局的剧变，传统"把关人"的角色和地位被颠覆，"把关人"面临着新的困境：一是媒介的多样化，传播主体的多元化，弱化了传统"把关人"作用。网络上人人都可以自由发表观点、意见，传者与受者身份界限模糊，致使传播活动的"去中心化"日益明显，更多的人拥有了信息处理的自主权、舆论的话语权和信息的传播权。二是就可行性来看，由于网络信息量大，内容复杂，传播速度加快，加之网络表达的匿名化，"把关人"不可能对所有信息来源都进行有效的把关、审核，技术上目前也还没有实现对特定信息筛选的智能系统。三是新媒体扩增了信息传播渠道，人们凭借手中的移动终端就能随意进入意见的自由市场，穿梭于不同的媒介平台，自由选择所需信息，还可以直接从信息源获取信息，从而省去了传播过程中的关键环节，简化了传播流程，这也使得"把关人"作用弱化，对信息的控制性减弱。"把关人"作用的弱化，对信息过滤筛选应对不足，无法有效拦截各种虚假、负面信息的传播，对此，必须在人员、技术、理论、方法上进行转型和调整，以适应新媒体发展形势的需要，保障真实信息的有效传递。

第四，新型意见领袖作用的增强。在互联网时代，广大民众能直接接触到第一手信息来源，并能以平等的身份参与信息制造传播，使得传统媒体的话语权与信息控制权发生了位移，新意见领袖也大量涌现出来。正如勒庞所言："只要有一些生物聚集在一起，不管是动物还是人，都会本能地让自己处于一个头领的统治之下。"① 网络话语权的松解与话语空间的自由，新兴意见领袖异常活跃，他们通常具备较强的人际交往和社会活动能力，有较强的向心力和吸引力，能聚集起一大批的追随者。这些新意见领袖广泛地分布于社会各群体和阶层之中，对新媒体环境下的信息传播起着重要的作用，主要体现在以下几个方面：一是对信息的加工与解释作用。在这一过程中，意见领袖的价值观念、认知能力、个人利益以及文化背景等对信息的把控和加工有着重要的影响。二是对信息的扩散与传播作用。新意见领袖作为新媒介向社会传递信息的重要渠道，往往通过对信息的扩散与传播来获取追随者对其身份、地位和才能的认可，以体现自身价值。三是支配与引导作用。新意见领袖的影响越来越大，它不仅能影响人们说什么、看什么、做什么和想什么，而且还能左右人们怎么说、怎么看、怎么做和怎么想。网民面临的信息量越多、处理信息的能力越弱、文化素养的水平越低，受其影响也

---

① ［法］古斯塔夫·勒庞. 乌合之众——大众心理研究［M］. 冯克利，译. 北京：中央编译出版社，2005：96-97.

越大，对新意见领袖的接受度也越高。四是协调与干扰的作用。当信息、观点或主张与意见领袖具有一致性时，他们会大力协调，促进信息的快速传播；当信息与其利益、价值相违背时，他们可能阻滞或干扰信息的正常传播，甚至与信息真实的指向相背离。

当前互联网已成为思想文化信息的"集散地"和社会舆论的"放大器"，以网络技术为基础的新媒体类型和样态不断推陈出新，已逐渐成为网民信息交流的主要工具。因此，在舆情信息传播的过程中，要防止信息在流转过程中的失真、失实，确保真实舆情信息被受众所接收、接受，就必须要结合新媒体的基本特征与新媒体传播的基本规律，把新媒体受众面广、自利性强、信息量大、公信力弱、传播渠道多、注意力分散、传播效率高、把关作用弱的特点与马克思主义新闻观对舆情真实性的要求结合起来，利用和发挥好新媒体的巨大作用。

四、传播环境的真实氛围是网络舆情管理的逻辑要求

众所周知，传播行为是传者、受者以及媒介在一定的传播环境下进行的信息交流反馈活动，如果把传播活动视为一个信息传递系统，那么，传播的外在环境系统必然会对信息传递系统产生一定的作用与影响。作为宏观的传播环境系统，在把信息要素通过媒介或媒体机构输入到信息系统后，经过信息系统的解码、重组、编码等环节形成信息反馈，再输出到传播环境系统，就会形成一个传播环境系统与信息传递系统的交流互动的动态舆论空间。

马克思主义新闻观很早就意识到传播环境与信息之间的内在关系。在马克思和恩格斯的时代，受限于资产阶级新闻检查政策的限制，为了争取新闻自由，他们在斗争中特别注意充分调动广大人民的积极性，合理运用政治、法律和舆论的武器来营造革命的舆论环境以争取人民新闻言论的自由。正如马克思所言："一个人的发展取决于和他直接或间接进行交往的其他一切人的发展……总之，我们可以看到，发展不断地进行着，单个人的历史决不能脱离他以前的或同时代的个人的历史，而是由这种历史决定的。"① 个人的发展是如此，新闻传播的发展也是如此，它不可能脱离既定的历史时空条件，也不可能脱离当时的社会生产生活，它总是或多或少地受到传播环境，也即社会历史阶段、生产力发展状况以及人们的思想文化素质等外在因素的多重影响，对此，我们从政治、经济、社会、文化四个维度来分析。

① 马克思恩格斯全集：第3卷［M］. 北京：人民出版社，1956：515.

第一，政治对传播环境的影响。当前，我国政治体制改革的着力点主要体现在三个方面：一是对权力的松绑和下放。在传统政治格局下，我国政治的管控功能一直把经济、社会等的管理都纳入了政府的职能之中，政府发挥着大而全、统包统揽的作用。随着政治体制改革的发展，政治管控权的松绑和管理权限的下放，政府逐渐回归到其本位，职能上向"服务型政府"转变，重在发挥好统揽全局、宏观统筹的作用，以向社会和民众提供更优质的公共基础服务。二是加大了民主政治建设的力度。政治民主是现代政治文明发展的主要标志，是各国人民获取政治权益的基本要求。长期以来，由于政治体制的束缚，人民的民主权益发展与保障受到制约，改革开放以来，我国坚定不移地推进政治体制改革，中国的民主制度建设不断加强，民主形式也日益丰富，通过发扬党内民主带动政治民主，从加强基层民主来推动社会民主，人民当家作主的权利得到不断充实和完善。三是大力建设法治型政府。党的十八届三中全会指出，必须切实转变政府职能，深化行政体制改革，创新行政管理方式，增强政府公信力和执行力，建设法治政府和服务型政府。法治型政府建设是发展社会主义市场经济的内在要求，也是推进国家治理体系和治理能力现代化的重要内容。随着当前法律制度的健全与完善，人们的法律意识不断提高，政府依法、依规管理，运用法治思维与法律手段解决经济社会问题的能力不断增强，科学化、民主化、法治化决策体系逐步完善，行政执法水平明显提升，行政监督与问责力度也不断加大。从当前中国政治体制改革的实际和网络社会发展的现状分析，政治体制对传播环境依然具有决定性的影响。

首先，从信息源的角度看，在网络环境下，政治对信息传播的垄断权虽然被打破，但依然是当前传播活动中的主要信息来源地。政治的权力运行、民主集中、决策过程以及政策实施等为传播媒介提供了丰富的政治信息与传播内容，甚至在某些议题上，政治活动往往为传播媒介主动设置了议题和议程。当然，政治活动也不能脱离传播媒介的影响和作用。现代政治传播学的观点认为，政治与传播是双向互动的，离开了传播媒介的信息中转、新闻宣传与舆论造势，政治的决策意图与施政行为也就不能有效传达到社会领域，政治的社会动员功能与作用也会瘫痪失效。"在互联网思维下，任何政治公共物品的提供，必须经由信息的加工整理才得以被赋予价值和意义。"① 其次，从信息传播的过程看，政治信息作为输入性要素进入到传播系统，在经过传播系统的编辑、加工、整理后成为传播的具体内容，最后作为输出性要素反馈到政治系统。在这一过程中，由于政治性要素信息输入的变化、政策执行的调整以及结果反馈的作用，政治信息内容在传

---

① 黄相怀. 善用互联网思维看待中国政治 [J]. 思想政治工作研究，2014（6）：33.

播过程中会随时根据政治形势和发展需要进行新的调整，这也决定了传播系统对政治性要素传播的继续或中止。"这些已经被符号化了的权力，通过全球的媒体与信息通道穿越各个民族国家的边界。而且当这些符号化了的权力流动时，它既可以把自己展示给公众，但也有可能遭到暗中破坏。"① 在"内容为王"的时代，政治性要素作为传播系统的重要内容，必然对传播过程起着关键性的影响。三是从传播媒介的经营与管理看，政治对传播环境的影响还在于它对传播媒介的管理制度、权力监督、经营权限、信息发布等方面都有相应的制度约束，特别是对传播媒介信息传播的真实性、合法性、言论行为与社会影响都有相关的要求。

第二，经济对传播环境的影响。当前，我国经济发展进入一个快速通道，已成为世界第二大经济体，取得了举世瞩目的成就。随着经济全球化和区域经济一体化的发展、深化，中国在世界经济体系中扮演的角色越来越重要，因此，也就更需要通过传播媒介来传递中国声音、展示中国形象，加强中国与世界各国之间的经济联系。马克思从生产力决定生产关系的角度对经济的基础性作用作了阐述，他指出："我们判断一个人不能以他对自己的看法为根据，同样，我们判断这样一个变革时代也不能以它的意识为根据；相反，这个意识必须从物质生活的矛盾中，从社会生产力和生产关系之间的现有冲突中去解释"。② 作为反映社会意识形态的新闻传播，必然受到经济发展形势的影响。一是随着我国经济体制改革力度的加大和进程的加快，改革发展过程中涉及的一些体制障碍、利益分配、阶层分化等问题也更加突出，这些问题大多通过网络舆情显示出来，构成了当前媒介舆情信息传播的重要内容。如社会民众高度关注的民生问题、教育问题、住房问题、反腐问题、拆迁问题等，都与经济利益纠缠在一起成为社会的舆论焦点。二是社会经济发展的整体状况直接影响着传播媒介的经济效益。现代商业媒介机构日益增多，传统媒体机构也逐步放开管制直接参与市场竞争，可见，传播媒介作为市场经济的主体之一，必然受到经济发展整体形势的影响。一方面，经济社会的发展在宏观上为传播媒介营造了外部经营环境。随着市场改革的推进，以往传统的党报"一统天下"的格局发生了变化，党报媒体系统也纷纷进行改制重组，以独立法人的身份参与到市场中，各传媒集团、报业集团纷纷涌现，如中国广播影视集团、广州日报报业集团、南方报业传媒集团等。此外，还有一批新型的传媒企业，如分众传媒、航美传媒、亿品传媒、第一视频、广源传媒等也作为独立经营主体，参与到新闻传播领域中。另一方面，在微观的行业管理层面，

① Thompson, J. Political Scandal. Power and Visiloility in the Media Age [J]. Cambridge: Polity, 2000: 246 – 248.

② 马克思恩格斯选集：第2卷 [M]. 北京：人民出版社，1995：32 – 33.

经济的整体发展和市场需求也对传播行业的具体经营活动起着重要影响，如国家通过制度安排对新闻传播行业进行规范化管理，通过舆论导向对传播内容进行引导，通过市场整治对非法网站和媒介进行取缔等，可见，经济性的因素对传播媒介的整体环境起着或明或暗的影响，经济发展状况越好，传播行业发展就越平衡；经济发展状况不稳定，传播行业发展也就越困难。

第三，文化对传播环境的影响。文化作为社会意识形态领域的核心要素，对经济社会发展起着重要支撑作用。在国家层面，文化是一个国家软实力的重要基础，在国际竞争和国家形象建设中发挥着重要作用；在社会层面，它是一个民族、地区区别于其他民族、地区的主要标志，是各民族、地区人民身份认同的重要基础；在精神层面，它作为一种精神滋养，是人们的价值观念、思想道德以及文化制度的源泉。当前转型期的中国社会，正面临着传统文化的解构与现代文化的建构之间的断裂，加之西方文化的交流碰撞，使当前我国文化建设面临着巨大的挑战。在此背景下，我国正大力推进文化体制改革，开展文化工作创新，弘扬中华传统文化，积极发展文化事业和文化产业，增强文化发展活力，努力由文化大国向文化强国迈进。具体就传播环境而言，文化最主要的影响体现在文化与网络的结合上，催生了网络文化。网络文化是以网络信息技术为基础，在网络空间内形成的关于文化的活动、产品、观念等的集合，从本质而言，网络文化是社会文化的另一种存在形态，是现实社会文化的丰富与延伸。从社会文化与网络文化的关系来看，一方面，网络文化脱胎于社会文化，是社会文化在新的传播媒介下的新的文化样态，社会文化的特性与特点必然反映在网络文化之中，但同时，随着网络文化的发展，各种新的文化元素不断涌现，对社会文化的内容与形式不断进行着新的衍生与改造。另一方面，社会文化与网络文化之间存在互构互动的关系，二者相互作用、相互嵌入、相互影响的程度越来越高。网络社会是网络文化与社会文化之间结构性与文化性、真实性与建构性、社会性与技术性互动的产物，不仅具有真实性与技术性，更是结构的文化性、关系的虚拟性的统一。① 当前多元化社会，社会文化与网络文化在文化环境、文化主体、文化内容、文化载体以及文化功能等方面的互动互构既决定着当前中国文化生态的和谐与融合，同时也由于在互动互构中存在视角、步骤、方法、途径等方面的差异，社会文化与网络文化之间还存在一定的隔阂与张力。技术是一把双刃剑，人们对网络技术的依赖性越大，其有利性与不利性就表现得愈发明显。当前中国社会转型所造成的文化断裂，传统与现代之间的交融与碰撞，西方文化价值观念的广泛传入，共同

---

① 张春华. 网络舆情：社会学的阐释 [M]. 北京：社会科学文献出版社，2012：55.

作用于中国文化的场域之中，导致一些不良网络文化现象层出不穷，如各种网络语言暴力、网络不良思潮、网络流行语、网络秀、"网络红人"等，对网络文化建设和网络道德规范提出了严峻的挑战。

第四，社会对传播环境的影响。和谐社会一直以来都是国家治理的重要目标，党的十七大、十八大报告中明确提出要加强和创新社会管理，促进社会公平正义。社会管理体制的改革与政府、市场改革有着密切关联。近年来，在社会管理体制改革的进程中，政府进一步理顺了与市场、社会的关系，回归政府职能本位，管理权限进一步下放，社会自主权力不断扩大，极大地激发了社会活力，调动了公民和社会组织的参与积极性。社会组织和民间组织的力量也不断被释放出来，参与意愿逐渐提高，已成为政府与社会之间的重要桥梁和纽带，推动了中国社会的发展与成熟。社会管理体制改革的深入，社会个体的主体意识不断提高，公民的社会意识与社会责任感被激活，积极参与社会管理和社会监督的意识日益增强，有效填补了政府与市场之间的真空地带。社会发展的重大变化带来了社会结构、社会群体、社会心态、社会交往等多方面的连锁反应，新的利益群体、社会阶层也不断分化、重组，也带来了社会文化与价值的多样性与多元化。

然而长期以来，我国经济社会改革发展在速度与力度上的差异性造成了经济社会发展的非均衡性与无序性表现突出，社会改革长期滞后于经济、政治、文化体制改革，使得社会权力的重构与社会秩序的治理成本高、风险大。网络社会的崛起，一定程度上拓展了公众表达的渠道，增强了公众的信息表达能力，增大了公众意见情绪传播的机会。虚拟的网络社会作为现实社会的镜像反映，现实社会的矛盾与问题必然通过网络社会的作用再现出来。主要表现在以下几点：一是社会阶层结构的变化直接反映为网络的群体化与分层化。在现实社会中，人们由亲缘关系与利益关系构建的相对固化的利益结构与阶层结构在网络时代发生了变化，人们依据相近的利益诉求、文化背景、价值观念以及情绪态度重组为各种不同的网络群体。特别是网络草根群体，他们的出现代表和反映了现实社会中普通公民的利益诉求，发出了社会底层人们的声音，在互联网上已形成了与网络精英群体相对的一大群体。二是社会发展的不均衡性导致的不公平现象在网络上蔓延。在社会转型期，由于自然禀赋的差异、"出身""身份"的固化、知识技术性要素的缺失以及机会条件的不均等，在社会保障性制度尚未完全健全的情况下，不同利益主体和组织群体之间发展的不均衡性突出，由不均衡性所造成的社会不公平性问题引发的社会矛盾与冲突大量聚集，这些冲突通过网络得以酝酿、扩散、激化。当前大量的网络炫富行为与网络救助行为就形成了鲜明的对比，"郭美美事件""天价烟局长事件""表哥事件"等明显有失社会公平的非法财富聚集与高调炫富行为，引发了广大网民的强烈谴责与愤怒。三是社会对立心态与情绪引发的社会焦虑与社会对抗在网络上呈扩大态势。随着中国改革的渐次深入，人们的社会心态与价值观念也悄然变化。近年来，尽管国家对社会问题高度重视，社会改革与治理力度不断加强，但社会心态中的不适应感、不公平感、困惑感、矛盾感、浮躁焦虑、急功近利等非理性因素和改革开放初期相比，仍有增无减。① 网络社会的崛起，为广大社会民众打开了一扇直抒胸臆、自由表达的窗口，现实社会中涉及官员、警察、城管、司法、民生等问题的矛盾极易引发网络的舆论声浪，使得其中的对抗性情绪与不满心态在网络社会扩散，从而引发民意的"狂欢"。

众所周知，真实、高效的传播活动离不开良好的传播环境。总体上看，政治、经济、文化、社会作为信息传播活动的现实环境，为网络舆情提供了基本的信息来源，也营造了基本的舆论环境，但社会经济发展、政治体制改革、文化强国建设以及社会有效治理客观存在的周期性，一些突出的矛盾和问题解决的过程性以及网民情绪心理变化的不确定性和网络推手偏好性的共同作用，导致传播信息输入的真实可靠性受到影响。因此，要使真实的信息得以被广大受众认同、接受，净化传播环境，提供有效真实的舆情信息，营造良好的传播氛围是当前开展好网络舆情管理，发挥好网络舆情正向引导功能的基本逻辑要求。

---

① 燕道成. 群体性事件中的网络舆情研究［M］. 北京：新华出版社，2013：135.

第五章

马克思主义新闻党性观与网络舆情管理

根据马克思主义新闻观的基本思想，社会客观存在决定了新闻舆论报道的基本内容，而统治阶级的基本立场、观点则使得新闻舆论活动具有阶级性特征。正如马克思所说："观念的东西不外是移入人的头脑并在人的头脑中改造过的物质的东西而已"①。无论是从历史还是从现实来看，资产阶级新闻活动都是具有鲜明的阶级立场的，始终为资产阶级政治或利益集团服务。马克思主义新闻观作为无产阶级新闻活动的指导思想，也有着鲜明的阶级立场和党性原则。

第一节　马克思主义新闻党性观的内涵

作为一种特殊的社会意识形态，在阶级社会里，新闻总是要为处于统治地位的阶级利益服务的。马克思主义新闻党性观产生于资本主义社会，来源于无产阶级创办党报党刊的伟大实践之中，反映了广大人民群众的诉求，传播着无产阶级革命斗争的理论，是无产阶级政党发动广大人民开展革命斗争和进行社会主义建设舆论宣传的基本观点。

一、新闻的阶级属性

要厘清马克思主义新闻党性观的内涵，就必须首先就新闻的阶级属性进行解析。马克思主义认为，在阶级社会里，阶级性是政治的根本属性，政治的实质是阶级关系和阶级斗争，处于统治地位的阶级无论是在经济上、政治上还是在思想

---

① 　马克思恩格斯文集：第 5 卷 ［M］. 北京：人民出版社，2009：22.

上总是力图实现对被统治阶级的统治。一方面，新闻是传播信息、记录社会、反映事实的一种文体，它始终以报道和反映客观事实为基本使命，是新闻工作者对客观事实的主观反映。因此，就其本质属性而言，它属于社会意识形态范畴。在阶级社会里，社会意识形态的阶级属性必然反映在新闻活动之中，因此，新闻也具有了强烈的阶级属性。另一方面，从近代新闻的产生发展来看，近代新闻事业是随着资本主义的发展而不断形成的，其主要功能是服务于资产阶级的统治，服务于资本运动，因而资本主义新闻事业必然具有为本阶级利益服务的阶级性。资本主义新闻报刊就是发轫于为资产阶级政党服务的党派报刊。为维护资产阶级的统治，扼制无产阶级力量的发展壮大，西方新闻界先是提出了新闻报刊的"社会责任理论"，强调服务于经济、政治制度是新闻报刊的基本社会责任，实质上，也就是要求新闻报刊为资本主义制度服务。这体现西方新闻报刊在策略上服务于社会而实质上服务于资产阶级的阶级性本质。其后，西方新闻界又提出了反对新闻的党派性的要求，一方面是为了减少各资产阶级政党新闻报刊之间的摩擦，最大限度维护资产阶级利益；另一方面也通过淡化党派性，来模糊无产阶级对资产阶级斗争的界限，消磨无产阶级新闻报刊的斗争立场和党性原则。从新闻的阶级性分析，不管是资本主义新闻报刊的"社会责任理论"还是"反党派"要求，其实质都只在于维护资产阶级利益，遏制无产阶级的新闻自由权益。正如毛泽东在1957年所说："每个阶级都有自己的新闻观点和新闻政策……无产阶级的新闻政策和资产阶级的新闻政策，有一个共同点，这就是新闻有阶级性、党派性。资产阶级报纸只登对他们有利的东西，不登对他们不利的东西。无产阶级和人民大众的报纸也不登对我们有害的东西。这都是阶级利害关系，是普遍规律。"[①] 可见，只要存在阶级对立，作为社会意识形态的新闻就必然会存在阶级性，新闻报刊与新闻舆论工作者也必然存在一定的党派立场。

二、马克思主义新闻党性观的内涵

在阶级社会，党性与阶级性是辩证统一的关系，阶级性是党性的基础，党性来源于阶级性；党性又高于阶级性，是阶级性的最高和集中的表现。具体就新闻的党性观而言，它主要是指新闻媒体要贯彻本阶级和本政党的思想体系，并把其作为指导思想；新闻媒体宣传本阶级和本政党的政治纲领、方针政策；新闻媒体

---

① 吴冷西. 忆毛主席 [M]. 北京：新华出版社，1995：36.

无条件地接受本阶级和本政党的领导，遵守其工作原则和宣传纪律①。马克思主义认为，作为意识形态范畴的新闻舆论，在阶级社会里，它总是代表和反映着一定的阶级利益，服务于一定的阶级利益需要，是一定阶级的舆论工具。

西方资本主义社会极力否认新闻的阶级性和党性，把新闻活动标榜为"社会公器""公共舆论"，夸大其超阶级性、超党派性和公共性的作用，然而实质上，西方新闻媒体不可能摆脱其阶级性，也不可能不为其资本主义制度和资产阶级政党服务。无产阶级的新闻事业就公开承认自己的党性原则，把新闻事业作为无产阶级革命事业的重要组成部分，要求无产阶级报刊要有鲜明的党性原则和阶级立场。马克思和恩格斯在创办《新莱茵报》之初就指出本刊物的使命是要"在各个具体场合，都强调了自己的特殊的无产阶级性质"②。恩格斯在评价《社会民主党人报》时就提及它"无疑是党曾经有过的最好的报纸"，"这不仅是因为只有它享有充分的出版自由。在它的篇幅上极其明确地和坚决地阐述并捍卫了党的原则"③。列宁指出党的出版物是整个党的事业的一部分，应抛弃个人主义、名利主义，成为党性鲜明的旗帜，他认为："无党性的写作者滚开！超人的写作者滚开！写作事业应当成为整个无产阶级事业的一部分，成为由整个工人阶级的整个觉悟的先锋队所开动的一部巨大的社会民主主义机器的'齿轮和螺丝钉'"。④

中国共产党人继承和发扬了无产阶级新闻的党性原则。在中国共产党的一大通过的第一个决议中就提出了"任何中央地方的出版物均不能刊载违背党的方针、政策和决定的文章"⑤，标志着党报理论中的"党性原则"的正式确立。党性原则还体现在办报主体的拓展上，"我们的重要经验，一言以蔽之，就是'全党办报'四个字。由于实行了这个方针，报纸的脉搏就能与党的脉搏呼吸相关了，报纸就起了集体宣传与集体组织者的作用"⑥。毛泽东在全党办报的基础上还提出"政治家办报"的理论，"搞新闻工作，要政治家办报"⑦，意在通过增强办报人的政治觉悟与政治观念，提高党报党刊的党性原则。1946年，针对国内外反动势力发动的舆论宣传攻势，为坚定革命信念，打击反动势力嚣张气焰，毛泽东提出了"一切反动派都是纸老虎"的著名论断，后来，他在外事活动中也多次提及这一论断。毛泽东用通俗风趣的语言表达了对反动势力的藐视，对中国革

① 窦晓东. 牢牢把握和坚持新闻工作的党性原则 [J]. 新闻与写作，2014（1）：77.
② 马克思恩格斯选集：第4卷 [M]. 北京：人民出版社，1995：182.
③ 郑保卫. 马克思主义新闻经典论著导读 [M]. 北京：中国人民大学出版社，2013：99.
④ 列宁专题文集（论无产阶级政党）[M]. 北京：人民出版社，2009：166－167.
⑤ 林枫. 马克思主义新闻观 [M]. 北京：新华出版社，2005：185.
⑥ 张之华. 中国新闻事业史文选 [M]. 北京：中国人民大学出版社，1999：274－275.
⑦ 毛泽东. 毛泽东新闻工作文选 [M]. 北京：新华出版社，1983：215.

命和建设的自信，彰显了他在对敌宣传上的气魄与胆识。这一论断一时成为中国家喻户晓的政治宣言，引领了社会舆论，振奋了革命热情，对中国革命起到了巨大的鼓舞作用。可见，新闻的党性原则重点不在形式，而在内容、在立场、在倾向。毛泽东还曾专门强调："新闻的形式并没有阶级性。……但是，问题在于内容，表现什么思想、什么主题、什么倾向，赞成什么、反对什么，这就有阶级性了。报纸同政治关系密切，甚至有些形式，有些编排，就表现记者、编辑的倾向，就有阶级性、党派性了。"① 为营造安定团结的社会环境，抵御西方价值观念的侵袭，邓小平提出："党报党刊一定要无条件地宣传党的主张。"② 江泽民在《关于党的新闻工作的几个问题》中更进一步提出："新闻宣传在政治上同党中央保持一致，决不是机械地简单地重复一些政治口号，而是站在党和人民的立场上，采取多种多样的方式，把党的政治观点、方针政策，准确地生动地体现和贯注到新闻、通讯、言论、图片、标题、编排等各个方面。"③ 党性原则不仅要体现在新闻报道的内容和倾向上，还要贯穿于新闻报道活动的方式方法之中，要在坚持党性原则的基础上，实现内容与形式、原则性与灵活性的统一。江泽民还强调在新闻舆论引导方面同样要坚持党性原则，要实现"以科学的理论武装人，以正确的舆论引导人，以高尚的精神塑造人，以优秀的作品鼓舞人"④。新形势下，人们思想的独立性、差异性、选择性和多样性明显增强，各种消极负面的思想言论逐渐增多，党的新闻舆论工作面临着严峻挑战，对此，胡锦涛多次强调："新闻宣传是一项政治性、政策性很强的工作，必须讲大局、讲原则、讲纪律。任何面向社会大众的媒体，都必须自觉、积极地宣传党的主张，宣传先进的思想文化，不允许同党的路线方针政策唱反调，不允许发表违反四项基本原则和中央精神的言论，不允许传播混淆视听的政治谣言。"⑤ 习近平从治国理政的高度强调坚持党对新闻舆论工作的领导，他指出："坚持党性原则，最根本的是坚持党对新闻舆论工作的领导，党的新闻舆论媒体的所有工作，都要体现党的意志、反映党的主张，维护党中央权威、维护党的团结。"⑥

当前经济的全球化与政治的现代化，阶级矛盾总体趋于缓和，新闻媒体私有

---

① 吴冷西. 忆毛主席 [M]. 北京：新华出版社，1995：37.

② 邓小平. 论新闻宣传 [M]. 北京：新华出版社，1998：19.

③ 郑保卫. 马克思主义新闻经典论著导读 [M]. 北京：中国人民大学出版社，2013：400-401.

④ 江泽民文选：第1卷 [M]. 北京：人民出版社，2006：497.

⑤ 中共中央文献研究室. 十五大以来重要文献选编（下册）[M]. 北京：中央文献出版社，2011：428.

⑥ 习近平. 坚持正确方向创新方法手段　提高新闻舆论传播力引导力 [N]. 人民日报，2016-02-20，第01版.

化、集团化已成为普遍现象，似乎新闻舆论的社会功能在增强，而党性原则在减弱。因此，新形势下要全面地理解马克思主义新闻党性观还需做进一步的延伸探讨。

第一，新闻的党性与社会性。作为社会中的"第四权力"，新闻的社会影响逐渐增强，新闻媒体在舆论引导、行政监督、政治参与、民意表达等方面的作用已被广泛认可，成为现代国家建设的"社会公器"。随着舆论格局和媒介载体的变化，媒体报道的切入视角与呈现手法由以往"宏大叙事"的取向逐渐向"私人叙事"取向转移，人们对当下与自身利益关联度更高的网络信息更为关注，参与信息活动的出发点是自我利益的实现与自我需要的满足。一方面，新媒体技术在信息、交往、精神、物质等方面提供的便利功能契合了人们的上述需要，形成了人们对新媒体的依赖。另一方面，新闻传媒经营管理体制的变化，以往传统党报党刊"一统天下"的格局被颠覆了，众多私营传媒集团成立，成为独立运营、自负盈亏的独立法人主体。在市场机制下，他们更关注的是经济效益和媒体效应，通过对社会热点、焦点、疑点等的报道来提高关注度、点击率和浏览率，获取更为丰厚的经济回报。

这些因素使得新闻媒体似乎摆脱了党性与阶级性的束缚，完全市场化、自由化和自主化了，不再受社会政治、文化、社会等大环境的影响与作用了。然而，事实上尽管目前网络新媒体日新月异，新闻传媒的管理体制与机制也与以往大有不同，新闻报道的内容、方式、载体、渠道等都发生了明显变化，但在当前阶级斗争在一定范围内还长期存在的现实社会，新闻的阶级性与党性依然存在并发生作用，依然影响着新闻报道活动的倾向与效果。国家现代化与政治民主化的要求，使西方各国的新闻媒体集团也十分注重新闻的社会影响，突出强调新闻活动不受政治干预，保障公民言论自由与民主权利，但实质上，新闻媒体在报道立场、内容安排以及新闻传媒集团的经济来源等方面依然依赖于资本主义现行制度或资本主义利益集团。马克思主义认为，新闻的党性与社会性是统一于新闻活动之中的。从马克思主义新闻党性观出发，新闻的社会意识形态色彩使得社会主义的新闻活动在报道内容、立场倾向、方法技巧、舆论导向等各个方面必然要依从于社会主义的主流意识形态与文化价值观念。对此，习近平提出，"要承担起这个职责和使命，必须把政治方向摆在第一位，牢牢坚持党性原则，牢牢坚持马克思主义新闻观，牢牢坚持正确舆论导向，牢牢坚持正面宣传为主"[1]。可见，虽然

---

① 习近平. 坚持正确方向创新方法手段　提高新闻舆论传播力引导力 [N]. 人民日报，2016－02－20，第01版.

新闻媒体在媒介形态与传播向度上发生了巨变，但坚持正确的舆论导向，弘扬社会主旋律，彰显社会主义主流意识形态仍然是当前我国新闻媒体最主要的方向。基于社会主义新闻媒体党性与人民性的统一，新闻媒体在彰显党性的同时也必然会实事求是地反映人民的意愿，倾听人民的诉求，反映社情民意。因此，马克思主义新闻观的党性原则与新闻作为"社会公器"，在理论与实践上没有必然的冲突，而是统一于社会主义新闻事业与信息传播的实践之中的。

第二，新闻的党性与真实性。马克思主义新闻观把新闻的真实性作为新闻的生命，失去了真实性，新闻必然会失去人民的信任，其公信力与影响力必然受损。西方新闻报道也讲究真实性，但其真实性是有限度的、不全面的、有区别的，它始终是以不损害西方国家资产阶级的利益、不破坏资本制度为基本前提的，一旦超出这个范围，新闻活动就会受到各方面干预。如以美国为首的西方发达资本主义国家经常运用媒体来宣扬其自由、民主、人权，并以此为借口干涉其他国家内政，显然，这样的新闻报道不可能是全面真实的，新闻媒体的宣传报道掩盖了其真实的目的。

比较而言，虽然我国的新闻报道由于信息的不全面性、事实真相的过程性等主客观性原因，可能暂时达不到全面的、准确的新闻真实，但在新闻报道的立场与倾向、目标与内容上，我国新闻舆论工作者力求达到新闻的真实。这主要是由于，一方面坚持新闻的真实性是由中国共产党的阶级性质决定的。中国共产党代表了中国最广大人民的根本利益。因此，它没有阶级偏见，也没有自己的特殊利益，没有需要任何隐瞒的东西，这也就决定了无产阶级新闻舆论事业必须按照事实本来面目去认识它，反映它和报道它。另一方面，实事求是是马克思主义的灵魂和精髓，是认识客观事物的应有态度，也是党性的直接体现。新闻报道要遵循实事求是的原则，尊重事实，反映真相，而不是主观想象的事实和片面的事实，这既符合马克思主义新闻党性观的要求，又尊重了新闻报道的基本规律，因此，无产阶级领导下的新闻事业与新闻的真实性要求具有一致性。马克思主义新闻观强调党的新闻媒体作为党和人民的"耳目喉舌"，是党的工作的重要组成部分，无产阶级新闻舆论工作者也必须遵守党性原则。虽然当前私营化、集团化的媒体组织不断出现，但无产阶级新闻舆论工作者在涉及国家的政治方向和基本政策方针上，在关乎国家主权、民族事务，关乎全局性、社会性等重大问题时，必须在尊重事实的基础上，从国家或人民的利益出发，新闻报道或新闻评论是否见报或以何各方式见报，都必须遵守党的政治纪律，这也是新闻党性与真实性统一的具体要求。如果偏离了党性和人民性的要求，超越了党性与真实性的范围，那么新闻活动不仅不能起到反映社情民意、传播真实信息的正向作用，反而将会造成人们认识和思想上的混乱，放大社会负面信息，导致社会秩序的紊乱和政治根基的动摇。有鉴于此，习近平在党的新闻舆论工作座谈会上强调："党的新闻舆论工作是党的一项重要工作，是治国理政、定国安邦的大事，要适应国内外形势发展，从党的工作全局出发把握定位，坚持党的领导，坚持正确政治方向，坚持以人民为中心的工作导向，尊重新闻传播规律，创新方法手段，切实提高党的新闻舆论传播力、引导力、影响力、公信力"①。

第三，新闻的党性与自由性。众所周知，新闻自由是有限度的自由，新闻舆论的政策环境、事实真相暴露程度、受众的接受能力、新闻舆论工作者的能力水平等因素都会直接或间接影响新闻自由的实现。辩证分析，不同的社会意识形态下，新闻的党性原则对新闻自由的作用与要求也有所不同，新闻自由的实现程度也有所不同。在西方资本主义社会意识形态下，其新闻媒体以标榜公民自由和言论自由自居，然而在具体的新闻报道活动中，其新闻宣传总是以巩固资产阶级统治或实现新闻媒介组织的自利性为出发点，一旦新闻媒体的报道活动不利于其利益的实现或有损于其形象的塑造，则新闻报道活动会受到诸多限制，其新闻自由的实现也会大打折扣。此外，受资本的驱动，当前西方社会的部分新闻媒体忽视媒体的社会责任与从业者的职业道德，滥用新闻自由，如 2011 年英国《世界新闻报》的窃听丑闻充分暴露了其新闻自由的虚伪性。因此，西方资本主义的阶级属性与资本属性决定了其新闻自由的不彻底性、局限性与虚伪性。

无产阶级新闻的党性原则最大限度地保障了新闻自由的实现，真正赋予了人民以新闻言论自由的权利。首先，无产阶级新闻自由权利的实现是无产阶级新闻党性观发挥作用、开展新闻斗争的结果。马克思和恩格斯为争取人民言论与出版自由，在长期的新闻实践中对资产阶级书报检查制度进行了严厉声讨，批判在书报检查制度下"政府只听见自己的声音……但是它却耽于幻觉，似乎听见的是人民的声音，而且要求人民同样耽于幻觉"②。因此，要实现新闻自由，保障人民的权益，就必须确立无产阶级在新闻活动中的领导权，遵循无产阶级新闻事业的党性原则。正是因为无产阶级的党性与人民性统一于新闻实践活动之中，因此，它能最大限度地克服新闻阶级性的历史弊病，保证新闻的真实性，真实反映人民诉求与体现人民的意愿。其次，新闻自由作为社会主义公民的一项基本权利，它的实现依赖于无产阶级新闻党性的强力保障。无产阶级新闻自由权利只是提供了社会公民合理合法表达自己观点、意愿的可能，但这一权利的最终实现，还必须

---

① 习近平. 坚持正确方向创新方法手段　提高新闻舆论传播力引导力 [N]. 人民日报, 2016 - 02 - 20, 第 01 版.

② 马克思恩格斯全集：第 1 卷 [M]. 北京：人民出版社, 1995：183.

依赖无产阶级新闻的党性原则来加以保障，离开了无产阶级新闻党性原则的引导与保障，新闻报道就可能丧失大局意识、服务意识，可能会偏离实事求是的基本要求和正面引导的基本方针，不仅新闻的真实性无法保证，新闻的自由权力也可能会被滥用。

第二节 马克思主义新闻党性观是网络舆情管理的基本立场

马克思主义新闻党性观与新闻的自由性、真实性和社会性统一于社会主义的新闻实践之中，它以辩证唯物主义和历史唯物主义为哲学根基，是我国当前开展新闻舆论引导、反映人民意愿、抵制西方不良思潮影响与渗透的基本要求。在新媒体时代，如何运用好马克思主义新闻党性观强化新闻宣传的主流阵地建设，实现信息传播的真实有效，促进网络舆情的引导管理，既是马克思主义新闻理论发展的需要，也是当前中国社会发展所亟待解决的现实课题。

一、马克思主义新闻党性观指导网络舆情管理的基本原则

第一，服务大局原则。在手机用户成为我国最大规模网民的环境下，网民的信息交流呈现出定制化、私人化、隐秘化的趋势，无疑增大了当前网络舆情信息管理的难度。对此，马克思主义新闻党性观从净化舆论环境的角度出发，提出要从当前中国经济社会发展稳定的大局来引导和管理好舆情信息。"大局就是全局，就是发展趋势。增强大局意识就要认识大局、把握大局、服从和服务大局。"①只有从大局出发才能看清事物发展的整体面貌，才能了解事物发展的整体趋势，从而协调好各方关系，维持好动态的平衡。从新闻舆论引导的角度看，就是在宣传党的基本理论，路线、方针、政策上要全面准确，在关乎国家利益、社会团结、民族融合、人民幸福等重大问题上要符合党和人民的利益。胡锦涛在视察人民日报社时就专门强调"把坚持正确导向放在新闻宣传工作的首位，更加自觉主动地为人民服务、为社会主义服务、为党和国家工作大局服务"②。习近平在2016年党的新闻舆论工作座谈会上提出的"四十八字"方针，也把"高举旗帜、引领导向，围绕中心、服务大局"放在首要位置。如果新闻媒体和新闻从业人员

---

① 任仲平. 加强政治意识大局意识责任意识［N］. 人民日报, 1999 - 03 - 19, 第01版.
② 胡锦涛. 在人民日报社考察工作时的讲话［N］. 人民日报, 2008 - 06 - 21, 第01版.

丧失了大局意识、服务意识，就必然会失去基本的原则立场，弱化舆情信息的把控能力。

第二，正面引导原则。随着当前新闻媒体管理体制的开放和竞争机制的引入，部分私营媒体机构和网络媒体平台为迎合市场的需要，大量制造负面新闻和虚假信息，以赚取更高的关注度和更多的点击率，实现更大的经济效益。这些信息的传播给我国舆论生态带来了负面影响，损害了新闻媒体的社会公信力，扰乱了"意见的自由市场"秩序，如不加以约束和管理，必然会成为社会安全的重大隐患。对此，改革开放以来，党和国家领导人多次强调，要发挥新闻舆论宣传的正面引导功能，把人们的思想情感引导到社会发展的正确方向上来，把人们的言论行为引导到合理合法的方向上来。李瑞环在 1989 年发表的《坚持正面宣传为主的方针》中指出："新闻报道只有坚持以正面为主的方针，才能正确地、充分地发挥引导社会舆论的作用，才能有助于大局的稳定和各种社会问题的解决。"[1]胡锦涛在 2008 年人民日报社视察时就突出强调："必须坚持党性原则，牢牢把握正确舆论导向。舆论引导正确，利党利国利民；舆论引导错误，误党误国误民。"[2] 习近平也曾专门强调："新闻舆论工作各个方面、各个环节都要坚持正确舆论导向。各级党报党刊、电台电视台要讲导向，都市类报刊、新媒体也要讲导向；新闻报道要讲导向，副刊、专题节目、广告宣传也要讲导向；时政新闻要讲导向，娱乐类、社会类新闻也要讲导向。"[3] 只有以正面引导为主，大力宣传现实生活中进步的、光明的、先进的、积极的东西，揭露和批评反动的、黑暗的、落后的、消极的东西，新闻舆论宣传才能实现应有的社会效益，才能弘扬正气，引导社会热点，疏导公众情绪，消弭负面舆情。这就要求当前各媒体机构特别是网络新媒体平台，把好信息出口关，强化正面舆论导向，传递社会正能量，把导向意识内化为职业道德标准。

第三，实事求是原则。新闻的实事求是原则是马克思主义新闻党性观的内在要求，也是马克思主义理论精髓在新闻舆论领域的具体体现。实事求是原则就是要求新闻媒体如实地报道和反映事实，如实地反映人民生产生活实际，如实地传递人民的意愿与声音。实事求是原则要求在新闻报道过程中，不添加新闻工作者的主观臆断，不附带个人的价值情感情绪，不妄下定论，只根据事实来描述事实。要实现马克思主义新闻党性观对网络舆情的有效引导，减少负面、虚假舆情

① 郑保卫. 马克思主义新闻经典论著导读 [M]. 北京：中国人民大学出版社，2007：452.
② 胡锦涛. 在人民日报社考察工作时的讲话 [N]. 人民日报，2008－06－21，第01版.
③ 习近平. 坚持正确方向创新方法手段 提高新闻舆论传播力引导力 [N]. 人民日报，2016－02－20，第01版.

信息的产生与传播，扭转负面舆情信息造成的社会影响，增强媒体的公信力和正面信息的引导力，最有说服力，最能让受众接受的就是媒体实事求是的态度和如实的新闻信息报道。以事实真相来回击网络谣言、谎言也是党长期以来开展舆情引导的基本策略和基本经验。为此，一方面，新闻媒体要坚持"三贴近"原则，始终保持同人民群众最广泛的联系，努力确保舆情信息源的真实，确保舆情信息如实反映人民的呼声，反映社会存在的问题。胡锦涛就曾强调："要坚持把实现好、维护好、发展好最广大人民的根本利益作为新闻宣传工作的出发点和落脚点。坚持贴近实际、贴近生活、贴近群众，把体现党的主张和反映人民心声统一起来。"① 新闻舆论活动只有贴近现实生活、报道社会状况、反映人民意愿才能达到实事求是，才能增强公信力与提升可信度，才能把网络舆情中的虚假信息剔除掉。另一方面，实事求是还要求在开展网络舆情管理的过程中充分尊重新闻传播规律。规律是客观存在、不以人的意志为转移的内在联系，新闻传播活动也存在其特有的规律性。承认新闻传播的规律性就要求在网络舆情的管理过程中依照规律，利用规律，按规律开展舆情引导与管理行为。"要坚持用时代要求审视新闻宣传工作，按照新闻传播规律办事，创新观念、创新内容、创新形式、创新方法、创新手段，努力使新闻宣传工作体现时代性、把握规律性、富于创造性，不断提高舆论引导的权威性、公信力、影响力。"② 当前网络舆情的制造与传播是一个复杂的信息交互过程，它综合了互联网技术、信息传播规律、新闻舆论规律、舆情管理规律等，因此，开展网络舆情管理既要实事求是地了解和掌握舆情事项，又要尊重舆情传播与引导的规律，否则，可能会导致适得其反的结果。

第四，引导有度原则。网络舆情由于其广泛的社会影响，在引导和管理的过程中特别需要讲究方式方法，讲究时宜效果。如若对网络舆情引导管理过度，限制过多，就极有可能压制民主，限制公民的自由表达权利，使得公众的诉求不能得到反映与满足；如若对网络舆情引导管理过于宽松，则可能导致"多数人的暴政"，引发社会动荡，因此，引导和管理好网络舆情既是一门技术也是一门艺术，它需要充分把握好时机、分寸、力度、角度等多个方面，做到一张一弛，引导有度。中华人民共和国成立初期，毛泽东就提出要坚持思想文化的"二为"方向和"双百"方针，进而还提出了"舆论一律"与"舆论不一律"的概念，既保证了新闻舆论与思想文化的基本方向，又充分保障了自由，发扬了人民民主。舆情引导与管理"度"的把握是一个十分重要但又不易量化的问题。对此，习近平在多次讲话中指出，要把握好网上舆论引导的时、度、效，使网络空间清朗起来，

---

①② 胡锦涛. 在人民日报社考察工作时的讲话［N］. 人民日报，2008-06-21，第01版.

"要提高质量和水平，把握好时、度、效，增强吸引力和感染力，让群众爱听爱看、产生共鸣，充分发挥正面宣传鼓舞人、激励人的作用"①。网络舆情话题切换频繁，场域空间跨度大，传播速度快，不可控性强，适当有度的引导和管理方式，能避免网络舆情过激化发展，化解网络民众的逆反心理，平息网络舆论风暴。具体而言，新闻媒体机构和网络舆情管理者针对具体的网络舆情热点，要澄清事实，明确态度，掌握主动，要分析好舆情的整体生态，把握好介入的时机，拿捏好引导的力度，表达好语气的分寸，对舆情热点不过度渲染，对舆情事件不过度解读，既要防止过犹不及，又要防止矫枉过正，以理性、适度、适时的原则引导好舆情信息和网民心态。

第五，创新方式原则。一方面，媒介技术的发展对舆情管理方式的创新提出了新的要求。传播技术的升级、传播渠道的拓展、传播方式的裂变，导致传统媒体的把关能力弱化，舆情承载的信息量大，舆情的爆发呈随机、多发态势。如果不与时俱进地创新管理方式，就极有可能在网络舆情的管理与引导中处于被动状态，甚至会引发"次生舆情"或舆情反转。另一方面，网络舆情所引发的普遍社会舆论压力所产生的舆情"倒逼"也迫使党和政府不断反思传统舆情管理方式的不足，着力更新舆情管理思维，创新舆情管理方法。习近平多次就创新舆论引导和舆情管理作出指示，他指出"随着形势发展，党的新闻舆论工作必须创新理念、内容、体裁、形式、方法、手段、业态、体制、机制，增强针对性和实效性。要适应分众化、差异化传播趋势，加快构建舆论引导新格局"②。他还具体提出："要多一些包容和耐心，对建设性意见要及时吸纳，对困难要及时帮助，对不了解情况的要及时宣介，对模糊认识要及时廓清，对怨气怨言要及时化解，对错误看法要及时引导和纠正。"③　当然，要实现网络舆情的有效管理，创新网络舆情管理方式，以新的思维、新的视角来审视网络舆情，其基础和关键还在于坚持网络舆情传播的基本规律，在于坚持马克思主义新闻党性观，失去了这一基础和关键，无论是创新的主体，还是创新的方向、创新的内容以及创新的力度都无法得到保障，创新必然流于形式。

第六，合力引导原则。网络舆情虽然存在和发生于网络虚拟空间，但它是现实社会热点、公众心态、民众情绪的延伸和反映，其内容涉及广泛，因此，要实

① 习近平. 胸怀大局把握大势着眼大事　努力把宣传思想工作做得更好［N］. 人民日报，2013 - 08 - 21，第 01 版.

② 习近平. 坚持正确方向创新方法手段　提高新闻舆论传播力引导力［N］. 人民日报，2016 - 02 - 20，第 01 版.

③ 习近平. 在网络安全和信息化工作座谈会上的讲话［N］. 人民日报，2016 - 04 - 26，第 02 版.

现网络舆情的有效管理，仅仅依赖政府部门的"单打独斗"，必然会顾此失彼，无益于舆情的化解。一方面，网络舆情内容的庞杂性、影响的全面性以及管理的全局性，要求管理者的触角必须延伸到社会各个角落，能及时洞悉社情民意，掌握真实状况并能及时调动各方资源来有效应对网络舆情，因此，必须整合党和国家、社会、媒体、公众等多方面资源，形成网络舆情管理的合力。正如恩格斯所言："这样就有无数互相交错的力量，有无数个力的平行四边形，由此就产生出一个合力，即历史的结果，而这个结果又可以看作一个作为整体的、不自觉地和不自主地起着作用的力量的产物。"① 另一方面，新媒体产业的发展，既涉及传统党报党刊的转型发展，也有各种新兴媒体、商业媒体、自媒体等的经营活动，媒体经营管理形式与运营机制多元多样，因此，对新闻媒体机构的管理与规范也必须不断创新方式方法。胡锦涛就曾提出："要从社会舆论多层次的实际出发，把握媒体分众化、对象化的新趋势，以党报党刊、电台电视台为主，整合都市类媒体、网络媒体等多种宣传资源，努力构建定位明确、特色鲜明、功能互补、覆盖广泛的舆论引导新格局。"② 面对新兴媒体的发展态势，从媒介融合的角度，习近平进一步强调要"坚持传统媒体和新兴媒体优势互补、一体发展""推动传统媒体和新兴媒体在内容、渠道、平台、经营、管理等方面的深度融合"③。要实现网络舆情的有效管理，打通传统媒体与新兴媒体之间的界分，采取互融互补互动互通的新思维与新举措，构建立体多样、融合发展的现代传播体系，这既符合了当前网络传播的基本规律，也为合力引导原则确立了基本的方向。围绕着这一基本方向，在凝聚网络舆情管理合力的过程中，既要寻求不同主体间的平等协商、共同治理，又要确立基本的主导方向和主导思想。坚持马克思主义新闻党性观是统领当前网络舆情乱象，贯彻党的新闻立场，动员各方资源，促成合力形成的主导方向，是掌握舆情引导主动权，发挥正面导向作用，服务党和国家、服务人民、服务大局的基本保障。

二、马克思主义新闻党性观主导网络舆情管理的基本方向

马克思主义新闻党性观是党的新闻舆论宣传工作的重要原则，它始终以无产阶级和广大人民的利益为出发点，代表和反映广大人民群众的呼声，具有阶级

---

① 马克思恩格斯选集：第4卷 [M]. 北京：人民出版社，1995：697.

② 胡锦涛. 在人民日报社考察工作时的讲话 [N]. 人民日报，2008 - 06 - 21，第01版.

③ 习近平. 胸怀大局把握大势着眼大事 努力把宣传思想工作做得更好 [N]. 人民日报，2013 - 08 - 21，第01版.

性、科学性、时代性、开放性和人民性的特点。在网络社会，各种舆情信息充斥其中，既有正向的、积极的、进步的，符合社会主流价值和优秀文化传统的内容，也有负向的、消极的、落后的，与人民的需要、社会的发展、传统文化与习俗格格不入的信息垃圾，权威被解构，庄严被嘲弄，正义被扭曲，公平被践踏的现象屡见不鲜，极需要激浊扬清，还网络一个清朗空间。马克思主义新闻党性观无疑对指导网络舆情管理具有重要的时代价值与现实意义。

（一）主导网络舆情管理思维的转变

马克思主义新闻观始终坚持新闻舆论工作的党性与人民性的统一，坚持科学性与时代性的要求，尊重新闻传播与舆情引导的规律，掌握舆情引导主动权，坚持以正面引导为主，要求新闻舆论工作服务党和国家、服务人民、服务大局。为此，要转变舆情管理的传统思维模式，运用马克思主义新闻党性观的丰富内涵来指导和约束具体的网络舆情活动。

第一，确立党性观在舆情信息传播中的主导地位。网络舆情作为社会的"显示器"和"晴雨表"，它既可以成为网民负面情绪的"酝酿池"和网络暴力的"发泄地"，也可以成为聚合社会关系的"凝合剂"与畅通民意表达的"传导器"，其正向作用与负向影响同时存在，共同发生作用。因此，要发挥好网络舆情的正向作用，引导好网民情绪的合理表达，就必须把马克思主义新闻党性观的具体原则要求导入到网络阵地建设之中，嵌入到网络舆情的引导之中，掌握网络舆论主动权，主动发声。具体而言，就是要把党的路线方针政策、社会主义主流意识形态、价值观念、传统文化等通过积极、正面的观点、言论、情绪和态度以舆情信息为载体，网络传播为途径，传导到广大网民群体之中以增强其政治认同与文化认同，引导广大网民进行理性的表达。要把马克思主义新闻党性观中尊重事实真相的基本态度、立场观点以及为获取事实真相所进行的调查研究方法转变为广大网民在舆情活动中所倚重和可凭借的内在遵守，以客观求实的态度、严谨求是的精神、确凿的事实根据来澄清和化解网络舆情谣言、谎言。

第二，掌握运用互联网思维引导网络舆情。早期的网络社会学研究认为，"网络空间造就了现实空间绝对不允许的一种社会——自由而不混乱，有管理而无政府，有共识而无特权"①。随着实践的发展和人们认识的深入，这种认为政府对互联网"无为而治"的传统观点已被事实证明是错误的。在网络社会，新闻

---

① ［美］劳伦斯·莱斯格. 代码：塑造网络空间的法律 [M]. 李旭，译. 北京：中信出版社，2004：4.

信息的传播媒介、传播技术以及传播方式已颠覆了传统新闻信息的制造与传播模式，政府网络管理面临着极大挑战。因此，如何引导和管理好网络舆情，理所当然已成为政府当前开展网络治理的重点和难点。随着网络社会的崛起，公民意识和公民权利有了新的展示舞台，现实社会中的各种物质利益关系和精神文化生活不可避免地反映到网络之中来，并架构起了一个去中心化的网络社会结构、强关联度的网络社会关系，塑造了新的文化亚种：网络文化。互联网思维以其零距离和网络化的特点，开放、互动、平等、协作、分享的精神，在互联网＋、云计算、大数据等技术的支持下转化为具体的网络行为要求与网络关系准则，因而，它对网络舆情管理理念的转变具有较大借鉴作用。现代舆情管理把网络舆情视为一个自由意见市场的交换过程，其中，从舆情议题的产生、热点的制造、情绪的感染、内容的扩散、群体的共鸣、集体的行动到话题的转移、舆情的消退作为一条完整的传播链，其每一环节和阶段都以网络社会结构、关系和文化作为基本的框架和"底色"，因此，在网络舆情的管理过程中需要以互联网思维来审视与检阅，以适应网络社会的发展规律。

第三，强化以人为本的网络舆情管理理念。网络舆情的产生与发展是现实社会人们各种权益不对等、利益不均衡、观念不一致的延伸，是社会矛盾与意识形态交锋的集中体现，如"我爸是李刚"喊出了社会阶层与身份的差异；"郭美美事件"暴露了典型的仇官仇富社会心态；马克思主义新闻党性观要求新闻媒体充分发挥党和人民的"喉舌"作用，深入实际、体察民情、了解民意、集中民智，牢记为人民服务的根本宗旨。网络舆情是民意的某种反映，树立以人为本理念就是要重视民意，重视网络作为反映和表达民意的渠道与场域的作用。一方面，努力把网络民意纳入领导决策范围，使党和国家的政策能更体现民意、合乎民意、代表民意，使政策效果能惠及全体人民。另一方面，运用马克思主义新闻党性观的原则立场来有效疏导各种消极的、情绪化的网络舆情信息，引导广大网民以平和的心态、平稳的情绪、理性的表达提出建设性的意见，最大限度地维护权益，增进共识，统一思想。同时，对网络舆情中一些庸俗、低俗、媚俗的不良信息，以及侵犯他人隐私和权益的信息，还要运用马克思主义新闻党性原则的刚性约束和法治精神进行管理和限制，营造清朗的网络舆论环境，维护网络意识形态安全，这也是网络舆情管理以人为本的内在诉求。正如习近平总书记所言："对广大网民，要多一些包容和耐心，对建设性意见要及时吸纳，对困难要及时帮助，对不了解情况的要及时宣介，对模糊认识要及时廓清，对怨气怨言要及时化解，对错误看法要及时引导和纠正，让互联网成为我们同群众交流沟通的新平台，成为了解群众、贴近群众、为群众排忧解难的新途径，成为发扬人民民主、接受人民监督的新渠道①。"

（二）主导网络舆情管理内容的规范

美国著名的未来学家托夫勒曾预言："谁掌握了信息，控制了网络，谁就拥有了世界。"② 在传统媒体时代，由于新闻信息的生产制造与传播渠道都掌握在传统媒体手中，传统媒体主导着信息来源、信息内容与信息传播的整个流程，其传播的内容具有不容置疑的权威性。在传播活动中，新闻信息的一切生产制造、内容把关、渠道控制、认知评价等都来源于信息内容并服务于信息内容，可以说相对于传播渠道而言，内容成为传播活动的出发点和归宿点，"内容为王"成为传统媒体时代最基本的共识。如果把内容作为新闻传播活动的最终"产品"，那么，"内容为王"恰恰就是抓住了新闻传播产业链条最上游的起点和最关键的要点，在新闻传媒的竞争过程中，对稀缺性信息资源的把控，对生产环节的严格把关，靠优质的内容取胜成为传统媒介占据市场、获取受众的不二法门。

然而，在网络新媒体时代，随着传统媒体的没落，"内容为王"的理念已被互联网环境下的传播行为所颠覆。在网络社会，信息依然是最重要的资源，谁拥有了信息资源，谁就掌握了信息传播的主动权与舆情话题的生产制造权。网络新媒体之所以拥趸众多，正是因为其信息内容的生产者、制造者的高度多元化，每个人都有可能获取到第一手信息，每个人都有可能参与到信息的生产制造活动之中，由此也造成了网络舆情信息内容的泛滥。在网络"博主"、网络"推手"、网络"水军"和网络意见领袖的共同作用下，网络舆情的内容鱼目混珠、真假难辨，导致当前网络舆情众声喧哗，乱象丛生。虽然国家层面出台了一系列的法律法规以强化网络管理，规范网络言论，但网络的匿名性与开放性使得网络管治效果并不明显。因此，加强对网络舆情的内容管理尤为重要。

第一，推进内容信息的公开化。马克思主义新闻党性观坚持新闻信息服务人民、服务社会、服务国家发展大计，新闻信息的公开化是其必然选择。只有加强新闻舆情信息的公开化，才能使民众全面认清事实真相，了解国家大政方针，才能推动政府权力运行透明和约束政府权力实施。从我国社会实际来看，网络舆情在当前的大量涌现，一方面是由于网络新媒体技术的发展，客观上增强了人们的信息获取能力，拓展了人们的言论表达空间，释放了人们的舆论参与热情，广大网民能够通过新媒介表达自己的意愿，参与公共话题的讨论。另一方面，还由于

①　习近平. 在网络安全和信息化工作座谈会上的讲话［N］. 人民日报，2016 – 04 – 26，第02 版.

②　［美］阿尔温·托夫勒，海蒂·托夫勒. 创造一个崭新的文明［M］. 陈峰，译. 上海：上海三联书店，1996：31.

在当前我国改革的进程中，收入差距拉大，阶层关系紧张，利益矛盾增多，一些原处于隐性状态的社会热点、难点问题凸显出来，一些地方政府在处理这些社会矛盾的过程中由于对信息公开的力度不够、公开不及时或者信息不对称，无法满足公众对信息真实的诉求，在网络新媒体的放大效应下，网络舆情呈井喷式爆发。特别是基层政府官员对信息公开重要性的认知不足，成为当前网络舆情产生和爆发的重要外在原因。相关资料显示，近年来我国主要的网络舆情热点事件大部分发生在县级或县级以下区域。因此，要加强内容管理，推进信息公开化，就必须坚持"公开是原则，不公开是例外"的基本原则。

第二，重视内容管理的源头化。从舆情的构成要素分析，舆情的主要来源，一是事件，即舆情的因变事项；二是人，即舆情的主体，当舆情因变事项的输入引起了舆情主体认知、评价、情感、情绪及态度的变化，即构成了舆情产生的基本条件。围绕舆情因变事项，网民开展激烈的讨论辩论、传播扩散、情绪对立等行为，网民参与的数量也由少到多，由个体到群体，此时网络舆情热点便形成。当网民对网络热点事件的情绪和意见在网络意见领袖的作用下相对集聚时，网络舆情便形成，并将逐步影响到现实社会。可见，形成网络舆情源头之一的因变事项涉及社会生活的方方面面，具有广泛性、无序性与浮动性的特点；作为网络舆情源头之一的舆情的主体，具有分散性、隐匿性和主观性的特点。这些特点的存在决定了网络舆情的内容来源渠道多、涉及范围广、主观情绪强、引导难度大、内容管理难。因此，要强化内容管理，就必须正本清源，溯及源头。马克思主义新闻党性观立足于新闻传播活动，服务于社会安定团结大局，服务于党和人民的需要，内在地要求把马克思主义植根于中国的优秀文化之中，融入社会主流价值观念之中，以共同的理想信念、文化归属、价值主导凝聚广大社会成员的共识，纠正人们认知上的误区，以从舆情信息的源头上，思想价值观念之中来引导、规范人们的理性理智表达。

第三，加强内容管理的协同化。随着新媒体技术的发展，中国社会形成了传统媒体与新媒体的界分。就传统媒体而言，其在信息权威、把关作用、社会影响以及政策资源等方面具有明显的优势，但在版面设计、栏目安排、市场份额、经济效益、受众反馈等方面较新媒体又显不足。网络媒体擅长并倾力于发现线索，营造氛围，提供观点，而传统媒体则长于核实事实，推动事件变化，主动进行深层次议程设置，实施社会动员等。[①] 因此，要加强舆情的内容管理，形成舆论引

---

① 党生翠. 网络舆论蝴蝶效应研究：从"微内容"到舆论风暴 [M]. 北京：中国人民大学出版社，2013：96.

导合力，就必须融合传统媒体与新媒体的优势，实施网络舆情内容管理的协同化，实现网络舆论引导效果的最大化。一方面，在时间上要强化传统媒体与网络媒体的共时协同。就某一网络舆情的产生演化而言，往往传统媒体与新兴媒体交替发生作用，舆情在传统场域与新媒体场域相互交织演进，不断转场，因此，要实现协同化管理的预期效果，就要根据网络舆情在某一时段的演化特点和表现，结合传统媒体与新兴媒体的优劣方面，来综合选择、组合、运用，形成"组合拳"，实现舆情引导与管理的合力。另一方面，在过程上要强化传统媒体与新兴媒体的历时协同。一般而言，网络舆情从其产生到消弭，存在一个相对的周期，会经历不同的舆情发展阶段，传统媒体与新兴媒体的协同，不仅体现在某一阶段、某一环节，还体现在网络舆情发展的整个过程之中，特别是在信息传播的"尾部"。网络时代是关注"长尾"、发挥"长尾"效益的时代，不可能再用一条新闻、一则报道来达到明显的舆论引导效果，而通过关注信息传播的"尾部"产生的总体效益甚至会超过"头部"——即主要报道、重点报道、热点报道。① 通过历时态的媒体协同，在时序的发展上引导和把握好舆情信息内容，必然有助于实现舆情引导的"时、效、度"。

第四，增进内容管理的联动化。网络舆情内容涉及社会生活各个领域，具有分散性、潜在性和可变性，靠单一的传媒主体来进行内容监管和引导必然无法有效应对，达不到理想的效果。传统媒体与新兴媒体都有自身的优点、长处，也存在明显的劣势与短板，因此，要对社会生活方面面隐性或显性、集中或分散、主观或客观的舆情内容进行有效引导和管理，就必须把新兴媒体与传统媒体结合起来，形成联动机制，发挥联动效果。舆情内容管理核心是对舆情内容的生产者与传播者的管理。从舆情内容的生产端来看，传统舆论场与网络舆论场都有可能是舆情信息的策源地，一种情况是话题热点产生于传统舆论场，再由传统舆论场传递到网络舆论场；另一种情况是话题热点产生于网络舆论场，在网络新媒体的放大效应下影响到传统舆论场，因此，要实现有效的内容管理，就必须把马克思主义新闻党性观的原则要求融入传统舆论场与网络舆论场，增强传统媒体与网络媒体的联动与对接，从舆情信息内容的制造生产上进行规范管理。从舆情内容的传播端来看，目前传统媒体也开通了微信、微博账号，连接了 App 用户端，实行数字化、电子化阅读，开辟互动栏目等，拓展了传统媒体的信息传播渠道，但这些用户和账号相对分散，数量较少，影响力也不大，无法形成聚合效应。新媒体

---

① 高晓虹. 媒体融合新常态下传统媒体舆论引导面临的困境与出路 [J]. 社会科学，2015（9）：159.

则凭借其快速、便捷、低廉的优势，在各种技术平台、社交平台等大量转载、复制、导入传统媒体信息，充分利用和共享传统媒体信息资源，然而新媒体受限于市场和利益的需要，在信息传播过程中一方面造成了知识产权的流失，另一方面信息传递易出现失真现象，其公信力与权威性不强。因此，客观上，舆情内容管理也必须在传播端实现传统媒体与新兴媒体的联动、联合，建立起传统媒体与新兴媒体的矩阵合作模式，增强舆情信息生产者与传播者的理性精神，确保正确的舆论导向。

（三）主导网络舆情管理策略的调整

马克思主义新闻观既是科学的理论体系又是正确的方法指导，其尊重新闻传播规律和与时俱进的品质使得即使在网络新媒体时代，它仍然能散发出理论的光芒。马克思主义新闻党性观是马克思主义新闻观的核心内容，它明确表达了马克思主义新闻观的阶级立场、党性原则以及服务宗旨，对当前互联网背景下开展新闻舆论传播，引导网络舆情同样具有策略上的指导意义。

第一，要融合媒体，创新格局。面对当前传统舆论场与网络舆论场的相互作用越来越明显，相互影响越来越突出，舆情在两个舆论场之间的转换频率越来越快，马克思主义新闻观强调传统媒体要主动学习掌握新媒体技术，开发和运用好新媒体平台，"从提升媒体的内容服务为切入点，变宣传为服务、变受众为用户、变内容为产品"①，强化信息生产制造流程管理。一方面，近年来，我国传统媒体特别是党报党刊等主流媒体机构已在新媒体领域发力，探索更有效的新闻传播路径，如有些开通了微信公众号，实现数字化、电子化、网络化，推出应用程序等。《人民日报》作为中国共产党的机关报，在新的时代条件下始终坚持党性和人民性的统一，坚持传统媒体与新媒体的融合发展，启动全媒体新闻资源管理系统建设，对传统媒体的转型升级，实施全媒体战略起到了带动效应。另一方面，网络新媒体也要主动实现与传统媒体的融合，借助传统媒体在信息、渠道、影响等方面的公信力与权威性来增强新媒体的可信度与影响力。媒体融合既是遵循与适应当前新闻传播规律的内在要求，也是实施舆论有效引导，发挥全媒体合力的大势所趋。面对新形势、新要求和新发展，习近平就曾在中央全面深化改革领导小组第四次会议上强调，推动传统媒体和新兴媒体融合发展，要遵循新闻传播规律和新兴媒体发展规律，强化互联网思维，坚持传统媒体和新兴媒体优势互补、

---

① 高晓虹. 媒体融合新常态下传统媒体舆论引导面临的困境与出路 [J]. 社会科学，2015 (9)：158.

一体发展，坚持先进技术为支撑、内容建设为根本，推动传统媒体和新兴媒体在内容、渠道、平台、经营、管理等方面的深度融合①。以马克思主义新闻党性观的原则立场为指导，创新媒体管理新思维，打造舆论引导新格局，就是要在各个方面、各个环节坚持正确的舆论导向，既要在传统媒体深化正确舆论导向的方式方法上下功夫，也要在网络媒体的内容管理和价值主导上强调正确舆论导向的基本要求，减少和杜绝各类虚假、有害舆情信息利用两个舆论场的转换和媒体融合进行扩散。

第二，要尊重民意，彰显事实。网络舆情是社情民意在互联网的集中反映，是社会的"晴雨表"和"显示器"。在当前我国改革发展的关键时期，利益调整幅度增大，社会矛盾纠纷增多，部分利益旁落者和利益弱势群体把现实社会中的不公平感、不满情绪、不良心态宣泄到互联网上，引发网络群体聚集、围观，形成网络热点事件。甚至有部分网民在舆情传播过程中，忽视事实真相，刻意夸大、歪曲事实，故意制造网络谣言、谎言，不断解构社会主流价值，颠覆传统认知，试图扰乱网络舆论场，误导人们的思想价值观念和态度情绪，把舆情引向错误的方向。"对政府而言，新闻媒体的导向可以影响政府的决策，有时可以掀起很大的风波，甚至使政府处于被动的局面。在更多的情况下，新闻媒体的导向还能够影响社会形象，小至一个人、一个单位、一个地区，大至一个民族，一个国家的形象"②。对此，必须要清楚地认识到加强网络舆情管理和引导的现实意义和重要作用，尊重网络民意的合理合法表达，彰显社会事实真相，以正确的舆论导向来引导网络舆情，以客观的事实来澄清网络流言。马克思主义新闻观充分尊重新闻传播规律，尊重人们的表达权，尊重事实真相，始终把实现好、维护好、发展好人民的根本利益作为新闻舆论工作的出发点和落脚点。马克思主义新闻党性观则进一步要求新闻宣传和媒体机构站在人民、社会、党和国家的高度，从大局出发，在新闻报道和舆论引导的各项内容、各个环节、各个方面都必须坚持正确的舆论导向，充分发挥舆论的正向社会作用。习近平还从国家社会稳定的角度把正确舆论引导的"四个有利于"作为最重要、最根本的导向，即要做到所有工作都有利于坚持中国共产党领导和我国社会主义制度，有利于推动改革发展，有利于增进全国各族人民团结，有利于维护社会和谐稳定③。

第三，要顺势而为，主动引导。当前互联网以前所未有的速度、技术和规模

---

① 《关于推动传统媒体和新兴媒体融合发展的指导意见》审议通过引业界关注——媒体深度融合热潮持至 [EB/OL]. http：//www. gapp. gov. cn/news/1656/223719. shtml. 2014 - 08 - 20.

② 王来华. 舆情研究概论 [M]. 天津：天津社会科学出版社，2003：148.

③ 习近平. 习近平总书记系列重要讲话读本（2016 年版）[N]. 人民日报，2016 - 05 - 05，第09 版.

推动着人类社会交往形态的变化、信息传递的革新、知识体系的重组和价值观念的嬗变，已成为全球知识经济一体化的重要驱动。同时，互联网的发展也衍生出网络社会、网络文化、网络媒体等多元多样的新型组织、新型群体和新型文化，不断解构和建构着现实社会。面对互联网滚滚信息潮流，如何在多元多样中把握主导，在变动不居中掌握规律，在交融碰撞中实施引导，这些都是我国当前开展网络舆情管理、实施新闻舆论引导所必须面对和解决的重大现实问题。在传统媒体时代，主流新闻媒体占据着所有新闻信息资源与传播渠道，通过一对多的传播方式引领社会舆论，实施社会动员。然而，传统媒体对受众差异性的忽视，对单一的传播模式的依赖以及对信息资源的过度控制等弊端随着网络新媒体的崛起而不断被突显和强化出来，也使得传统媒体的主导地位不断削弱，影响力不断下降。在信息已成为重要商品要素和战略资源的社会背景下，新闻媒体的功能也不再局限于政治宣传与社会动员，而在信息的交换与消费、信息的生产与传播、舆论的制造与引导以及文化的塑造与影响等方面发挥着越来越重要的作用。对此，要遏制更多的网络噪声与杂音，避免因媒体、信息的商业化而带来的一系列负面效应，党和国家作为网络舆情的管理者，必须要充分运用马克思主义新闻党性观，顺势而为，主动引导，化消极为积极，转被动为主动。一是要顺应信息时代发展的潮流，强化舆情信息分析。信息时代最大的特点在于信息的可获得性与传播性大大增强，信息传递的自由度与影响力极大提升。在信息商品化和媒介商业化的背景下，特别是在商业化市场化逻辑作用下，媒介正朝碎片化、戏剧化、庸俗化、形式化方向发展，沦为企业盈利压力、政治谎言和公众低级趣味共同作用下的难以理解混乱的产物①。因此，要在顺应信息时代发展的基础上，把握网络信息传播的基本特点和规律，统筹协调好新闻媒体的经济效益与社会效益，并以社会效益优先为基本原则，减少信息失实和舆情乱象的现象。二是要顺应现代民主政治的诉求，引导网络民主建设。互联网重塑了民主与媒体的关系，进一步拓展了民主的内容与形式，广大网民的政治参与更加直接，民主表达更加充分，言论渠道更加多样，正如奈斯比特所言：网络民主给现代社会带来了从代议制民主向直接参与式民主发展的新动向②。网络的出现契合了现代民主参与、互动、平等、反馈、监督等内在的需求，打破了传统媒体条件下舆论一律的格局，激活了现代民主政治的活力，实现了技术与价值的相对统一。然而也应该看到，网络毕竟只是一种技术手段，它并不能代替民主的内容，同时，网络民主也只是现实政

---

① ［美］W. 兰斯·班尼特. 新闻：政治的幻想［M］. 杨晓红，王家全，译. 北京：当代中国出版社，2005：12.

② ［美］阿尔文·托夫勒. 第三次浪潮［M］. 黄明坚，译. 北京：新华出版社，1996：34.

治活动在虚拟空间的表现形式之一，其作用的发挥还有赖于现实政治生活，因此，要辩证、理性地看待网络民主，积极把马克思主义新闻党性观与网络民主建设进行对接与融合，促进和引导网络民主向正面、积极、建设性方向发展。三是适应网络文化发展的要求，主动抢占舆论阵地。在网络开放、平等、互动的环境下，社会文化多元多样的特点直接映射到网络社会之中，形成了网络文化这一新的富有活力的文化样态。作为一种新型的亚文化，网络文化的兴盛一方面在于它能满足人们文化交融、情感交流、精神愉悦的需要，另一方面还在于它迎合了当前社会文化由单一化向多元化、由集体性向个体性、由现实性向虚拟性发展的变化。网络移动终端设备的便捷性与媒体技术的多样性，为网络文化的展现提供了极为便利的条件和广阔的平台，但其中一些庸俗、低俗、媚俗的文化内容也随之不断扩散，有所抬头，给社会大众在精神和心理上带来负面影响，极大地解构了传统主流的文化内涵，影响了网络舆情主体的情绪态度与价值评判。为此，要继承和发扬马克思主义新闻党性观的内在精神，将其具体原则要求与价值指引内化为人们的精神支撑与价值信仰，外化为人们的言行约束与刚性规范。四是要掌握网民心理情绪的变化，构建积极社会心态。马克思主义新闻党性观强调新闻的党性与人民性的统一，并以党性来保障人民性的实现，在具体的新闻活动中坚持以人为本，把服务人民、服务大局作为其基本的价值依归。然而，现实情况是，广大网民的心理情绪在现实社会与网络社会的共同作用下，呈现出一些不良的心理反应，如网络暴戾心理、网络炫耀心理、网络恶搞心理、网络焦虑心理等，在不同程度上反映了网民的不同心理和情绪状态。这些不良心态一旦在网络上形成相对集中的"意见气候"，则会加深广大网民的心理不平衡感与危机感，直接给网络舆情的管理与引导造成障碍。因此，要从马克思主义新闻党性观出发，立足于反映和报道人们生产生活与社会心理的真实状态，发挥新闻媒体客观公正与正面引导的作用，通过阐述事实、引导公众、消解情绪、校正心态等来引领社会心理，增进社会和谐。

第四，要依法管理，正反结合。网络舆情的复杂性特征主要表现为理性与非理性掺杂、真实与虚假共存、主流与非主流碰撞，从而也决定了网络舆情管理的复杂性。网络言论的自由挑战着每个人的道德底线，也考验着每个人的自我理性意识，一方面，广大网民的理性诉求不断地约束和调解着网络非理性的言行；另一方面，由于网络推手、网络黑手以及网络"水军"等的作用与影响，网络非理性与网络情绪化倾向随着网络舆情事件的发展也可能被不断地强化。因此，从现实来看，要发挥网络自组织的作用和网络舆论的引导作用，使网络舆论朝着正面的方向发展，实现引领社会思潮，完善舆论表达，一方面要强化舆论引导的实际效用和力度；另一方面要运用法律法规加强网络违法违规言行的整治，使网民在合理合法的框架内进行理性的表达。马克思主义新闻党性观在宏观上发挥着引导和规范新闻活动的双重作用，一是体现在社会舆论的引导方面，马克思主义新闻党性观主要通过以坚定的政治立场和尊重客观事实的态度来阐述新闻事件，以客观、公正、求实的精神反映事实真相，以服务大局、服务人民、有利于社会团结稳定的方向来引导社会舆论向积极、正面的方向发展。2016 年 2 月 19 日，习近平在党的新闻舆论工作座谈会上就用 48 个字高度概括了新时期党的新闻舆论工作的职责使命，其中首要的就是"高举旗帜、引领导向，围绕中心、服务大局"①。二是体现在负面舆论的治理方面，马克思主义新闻党性观除了通过强化和壮大正面信息的作用来发挥影响之外，还通过运用无产阶级新闻的党性原则、新闻舆论的人民性以及党对新闻舆论工作的领导来实现。特别是在当前新闻舆论信息量激增、媒体机构市场化商业化改革、网络舆论信息乱象丛生的环境下，马克思主义新闻党性观着力通过法律法规来规范和整顿网络舆论场，净化网络舆论环境。在马克思主义新闻党性观的指导下，党和国家为强化信息安全，引导社会舆论，出台和制定了一系列法律法规，以加强舆论管理。近年来相继制定和出台的相关法律法规有：《互联网信息服务管理办法》《互联网出版管理暂行规定》《互联网等信息网络传播视听节目管理办法》《互联网新闻信息服务管理规定》《中国新闻工作者职业道德准则》《互联网文化管理暂行规定》《互联网用户账号名称管理规定》《互联网广告管理暂行办法》《中华人民共和国网络安全法》等。这些不同位阶的法律条文构成了较为全面的网络舆论引导规范体系。由于属于意识形态范畴的舆论舆情、意识形态、价值观念、思想文化等具有较强的稳定性、渗透性和长期性，因此，要实现引导效果的最大化，需要在引导的方式方法上刚柔并济，宽严结合。一方面，要通过官方新闻媒体的言论影响、精神境界以及价值导向来营造氛围、确立导向、维护公正，以激发人们对真、善、美的向往，对公共理性精神的坚守。另一方面，对于破坏社会安定团结、突破道德底线、违反法律法规的网络哄闹、网络暴力、网络低俗、网络侵权等行为要通过诉诸法律来依法依规进行惩治。

---

① 习近平. 坚持正确方向创新方法手段　提高新闻舆论传播力引导力［N］. 人民日报，2016 - 02 - 20，第 01 版.

第六章

马克思主义新闻人才观与网络舆情管理

在具体的新闻舆论活动中，新闻舆论工作者的新闻报道、叙述方式、价值立场、舆论导向、文化修为、职业精神等个体性因素渗透到新闻舆论活动之中，影响和左右着新闻舆论活动的实际效果和舆论方向。马克思主义新闻观在其形成与发展的过程中高度重视新闻舆论宣传工作者的能力与素质建设，把无产阶级新闻队伍视为马克思主义新闻活动的基本主体，是传播无产阶级革命理念、实现政治意图、维护公平正义、服务人民利益的主要力量。

第一节　马克思主义新闻人才观的基本内容

马克思和恩格斯作为无产阶级新闻观的奠基者和创立者，不仅在理论上阐述了无产阶级新闻活动的基本规律，而且也亲身参与新闻实践，并时刻把自己视为无产阶级新闻工作者中的一员。因此，对于新闻记者的职责使命与素质要求，可以说，他们既有作为新闻工作者的职业认知，又有身体力行的实践体验，其认知必定更加全面、深刻。随着传媒行业的迅猛发展和各国对新闻舆论工作的日渐重视，传统纸媒时代新闻记者的身份角色和职责使命也在不断发生变化。本书从马克思主义关于新闻舆论人才的总体观点和基本思想出发，结合当前网络新媒体时代信息传播的新特点和新要求，统一以新闻舆论工作者来表述无产阶级的新闻舆论工作人才和宣传思想工作人才。

事实上，党和国家要实现对新闻舆论的引导，首先就要实现对新闻舆论工作者的引导，只有当新闻舆论工作者对党的路线、方针、政策理解认同，并在新闻报道中通过政治立场、价值观念、舆论导向等方面展现出来，才能最终实现对社会舆论和思想观念的引导。可见，新闻舆论工作者的能力水平对新闻传播活动的实际效果起着决定性的影响，因此，有必要对马克思主义新闻人才观的基本内容进行系统梳理，以进一步明确网络舆情管理的基本依靠力量和基本抓手。根据现有资料分析，马克思主义新闻人才观的基本内容主要可以从两个层面进行梳理：一是新闻舆论工作者的主体特征，二是新闻舆论工作者的社会功能。

一、新闻舆论工作者的主体特征

（一）身份特质

无论是从理论还是从实践层面来看，无产阶级新闻舆论工作者的身份特质都是有别于西方资本主义国家的新闻记者的。马克思主义认为，新闻记者既是人民群众的一员，也是党开展工作的重要力量，因此，新闻工作者一方面要宣传党的路线、方针、政策，把党的理论和国家的大政方针向大众进行传播；另一方面，作为党的"耳目喉舌"，又要反映人民群众的生活实际，报道客观事实，为党的决策提供依据。无产阶级对新闻舆论工作者的特征描述与职责要求是与无产阶级对新闻舆论工作的要求结合在一起的。从马克思主义新闻观的发展过程来看，除了把党报党刊的记者比喻为党的"耳目喉舌"外，列宁还以"脚手架""鼓风机"来形容舆论工作者，毛泽东则进一步提出新闻舆论工作者既要成为业务专家，还要成为政治家。在互联网时代，为适应传媒新形势和传播新规律，习近平提出党的新闻舆论工作队伍要成为一支政治坚定、业务精湛、作风优良、党和人民放心的队伍，要努力成为全媒型、专家型人才。这些论述表明，无产阶级对新闻舆论工作者的身份定位越来越准确，素质要求越来越明确，对其作用与功能也越来越倚重。

（二）职业素养

从个体特征看，新闻舆论工作者有具体的工作对象、工作职能和工作要求，是社会中专门从事舆论宣传和新闻传播的人员；从职业特征看，作为新闻舆论信息的制造者、传播者，新闻舆论工作者具备特定的职业精神、职业道德和职业操守。马克思和恩格斯以新闻活动开始了自己的革命生涯，并把新闻活动视为一项争取人类自由权利的终身职业，通过创办党报党刊，撰写新闻稿件，宣传革命理想来服务革命实践活动。恩格斯就曾谈及："我很想在你们家中看到你们，观察你们的日常生活，同你们谈谈你们的状况和你们的疾苦，亲眼看看你们为反抗你们的压迫者的社会统治和政治统治而进行的斗争。"① 马克思主义新闻观不仅在

---

① 马克思恩格斯文集：第1卷 [M]. 北京：人民出版社，2009：382.

一般意义上对新闻舆论工作者有着职业要求，而且作为党的理论的阐释者和政策的宣传者，还应具备严格的职业素质与职业精神。恩格斯曾指出"党的政论家还需要具有更多的智慧，更明确的思想，更好的风格和更丰富的知识"①，认为党的新闻工作者要具备智慧、思想、风格和知识四个方面的基本素养。毛泽东进一步提出新闻舆论工作者要具备政治家的思维、立场、觉悟和视野，提出"记者的头脑要冷静，要独立思考，不要人云亦云"②。邓小平也提到党报记者还应是联系党和人民群众的桥梁和纽带，"报纸真的同实际、同群众联系好了，报纸办好了，对领导是最大的帮助"③。习近平多次强调，广大新闻舆论工作者要做党的政策主张的传播者、时代风云的记录者、社会进步的推动者、公平正义的守望者④。这一论述全面准确地表达了新时期党和国家对新闻舆论工作者的职业期待与职业认知，同时也意味着对新闻舆论工作者提出了更新更高的职业要求与职业标准。

（三）阶级特征

新闻舆论工作者是新闻舆论活动的主体，其阶级倾向、态度立场、利益偏好、价值观念、政治取舍等决定了新闻舆论活动的具体指向与内在属性。总体上看，资本主义社会的新闻报道活动是以实现和维护资产阶级的利益，巩固和强化资本主义意识形态的统治地位为主要目的，新闻舆论活动是实现这些目的的手段和方式。毛泽东就曾明确指出："报纸同政治关系密切，甚至有些形式，有些编排，就表现记者、编辑的倾向，就有阶级性、党派性了。"⑤ 鉴于新闻舆论工作者的阶级特征，马克思主义从阶级性与人民性统一的角度对新闻舆论工作者提出了具体的要求。一是新闻舆论工作者要具备较高的政治觉悟、坚定的政治立场和较高的政治理论水平。针对"大跃进"运动中人们头脑过热的现象，毛泽东就提出"搞新闻工作，要政治家办报"⑥ 的要求，意在通过新闻工作者的舆论引导向社会传递生产建设的真实状况，把人们的社会主义建设热情向客观理性的方向引导，讲政治、讲立场、讲原则，而不能头脑发热，制造假、大、空的新闻误导人民群众。二是新闻舆论工作者要有灵敏的政治嗅觉，要具备优秀的政治品质和

① 马克思恩格斯选集：第1卷［M］. 北京：人民出版社，1995：203.
② 毛泽东文选：第7卷［M］. 北京：人民出版社，1999：444.
③ 邓小平文选：第1卷［M］. 北京：人民出版社，1994：150.
④ 习近平. 坚持正确方向创新方法手段　提高新闻舆论传播力引导力［N］. 人民日报，2016 - 02 - 20，第01版.
⑤ 吴冷西. 忆毛主席［M］. 北京：新华出版社，1995：37.
⑥ 毛泽东新闻工作文选［M］. 北京：新华出版社，1984：216.

政治洞察能力。江泽民曾指出：“报社的同志，必须讲政治，必须具有良好的政治素质，具有很强的政治鉴别力和政治敏锐性，必须树立高度的政治责任感”①。在当前社会各种思潮涌动、价值文化多元碰撞的环境下，新闻舆论工作者只有具备了灵敏的政治嗅觉和优秀的政治品格，才能及时判断各种舆论动向，鲜明地表达政治立场，灵活地把握政治原则，在重大问题、敏感问题、热点问题上把好关、把好度，使新闻舆论发挥更大的社会效益和政治影响。

（四）业务能力

新闻舆论工作是社会分工体系中的一类重要职业，其意识形态性和社会影响性又使它具备了较一般职业更为特殊的业务特征。新闻舆论工作的业务特征要求新闻舆论工作者具备更加全面的业务素质和业务能力。具体而言，一是唯实求真的个人品格。新闻舆论工作者的职业道德水平、个人道德修养直接关系到新闻媒体的社会形象和社会功能，也是从事新闻舆论工作的基本前提。对新闻舆论工作者而言，求真、求实、求是，追求真、善、美，倡导公平、正义、法治是最基本的道德品质。胡锦涛就曾要求：“广大新闻宣传工作者要加强自身思想道德修养，带头实践社会公德，恪守职业道德，做积极实践社会主义荣辱观的表率。”②习近平也指出新闻舆论工作者“要严格要求自己，加强道德修养，保持一身正气”③。二是优良的文风作风。工作作风是新闻舆论工作者道德素养、职业精神与工作状态的外在表露，新闻舆论工作者是联系党和人民群众纽带和桥梁，是上传下达、下情上传的重要中介和载体，因此，其作风状况一方面会影响信息的有效传播，另一方面也关系到党和政府的社会形象。江泽民就系统提出了“发扬六种作风”：敬业的作风、实事求是的作风、艰苦奋斗的作风、清正廉洁的作风、严谨细致的作风、勇于创新的作风④。习近平也专门强调：“要转作风改文风，俯下身、沉下心、察实情、说实话、动真情，努力推出有思想、有温度、有品质的作品。”⑤三是广博的文化素养。新闻舆论信息内容涉及社会生产生活的方方面面，新闻舆论工作者要如实快速地进行报道，就必须具备广博的文化知识，掌握深厚的文字功底，特别是要具备新闻传播、政治经济、社会心理、教育科技等方

---

① 江泽民. 必须切实加强对宣传思想工作的领导 为经济建设和社会进步提供有力保证 [N]. 人民日报，1996 - 01 - 25，第 01 版.

② 胡锦涛. 在人民日报社考察工作时的讲话 [N]. 人民日报，2008 - 06 - 21，第 01 版.

③⑤ 习近平. 坚持正确方向创新方法手段 提高新闻舆论传播力引导力 [N]. 人民日报，2016 - 02 - 20，第 01 版.

④ 江泽民文选：第 1 卷 [M]. 北京：人民出版社，2006：565 - 567.

面的基本知识。邓拓就曾谈到："报纸是古今中外、天文地理无所不包的。因此，新闻工作者一定要有广博的知识，知识的范围越广越好……""记者应该是'杂家'。"① 四是熟练的媒介技能。新闻舆论工作者是社会风向敏锐的洞察者和社情民意的反映者，其业务能力的强弱直接影响着新闻舆论报道活动采、写、编、排等流程，影响着新闻舆论活动的实际传播效果，因此，需具备更高的敬业奉献精神，敢于讲真话、道实情；具备更强的调查分析判断能力，能引导人们厘清事实、明辨是非；具备更强的统筹协调和文字表达能力，能整合社会资源，形成引导合力；还需具备更高的传媒技巧和沟通能力，能掌握受众心理，增强传播效果。

二、新闻舆论工作者的社会功能

第一，信息沟通的联络功能。在阶级社会，新闻舆论是统治阶级进行新闻舆论控制的政治手段和政治工具。任何统治阶级要维持和巩固其统治，实现政治意图，达到政治目的，就必须重视新闻舆论的社会动员与政治宣传作用，注重新闻舆论价值引导、政治传播和形象塑造的功能。尽管随着政治的民主化和国家的现代化，资产阶级新闻舆论的参与程度不断提高、言论自由不断开放、舆论环境也日渐宽松，但这些新的发展变化并不能掩盖资产阶级新闻舆论的阶级实质，其最终目的依然在于如何更好地服务于资产阶级的经济和政治利益需要。如在当前传媒行业集团化、资本化的美国，其主要收入来源于广告业，巨额的广告经费促使传媒行业直接服务于资本，成为社会权贵集团和富裕阶层的专属领地，在筛选新闻报道素材时，社会普通阶层或弱势群体很少能成为新闻报道的材料。

马克思主义认为，新闻舆论工作者作为新闻舆论信息联络沟通的重要传导中介，他们既是人民的一分子，又作为党和政府工作的重要助手，具有高度的政治责任意识，同时对党和政府、对人民群众都担负着传递真实信息、反映事实真相的责任。一方面，新闻舆论工作者作为党和政府的"耳目喉舌"，要深入群众、了解社会，把社情民意、民众情绪通过新闻舆论及时向党和政府传递，做到下情上达，以便于党和政府能根据新闻舆论来及时判断社会整体形势，掌握社会发展动态以及明确社会热点所在，从而为党和政府科学决策、科学施政以及科学治理提供参考和借鉴。胡锦涛就强调新闻舆论工作要"贴近实际，贴近生活，贴近群众"，并提醒新闻舆论工作者"要坚持讲真话、报实情、实事求是地反映情况，坚决反对弄虚作假。要切实改进文风，写文章、搞报道都要言之有物、生动鲜

---

① 刘保全等. 中外记者成才经验谈［M］. 北京：中国人民大学新闻系，1988：191－193.

活、言简意赅，切忌八股习气①"。这些论述既尊重了新闻传播规律，也体现了新闻舆论工作者的职责使命。另一方面，新闻舆论工作者的阶级性特征要求其把宣传和传播党和政府的政治意图、政策主张作为其主要的工作内容，引导社会舆论，促进社会民众政治认同的提升，也即要做到上情下达。毛泽东曾提及宣传和报道要"善于把党的政策变为群众的行动，善于使我们的每一个运动，每一个斗争，不但领导干部懂得，而且广大的群众都能懂得，都能掌握"②。在当前各种纷繁复杂的社会思潮面前，党中央要求新闻舆论工作者始终在思想上、政治上与党中央保持一致，理解吃透中央精神，并开展有针对性的宣传报道与舆论引导，发挥新闻舆论宣传、教育、动员人民群众的作用。

第二，信息传播的把关功能。大众传播学理论认为，"把关人"普遍存在于传播活动之中，在传者与受者之间对信息的流转与中止起着疏导与抑制的作用。就"把关人"的类型而言，既可以是个人，如信源、记者、编辑等，也可以是媒介组织，不同的媒介对把关人的要求也不同。就"把关人"的影响而言，在过滤信息的过程中，"把关人"往往从经济、政治、文化以及自身利益、价值、审美等角度出发，把自利性的诉求融入新闻舆论信息的筛选、编码之中，从而决定受众最终所能接触到的信息内容，以此实现对受众的影响。可见，"把关人"对传统媒体环境下的新闻信息传播活动起着重大的影响和作用，是统治阶级实现新闻舆论控制的重要中介和载体。

马克思主义新闻观从无产阶级新闻事业的历史使命和新闻活动的基本要求出发，面对多样性的新闻事件和复杂性的舆论环境，运用唯物主义辩证法和认识论，对新闻舆论工作者的历史作用与职业能力进行了全面的阐述。马克思指出："人的本质不是单个人所固有的抽象物，在其现实性上，它是一切社会关系的总和。"③ 这说明社会属性是人的本质属性。新闻舆论工作者身处一定的媒介环境之中，一方面通过新闻舆论活动来确证作为社会主体的本质属性，另一方面，也必然通过自己的主客观活动来影响新闻舆论活动，展示人的本质。具体而言，无产阶级新闻舆论工作者发挥信息的把关人作用，首先，是以鲜明的阶级立场来影响新闻报道的倾向。马克思和恩格斯在创办《新莱茵报·政治经济评论》时就表明要"持续不断地影响舆论"④。恩格斯曾指出："报纸都反映自己党派的观点，

① 胡锦涛. 围绕中心服务大局　高度重视并切实做好统一思想的工作［N］. 人民日报，2002－01－12，第01版.
② 毛泽东选集：第4卷［M］. 北京：人民出版社，1991：1319.
③ 马克思恩格斯选集：第1卷［M］. 北京：人民出版社，1995：56.
④ 马克思恩格斯全集：第10卷［M］. 北京：人民出版社，1998：708.

它永远也不会违反自己党派的利益。①"1942 年 9 月 22 日,《解放日报》第一版发表《党与党报》的社论,毛泽东谈到:"在党报工作的同志,只是整个党的组织的一部分。一切要依照党的意志办事,一言一动,一字一句,都要顾到党的影响"。通过无产阶级报刊和新闻记者来向社会传递革命理论,阐明阶级立场,进而影响社会舆论,凝聚社会共识,已成为无产阶级开展革命斗争的有效途径和基本经验。"事实并不排斥思想,思想也并不排斥事实。②"但阶级性还必须建立在尊重客观事实的基础上,相对于事物的真实性,阶级性是派生的、第二性的东西。其次,是通过对真实性的追求来描述客观事实真相,以实现对虚假新闻信息的摒除。马克思主义新闻观强调新闻舆论工作者要把报道和反映客观事实真相作为首要的任务,通过事实真相来澄清、批判和反驳虚假新闻报道。资产阶级的新闻报道受限于其阶级的桎梏和资本利益的需要,往往不能如实地反映客观事实。对此,恩格斯就批评:"必须更严格地遵循准确的事实,选择更稳妥的和实事求是的叙述方法,虽然企图进行歪曲,而这种歪曲通常很快就会不攻自破……"③真实是新闻的生命,无产阶级新闻舆论工作者要通过真实的新闻信息实现对社会舆论的引导,同时还必须超越个体真实达到整体真实。江泽民曾指出:"我们的新闻工作者要做到真实地反映生活,就要深入进行调查研究,不仅要做到所报道的单个事情的真实、准确,还要注意和善于从总体上、本质上以及发展趋势上去把握事物的真实性。"④

尽管马克思主义新闻观在创立和发展阶段并没有明确提出"把关人"的概念,但在实际的新闻斗争和新闻传播活动中,无产阶级新闻舆论工作者总是在尊重信息真实的前提下,通过一定的意识形态与阶级立场对信息进行筛选、过滤、控制、传播,以实现传播真实信息、引导社会舆论的目的。

第三,主流价值的传播功能。如前所述,新闻舆论的本质属性使然,无论是作为资产阶级的新闻舆论工作者还是作为无产阶级"耳目喉舌"的新闻记者,都必然是其所属阶级利益的"代言人",也是社会中居于统治地位的阶级价值观念的倡导者和推动者。

从新闻舆论的生产来看,新闻舆论事件与信息本身具有客观性,是客观存在或发生的事实,但在对新闻舆论信息进行加工处理的过程中,新闻舆论工作者的

---

① 马克思恩格斯全集:第 6 卷 [M]. 北京:人民出版社,1961:209.
② 马克思恩格斯全集:第 1 卷 [M]. 北京:人民出版社,1995:403.
③ 马克思恩格斯全集:第 44 卷 [M]. 北京:人民出版社,1982:214.
④ 中共中央文献研究室. 十三大以来重要文献选编(中册)[M]. 北京:中央文献出版社,2011:204.

主观认知、价值观念、意见倾向、态度情绪等主观性因素融入新闻舆论信息之中，并通过新闻舆论信息文本以主观报道的形式展现出来。就此而言，新闻舆论在内容上具有客观性，在形式上又具有主观性。新闻舆论工作者作为新闻舆论的制造者、传播者，其所代表、反映和主张的社会价值观念必然也是处于统治地位的阶级的思想价值观念。正如马克思和恩格斯所言："一个阶级是社会上占统治地位的物质力量，同时也是社会上占统治地位的精神力量。支配着物质生产资料的阶级，同时也支配着精神生产的资料，因此，那些没有精神生产资料的人的思想，一般地是受统治阶级支配的。"① 因此，从社会存在决定社会意识的角度分析，作为新闻舆论生产制造者的新闻舆论工作者，其代表和反映的必然是社会统治阶级所倡导的价值观念。

从新闻舆论的传播流程来看，可把传统的新闻舆论工作者视为新闻舆论信息的"搬运工"，他们把新闻事实通过主观活动转变为新闻文本，再通过新闻媒体组织或个人的把关，把信息传播给受众。在这个信息流转的过程中，新闻舆论工作者从统治阶级的政治、经济、文化、价值观念以及自身利益等出发，对信息进行层层把关、筛选、过滤与编码后向社会进行传播。实质而言，新闻舆论信息的传播过程也即社会主流价值观念的输出、影响与作用于社会和受众的过程。就新闻舆论传播过程的终极目标而言，也即要通过新闻舆论信息中所包含的社会主流价值观念来影响和引导广大社会受众。在网络社会，尽管传统媒体对新闻信息源与信息传播渠道的垄断地位被不断消解，传受活动的模式与维度都发生了颠覆性的变化，但作为专业的新闻舆论工作者，其传播社会主流价值观念的职责没有变。

第四，社会舆论的引导功能。马克思主义新闻观认为，引导和引领社会舆论与民众的思想价值观念是新闻舆论工作者的主要社会职责与功能之一。不管是在马克思主义新闻观的初创时期，还是在当前网络新媒体时代，坚持新闻舆论工作者对社会舆论的引导始终是新闻舆论工作的基本任务。从社会舆论的性质来看，它具有较强的主观性、自发性和可塑性。恩格斯曾在评论英国舆论时指出："我们同时也看到，英国统治阶级的舆论（大陆上只有它能够为人所知）如何随着时势和利益的变化而反复无常。"② 因此，作为无产阶级新闻舆论工作者，要争取革命的胜利、人民的支持，就必须要运用好新闻舆论对社会民众进行引导。就社会舆论的作用而言，马克思和恩格斯特别强调社会舆论的重要作用，认为社会舆

---

① 马克思恩格斯全集：第3卷 [M]. 北京：人民出版社，1956：52.
② 马克思恩格斯全集：第16卷 [M]. 北京：人民出版社，1964：549.

论对权力组织和政治活动能进行有效的制约，形成普遍的社会监督，促进国家的立法建设，是一种"普遍的、隐蔽的和强制的力量"①。但同时，社会舆论也具有较强的非理性、情绪性和不确定性，在一定的条件下也可能对社会秩序和思想价值观念产生巨大的破坏与冲击。鉴于社会舆论的重大影响，马克思主义认为，要发挥正向舆论对社会发展的促进作用，限制负向舆论对社会发展的破坏和阻碍作用，就必须对社会舆论开展行之有效的引导与控制，使之符合无产阶级革命斗争和人类社会历史发展的需要。马克思就曾提出要根据现实斗争的需要"制造舆论"，"'自由报刊'是社会舆论的产物，同样，它也制造这种社会舆论。唯有它才能化私人利益为普遍利益，才能使摩塞尔河沿岸地区的贫困状况成为祖国普遍注意和普遍同情的对象。"② 从新闻舆论工作者的职责使命来看，马克思主义新闻观认为无产阶级新闻舆论工作者是无产阶级革命和社会主义建设的组织者、宣传者和参与者，是理论家和政治家，其新闻报道要有鲜明的阶级立场和党性觉悟，要努力为党服务，为人民服务，为社会主义建设服务，那么，引导社会舆论，驳斥虚假信息，营造和谐的舆论氛围，反映真实社会生活就是其基本的职责使命。江泽民就曾指出："每个同志都要自觉地在思想上、政治上与党中央保持一致，在任何复杂多变的形势面前，都要保持清醒的头脑。这是坚持正确办报方向，始终保持正确的舆论导向的关键所在。"③

第二节　马克思主义新闻舆论工作者是网络舆情管理的关键力量

在新媒体环境下，新闻舆论信息传播格局的新变化推动了马克思主义新闻人才观与时俱进的发展，我国新闻舆论工作者的社会功能较传统媒体时代也实现了新的拓展。

一、新媒体时代马克思主义新闻舆论工作者社会功能的新拓展

2016 年，习近平在党的新闻舆论工作座谈会上指出："媒体竞争关键是人才竞争，媒体优势核心是人才优势。要加快培养和造就一支政治坚定、业务精湛、

---

① 马克思恩格斯全集：第 1 卷 [M]. 北京：人民出版社，1995：385.
② 马克思恩格斯全集：第 1 卷 [M]. 北京：人民出版社，1995：378.
③ 中共中央政策研究室. 江泽民论社会主义精神文明建设 [M]. 北京：中央文献出版社，1999：265.

作风优良、党和人民放心的新闻舆论工作队伍"①。同时，他还要求新闻舆论工作者做"党的政策主张的传播者、时代风云的记录者、社会进步的推动者、公平正义的守望者"②。这表明，在网络新媒体时代，加快、加强马克思主义新闻舆论人才队伍建设既是当务之急也是长久之道。党和国家从维护意识形态领域安全，强化网络社会建设的战略高度重新审视新闻舆论工作人才的社会功能，形成了关于网络新媒体时代新闻舆论工作者社会功能的基本观点。

第一，信息服务与监督。在网络社会，广大民众能通过各种各类新闻媒体平台和网络媒体技术直达信息资源中心，极大地拓展了社会民众获取各种信息资源的渠道与途径，新闻舆论信息的传播也不再仅是传统新闻媒体的"天下"，新闻舆论工作者也不再是新闻舆论信息的"独享者"。随着政治民主化和社会法制化进程的加快，信息的开放程度与共享程度日益增强，社会民众参与公共事务的意识不断提升，一方面导致新闻舆论信息的首发地和策源地发生了位移，人们更愿意通过快速、便捷的新媒体技术和移动网络终端来获取、发布、传播新闻舆论信息。另一方面，新媒体的技术优势强化了网络舆论对政府管理与服务的大众监督与网络监督效果。在一些舆论场景和舆情事件之中，网络信息或网络舆情甚至对传统媒体新闻舆论信息形成了一种倒逼机制，在一定程度上影响或决定着新闻舆论的走向。可见，在新媒体时代，马克思主义新闻舆论工作者要依据网络新媒体传播的规律，实现向作为党的政策主张、施政意图、政治成效的传播者、阐释者、服务者和监督者身份的转型。

第二，文化传承与引领。新闻舆论工作者通过学习性习得或潜移默化的熏陶，获得文化的滋养，并不断继承和传承着社会主流文化，以新闻报道和文化作品的形式展现出来，从而形成广泛的社会影响力和号召力。因此，可以认为，新闻舆论传播的过程既是文化交流与扩散的过程，也是文化的传承与发展的过程。就文化与新闻传媒的关系而言，文化作为一种内在的力量，各种异质和同质的思想文化构成了新闻传播活动的宏观环境，对新闻舆论机构和新闻舆论工作者形成了内在的道德取向与文化观念约束。新闻舆论工作者作为社会的政治和文化精英，始终处在一定的文化"时空场域"之中，通过新闻媒介向社会输送着统治阶级的文化价值观念和思想。范敬宜认为："新闻本身就是一种文化，而且是各种文化的交汇点。新闻人本身就应该是文化人。"③ 在网络时代，我国社会管理网格化、交往虚拟化、个体原子化以及媒介便捷化的趋向更加明显，文化被赋予了

---

①② 习近平. 坚持正确方向创新方法手段　提高新闻舆论传播力引导力 [N]. 人民日报，2016 – 02 – 20，第 01 版.

③ 范敬宜. 媒体的浮躁在于缺少文化 [N]. 解放日报，2007 – 07 – 20，第 18 版.

更加强烈的符号化的意义，它俨然已成为不同身份、不同阶层以及不同圈层的重要标识和象征。多元异质的文化与思想价值观念的碰撞与交融，使得转型期中国社会主流文化的传承与发展、创造与凝聚、滋养与教化功能面临着挑战。因此，在网络文化背景下，新闻舆论工作者要弥合不同社会阶层、不同交往圈际的文化差异，缓解不同思想文化的冲突与碰撞，重塑文化的凝聚力与向心力，既要发挥好文化的继承与传承作用，又要成为多元文化的引导者和优秀文化的引领者。

第三，社会聚合与稳定。随着社会的发展，党的新闻舆论工作者由理论的阐释者、政策的宣传者和社会的动员者，向社会平正义的守望者与和谐社会的营造者拓展。新闻舆论工作是传统政治社会化的重要工具与手段，新闻舆论工作者通过所掌握的政治信息资源、舆情信息资源以及宣传媒介资源来实现对社会的政治号召与动员。在传统媒体时代，贯彻政治意图、促进政策实施、维护社会统治是新闻舆论工作者的主要职责和终极目的，在此过程中所开展的价值引导、舆论控制、文化传播和社会治理等是附属功能和次要目的。

随着政治体制改革的渐进深入，社会日渐从党政社一体化管理格局下分离开来，社会的自主性、自治性不断增强，公民的自利性、权益性、离散性倾向明显。由此，人们言论自由与表达的权力意识也进一步提升，言论、观点表达的渠道、途径和方式也越来越丰富多样。面对当前社会多元的文化价值观念、多样的舆论舆情表达、多重的利益矛盾纠结，新闻舆论工作者作为党的"喉舌"，要秉持其内在的价值观念、道德准则，维护社会的基本精神和公序良俗，向社会传递技术伦理、规范伦理和德性伦理，进而通过"技术的善""行为的善""品德的善"[1] 来如实地开展新闻舆论报道，真实地反映社情民意，正确地阐释政策主张，新闻舆论工作者不仅要继续发挥其政治灌输功能，同时还要进一步发挥其社会聚合功能，从而实现对社会舆情的引导、人们行为的规范和公平正义的伸张。

第四，媒介管理与融合。传播学家马歇尔·麦克卢汉在《理解媒介》一书中提出"媒介是人的延伸"，媒介对人的感知有着强烈的影响和作用，并认为正是媒介的作用，促使人类经历了一个由部落化—非部落化—重新部落化的过程。马克思在谈到报纸的重要作用时也认为，"当报刊是匿名的时候，它是广泛的无名的社会舆论的工具；它是国家中的第三种权力"，"报纸是作为社会舆论的纸币流通的"[2]。在同一社会形态下，同时存在多种传播媒介，相应地，也存在使用这些不同传播媒介的新闻舆论工作者。马克思和恩格斯时代，为了保证宣传的效

---

① 燕道成. 新媒介伦理建构的基本维度：责任伦理［J］. 湖南师范大学社会科学学报，2015（1）：150－152.

② 马克思恩格斯全集：第 10 卷［M］. 北京：人民出版社，1998：232.

果，他们往往会根据不同的宣传对象和不同的宣传内容来选择不同的传播媒介。在对工人运动和革命理论进行宣传时，他们主张尽可能使用具有广泛影响的媒介，如报刊、集会、议会等；在对具有一定文化水平的人进行宣传时，他们认为招贴不尽详细，主张运用杂志进行宣传动员；而在面对面地、直接地进行宣传时，他们认为口头媒介更有效。在科学社会主义理论的传播过程中，如在谈到国际工人协会时，马克思高度认可它的宣传方式，"它极力利用一切可以利用的手段来宣传自己的伟大原则和把全世界的工人联合起来"①。

当前传统舆论与网络舆论两个舆论场相互交融、碰撞，新旧媒介在交锋中融合重组，因此，要引导好社会舆论，新闻舆论工作者就必须综合运用好传统媒体与新兴媒体各自的优势，"解决好'本领恐慌'问题，真正成为运用现代传媒新手段新方法的行家里手"，②促进不同媒介之间的融合，形成舆论引导的合力，弥合两个舆论场的分野与对峙。对此，习近平多次强调要打破传统思维定式，大力推进媒介融合发展。在2013年全国宣传思想工作会议上，习近平提出"要适应社会信息化持续推进的新情况，加快传统媒体和新兴媒体融合发展，充分运用新技术新应用创新媒体传播方式，占领信息传播制高点"③。在2014年中央全面深化改革领导小组第四次会议上，习近平又强调要"坚持传统媒体与新兴媒体优势互补、一体发展，坚持先进技术为支撑、内容建设为根本，推动传统媒体和新兴媒体在内容、渠道、平台、经营、管理等方面的深度融合"④，并进一步审议通过了《关于推动传统媒体和新兴媒体融合发展的指导意见》，这不仅为新闻舆论工作者发挥专业能力特长，促进媒介融合指明了方向，也对新闻舆论工作者提出了更新更高的业务能力要求，即新闻舆论工作者要成为媒介管理与整合的推动者与践行者。

二、马克思主义新闻舆论工作者是网络舆情管理的关键力量

随着马克思主义新闻舆论工作者的身份与功能的新拓展和延伸，其关注偏向由以往的政治活动为主向社会活动为主转移，其身份也由政治精英向社会精英转型，关注民生、反映民情、汇聚民智已成为当前新闻舆论工作者的重要使命。由此，也更凸显当前马克思主义新闻舆论工作者引导和引领网络舆情的必要性与重

---

① 马克思恩格斯全集：第16卷 [M]. 北京：人民出版社，1964：595.

②③ 习近平. 胸怀大局把握大势着眼大事　努力把宣传思想工作做得更好 [N]. 人民日报，2013 - 08 - 21，第01版.

④ 习近平. 推动媒体融合发展要遵循新闻传播规律 [N]. 人民网，2014 - 08 - 18.

要性。在网络新媒体环境下，马克思主义新闻舆论工作者的主体特征和社会功能表明，其作为社会正面信息的传播者、公共权力的监督者、公共理性的塑造者、优秀文化的弘扬者和公平正义的维护者，在网络舆情演化与发展的每一环节都起着关键性的作用，依然是党和政府开展网络舆情引导与管理的重要主体之一，其作用主要体现在以下几个方面：

（一）创设正向舆论环境

舆情总是产生于一定的信息媒介环境之中，是信息环境作用于舆情主客体的集中表现，同时舆情形成之后又会反作用于信息媒介环境。网络社会为社会公众提供了最为广泛、最为自由的信息预设环境，真实的与虚假的、现实的与虚拟的、高雅的与低俗的、整体的与局部的，形成了网络舆论环境的乱象。"以往只有权势阶层和知识精英拥有话语权，而网络论坛这类互联网功能，则使普通公众包括弱势群体、边缘群体拥有了某种话语权。"①

从当前传统新闻媒体机构的社会作用来看，在众声喧哗的信息环境中，尽管传统新闻媒体机构的影响力已不可同日而语，但作为党的新闻宣传机器，传统新闻媒体机构通过对真实舆情信息的传播与社会正向价值观念的引导，构筑起了民众对社会的基本认知与理解，引导了民众的社会情绪与态度，增强了民众对社会改革发展的信心。可以说，传统新闻媒体机构为社会民众的舆情活动树立起了一道坚实的屏障，坚守住了社会舆情活动的最后底线。这也直接决定了马克思主义新闻舆论工作者在新媒体环境下可凭借其所拥有的话语地位和信息资源继续发挥引领社会舆论的作用。

从马克思主义新闻舆论工作者的职责与使命来看，确保新闻舆论的真实性、引领社会舆论方向、服务社会大众是其基本的职能。在新的媒介环境中，新闻舆论工作者面临着信息权威的解构与重组、信息资源的平等与共享、受众差异化与个性化的嬗变。新闻舆论工作的意识形态属性决定了新闻舆论工作者必然面临着如何在价值观念领域多样共存的环境中实现价值引导与引领，如何在受众需求多样化与差异化的格局下实现信息的有效传播。通过发挥马克思主义新闻舆论工作者在信息真实性与信源可靠性等方面的优势，实现政策理论的传播与社会价值观念的引领是其在当前信息多元化、多样化的环境中存在的基本依据和基本立足点。可见，新闻舆论工作者必然也必须要发挥引导社会主流舆论，传播先进思想文化，塑造民众正向价值观念的作用。总之，新闻舆论工作者无论是从其职责使

① 陈明，杨国炜，陈樵哥. 中国网络舆论现状及舆论引导 [J]. 瞭望新闻周刊，2004（35）：58.

命还是从其现实传播功能来看，他们正不断地向社会传递正向的新闻舆情信息，澄清各种网络流言、谣言，在舆情乱象中积极营造一个自由、透明与和谐的信息环境。

此外，传统媒体与网络媒体在内容、渠道、技术、传播等方面的深度融合，传统媒体主动谋求转型升级，主动运用新媒体技术，新媒体也在信息来源、信息发布等方面大力借鉴、采纳与挖掘传统媒体的信息资源，两者在某种程度上实现了舆情的网上与网下，现实与虚拟的相互影响、相互渗透，这也使得马克思主义新闻舆论工作者具备了在当前新媒体环境下发挥正向引导作用的基本条件和可能空间。

(二) 发挥积极把关作用

就过程而言，议程设置和意见领袖是社会舆情演化发展的关键环节。在传统媒体时代，新闻舆论工作者能根据现实政治活动的需要主动设置议题，通过新闻评论、解释等功能，发挥意见领袖作用，从而把新闻舆情信息框定在既定的范围之内，以实现对受众的引导。网络新媒体的发展使得广大民众能直接通过网络的强大功能获取第一手信息，触及信息的源头，由被动接受议题发展到可以自主设置议题。网民自主设置议题与议程使得信息传播热点不断变换，从而也导致了舆情主题与舆情热点的不断变化，网络舆情呈现出多样化与频繁化的特点，传统新闻舆论工作者的议程设置功能弱化。

尽管网络新媒体的发展直接冲击了传统新闻舆论工作者的社会功用，撼动了新闻舆论工作者的传统社会地位，但就其议程设置功能和意见领袖作用的消减而言，当前还存在一定的争议。一部分人认为，随着新媒体技术的发展，大量的草根精英涌现出来，其身份代表性、利益倾向性以及主体价值观念与社会民众有更高的重合度，因此，当前草根精英已成为重要的意见领袖群体。另一部分人认为，传统议程设置和意见领袖依然存在并发挥着重要作用，因为在真假掺杂、鱼目混珠的新媒体信息环境和社会价值断裂、信仰迷失的转型期中国社会，传统新闻媒体和新闻舆论工作者的存在代表着新闻舆论信息的真实性，并且其职责使命也使得其在社会公众的观念中依然具有较强的可信度，是重塑社会价值观念、保持社会信心的"定星盘"和主心骨，其作用具有不可替代性。

然而，从网络舆论的现实环境看，作为新的意见领袖的草根精英在海量的信息面前尚无法完全承担起证明、澄清、引导网络舆情的作用，加之社会转型、信仰迷失、价值断裂，各种非理性言论与情绪在网络肆意蔓延，亟须具有官方背景和可信资源的党的新闻舆论工作机构和新闻舆论工作者通过议程设置和意见领袖的作用来进行引导，以破解各种谣言、澄清各种谎言，回击各种非理性表达。因此，在新媒体时代，党的新闻舆论工作者在网络舆情的传播过程中依然扮演着重要的角色，发挥着积极作用。特别是在媒体融合的背景下，党的新闻舆论工作者主动谋求新发展、主动适应新变化，主动运用新技术，这也为其合理设置议程，发挥意见领袖作用创设了基本的条件，必然有助于其功用与使命的实现。

（三）引领主体价值取向

改革开放前的中国社会，由于长期实行党政社一体化的集权式管理，社会结构与人们的思想相对固化，社会主体在思想价值、社会地位、利益需求等方面具有较强的同质性，一旦有超出人们既定的思想和价值框架范围，超出人们传统固定化的言行模式即被视为异类，并被社会所排斥。在同质化较强的环境下，传统新闻舆论工作者具有天然的传播优势和信息权威性，是影响社会舆情主体情绪和态度最主要的因素，也是引导社会舆情舆论最主要的力量，因此，这一时期的新闻舆论工作者对舆情主体的价值建构起着决定性的作用。随着新时代的开启，网络传播技术的革新，舆情涉及的主体也更加多样，更加宽泛，在多元主体共同参与的情形下，当前舆论场域已成为多方力量角逐的领域，社会公众、网络民众、各类媒体等都参与到舆情活动之中，搅动了传统传播格局。众多舆情主体在身份地位、利益诉求和态度情绪上的差异性体现在对同一舆情中介事项上反映出的不同意见和态度，呈现出的不同言论和行为。

从党的新闻舆论工作者的实际功用出发，尽管当前舆情乱象丛生、众声喧哗，但如果缺少社会主流价值观念和主流声音的引导，缺少党的新闻舆论工作者正向信息与信心的输出，网络舆情势必会肆意扩散，最终导致社会罅隙持续扩大。因此，在新媒体环境下必须不断强化新闻舆论工作者塑造、宣传、解释、传递社会主流价值观念，引领社会风尚，引导社会舆情的能力与水平。具体就舆情主体价值取向的引导而言，新闻舆论工作者的影响与作用主要体现在以下几点：

一是环境营造，即通过营造整体的舆论氛围来实现对舆情主体的影响。舆情主体在一定的信息环境之中总是会受社会舆论的整体氛围影响。如情绪感染理论就认为，社会群体成员间的情绪会相互感染，当情绪感染表现为正面情绪时，就会对群体内成员起到吸引和激励作用，群体内成员间通常展现出更好的合作精神和更高的工作效率，更少出现冲突和摩擦，相反，对于经常感受负面情绪的群体成员，群体成员间的和睦与团结会受到负面的影响，同时情绪感染还是一个持续循环的过程，会不断强化群体正面或负面的情绪①。新闻舆论工作者通过正面舆情信息的发布来营造良好的舆情信息环境和积极的情绪氛围，必然有利于社会群体正确价值观念、人生态度和正向情绪的建构。

二是主体建构，即通过社会主流意识形态和主流价值观念来建构舆情主体的社会认知体系与价值观念。新闻舆论工作者是特定社会意识形态的集中表达者，其最终目的是为统治阶级的意识形态服务，影响社会公众的社会认知与价值建构是其进行新闻舆论传播的基本目标。处于一定阶级社会形态下的公民必然受到新闻舆论工作者信息传播中所蕴藏的显性或隐性、直接或间接的价值观念的影响，从而表现出对一定社会意识形态和价值观念的顺从认同或对立排斥。党的新闻舆论工作者是社会主义意识形态和主流价值的主要建设者、塑造者和传播者，是当前中国社会的知识与政治精英群体，在中国社会从传统到现代的转型与过渡时期，社会主体的价值体系建构与认知能力提升将发挥长久的影响。

三是信息传导。随着传统媒体与新兴媒体的融合、嵌入，一些传统媒体的新闻舆论工作者也开始在新兴舆论意见市场发力，转型成为新型意见领袖。传统党报党刊为适应舆论格局和市场发展的需要，加大了对新兴媒体技术的投入与运用，进而也带动了传统新闻舆论工作者积极参与和应用新媒体技术来扩大舆论影响，实施舆论引导。特别是在信息的传导方面，马克思主义新闻舆论工作者努力传递着真实的社会舆情信息，发挥着上传下达和下情上达的纽带作用，他们用对自身的价值观念、对社会发展的坚定信心以及对党和人民忠诚的态度不断地向社会输出正向的信息内容与价值观念，使得在当前信息多元化的时代，社会的主流价值观念与主导思想得以确立、弘扬。

（四）增进言论理性表达

舆情本体是舆情信息中最核心和最深层次的内容，也是化解和引导舆情的关键。舆情之所以对社会产生正面或负面的影响，对群体产生积极或消极的作用，根本原因还在于舆情本体的稳固性和持续性。改革开放前的中国，信息环境的相对封闭、生产生活条件的相对单一以及社会结构的同质化、利益主体诉求的相似性等，这些因素决定了这一信息环境中舆情本体大体趋向上的一致性。在网络环境下，舆情本体在新型意见领袖和利益诉求主体的推动下，在群体极化、"广场效应"等心理情绪的作用下，舆情本体不断演化生成、聚集放大，直接主导着舆情的发展变化。各种理性与非理性的情绪，正面与负面的言论表达充斥网络空

---

① 王潇，李文忠，杜建刚．情绪感染理论研究述评［J］．心理科学进展，2010（8）：1240.

间，尤其是大量网络流行语的产生，不断颠覆传统价值、扭曲传统审美观念，呈现出娱乐化、庸俗化、低俗化的特征，反映出社会民众的无聊、空虚、偏激、对抗等非理性情绪和心态。这些非理性行为影响了网络民意表达的有效性，增加了信息冗余度，也影响了网络舆情的公信力。①

马克思主义新闻舆论工作者作为社会主流价值的传递者和践行者，一方面，他们本身就是社会公共理性的代表。社会舆情的产生很大程度上源于政民沟通机制的缺乏和社情民意表达的受阻，"一切网络热点事件的内在根源都是民众与政府关于信息权利的争取与限制，网络谣言源于政府的信息霸权"②。而马克思主义新闻舆论工作者是社情民意的汇集者和反映者，是联通上下的中介桥梁，在汇集和传递舆情信息的过程中向社会传递着文明和理性，传播着主流价值和优秀文化。尽管在网络新媒体时代各种舆情信息扰乱了人们的理性思维和价值主导，但在意见的自由市场，马克思主义新闻舆论工作者依然发挥着巨大作用和影响，其理性的言论和主导的价值无形之中对网络民众的理性观念和网络社会的公共理性起着建构和规约的效果。另一方面，从马克思主义新闻舆论工作者基本的特征和功能定位来看，维护和塑造社会民众的公共理性，引导和规范社会民众的合理言论表达是其重要的职责使命。就网络舆情的本体而言，马克思主义新闻舆论工作者就是要运用好舆情信息的真实性、价值的主导性和言论的规范性来调适、引导、解释、规范广大网民非理性的情绪和言论，促进舆情活动中理性情绪的生成和社会民众公共理性精神的提升，从而实现对舆情本体理性的引导。

（五）促进媒体全面融合

媒介是新闻舆论工作者开展新闻舆论活动的基本载体，也是新闻舆论信息传递的基本渠道和途径。马克思主义新闻工作者历来高度重视新闻舆论媒介的建设和使用。早在抗日战争时期，中国共产党就先后创办了《群众》《新华日报》《战时青年》等刊物，逐渐形成了上海、武汉、重庆、桂林四个报刊中心。这些革命刊物为抗日战争的胜利和民族民主运动的成功作出了巨大的贡献，充分展示了马克思主义新闻办报思想的先进性和战斗性，也体现了中国共产党人运用新闻舆论媒介开展革命斗争、进行社会宣传动员的能力。中华人民共和国成立之后，党先后对新闻媒体机构进行了调整和充实，建设了以中共中央机关报《人民日报》为中心、各级党委机关报为主体的公营报刊网；以新华通讯社和中国新闻社

---

① 燕道成. 群体性事件中的网络舆情研究 [M]. 北京：新华出版社，2013：89.
② 喻国明. 中国社会舆情年度报告（2010）[M]. 北京：人民日报出版社，2010：259.

为中心组成的国家通信社网；以中央人民广播电台为中心的人民广播电台网①，至此，我国初步形成了集报刊、通信社、广播于一体的立体宣传媒介组合。改革开放以来，报纸作为主要媒介，出现了扩刊、增版的热潮，一大批都市报涌现出来，甚至各都市报之间打起了行销大战，随着 1996 年广州日报报业集团的成立，中国报业走上了集团化的道路。新闻传播体制的改革激活了广播电视行业，一大批新闻台、电视台、音乐台、交通台等不断出现，1999 年后，中国的广播电视业也一度走上了集团化的道路，最终形成了以报纸、广播、电视等三大媒体为载体的传媒格局。

推进媒体融合发展，是一场事关我们党能否牢牢掌握意识形态工作主动权和话语权的重大而深刻的变革，是党中央着眼巩固宣传思想文化阵地、壮大主流思想舆论做出的历史性战略部署②。新兴媒体的兴起，要求马克思主义新闻舆论工作者主动适应网络传媒的发展特点，主动了解和运用新媒体技术，主动推进传统媒体与新兴媒体的融合。一方面，马克思主义新闻舆论工作者作为传统的意见领袖，要在网络新媒体时代继续发力，提升传播效果，就必须主动掌握新媒体技术，大力促进媒介融合。另一方面，马克思主义新闻舆论工作者的政治使命和职责要求，也促使其主动融入网络传播活动之中，才能更好地把党的政策方针传递给社会大众，更好地发挥联系群众的纽带作用。实践表明，在当前新媒体环境下，党报党刊的新闻舆论工作者在推进媒介融合方面已取得了初步的进展，如《人民日报》创建了网络版，2000 年又改建为人民网；各级政府推行网络问政、网络公开，建设主流媒体舆情监测室，主动开通微信、微博平台，主动对接各类移动终端等，通过各类新媒体平台把主流媒体的信息向社会进行传播。这些融合措施不仅提升了传播的实际效果，进一步满足了人民群众的信息知情权、参与权与监督权，而且还促进了传统媒体机构与新兴媒体机构的互动互通，有助于树立传统媒体与新媒体"竞合"与"融合"的全媒体观，营造社会和谐的舆论环境。

---

① 黄瑚.60 年风雨中耕耘　60 年阳光下收获—新中国成立以来新闻事业发展的历史轨迹 [J]. 新闻记者，2009 (10)：4.

② 慎海雄. 在推进融合发展中巩固壮大主流舆论阵地 [N]. 光明日报，2014－08－09，第 10 版.

第七章

中国网络舆情管理

正如安德鲁·基恩所言："信息被数字化和民主化，变得普遍而唾手可得时，记录信息的媒体变成了网络，在网络世界里，错误的信息很难根除。于是，谎言和虚假腐蚀了我们的信息库。"① 在网络舆情发生发展的过程中，"舆论绑架"、道德审判、价值解构、网络暴力等事件层出不穷，因此，为避免舆情乱象影响社会秩序，必须要确立一定的舆情主导价值，采取适当的引导方法，使网络舆情朝着更加理性平和的方向发展，真正起到上传下达、联系党政和群众的纽带作用。因此，本章以前述马克思主义新闻自由观、真实观、党性观和人才观四个方面内容为主要理论指导和价值指引，从马克思主义新闻观方法论的角度就中国网络舆情管理对策进行探讨，分别从管理主体的角度阐述了六个方面的宏观管理原则，从传播要素的角度提出了六个层面的中观管理策略，从舆情管理影响因素的角度探讨了五项具体的管理方法。

第一节　网络舆情管理的基本原则

在当今中国社会舆论格局中，马克思主义新闻观仍然具有重要的现实指导意义，官方及传媒机构破解舆论引导中的难题，需要依靠马克思主义新闻观；实施有效的舆论引导，也离不开马克思主义新闻观的指导。总而言之，以马克思主义新闻观指导舆论引导工作，绝非临时之策，而是长久之计②。就宏观层面而言，运用马克思主义新闻观指导网络舆情的管理既要遵循马克思主义关于新闻传播的

---

① ［美］安德鲁·基恩. 网民的狂欢：关于互联网弊端的反思［M］. 丁德良，译. 海南：南海出版公司，2010：73.

② 丁柏铨. 当今中国的舆论引导与马克思主义新闻观［J］. 当代传播，2014（6）：11.

基本规律又要依照一定的管理原则。

一、依法管理原则

在当前网络社会环境下，网民违法违规行为增多，主要体现为以下几点：一是网络信息的混乱。网络信息首发地和策源地的位移，导致网络社会中充斥着大量的真假不明、零散片面的信息泡沫。大量的冗余信息耗费了人们的时间成本与经济成本，增大了真实舆情信息采集的难度，无形之中助长了虚假信息、谎言谣言的传播，造成网络环境的污染。二是网络暴力行为滋生。网络虚拟的特性、宽泛的议题空间和广阔的自由限度无形之中激发了广大网民的非理性因素，释放了网民在现实社会无法表达或不敢表达的情绪，致使各种网络暴力现象不断增多。三是网络流行语盛行。网络流行语在某种程度上反映了当前社会民众的心态和价值观念，折射出当前语态语义背后的一种新的文化现象，反映了部分网民空虚、颓废、寂寞、无聊、自嘲的心态。这些流行语的表达和其内在意义颠覆了传统的叙事方式和价值观念，体现了草根阶层在精神和心理层面上的困顿，映射出了当前中国社会转型期部分网民对现实生活的无力与无奈，削弱了主流话语的权威性与公信力。四是网络违纪侵权行为频发。在缺少社会身份和社会公德的约束下，网民容易受一些偏激情绪和行为的影响，采取一系列非理性或非法的言行，如网络谣言的以讹传讹，个人隐私的曝光泄露，网络攻击的频繁发生等。此外，部分私营媒体组织和网络媒体机构，为迎合市场和读者的偏好，牟取暴利，发布大量不经核实的虚假信息，大肆炒作社会热点卖点；大量复制和转载主流媒体信息，从而造成知识信息和知识产权的流失。

依法治国体现了党和人民的意志，体现了社会发展的基本规律和要求，是调解社会复杂关系，维护社会和谐有序，确保国家长治久安的治国之道。党政部门作为当前网络舆情引导和管理的主体，面对网络舆情的失序失范，一方面，要转变思维，摒弃以往传统的人治思维和管控模式。部分领导干部对当前网络传播的规律缺乏了解，还存在依靠"宣传部把关"的路径依赖，对信息的管理手段还是"原始的乃至野蛮的"——"捂""拖""删""压"等方式，结果常常导致"小问题引发大热点"，最终损害的是党和政府的形象①。确立法治思维，把网络舆情的管理与引导纳入法律体系的框架之内，首要的是尊重民众的言论表达权和舆

---

① 李彪. 舆情：山雨欲来——网络热点事件传播的空间结构和时间结构［M］. 北京：人民日报出版社，2011：48.

论监督权，把网络舆情视为党政部门了解社情民意、收集舆情信息、研判民众情绪的重要窗口，把网络舆情监督视为对党政部门和领导干部监督的有效手段。另一方面，要完善舆情管理的立法，健全舆情管理的法律法规。近年来，国家相继出台了《中华人民共和国政府信息公开条例》《全国人大常委会关于维护互联网安全的决定》《互联网站从事登载新闻业管理暂行规定》《计算机信息系统安全保护条例》《互联网信息服务管理办法》《电信条例》《中华人民共和国网络安全法》等一系列法规，但总体来看，目前我国还没有针对网络舆情管理制订和出台专门的法律法规，而现有法律法规中对网络舆情也仅是偶有涉及并且相对分散。因此，要促进网络舆情管理的规范有序，促进网络的健康发展，保护公民的合法权益，有必要制定一部关于网络舆情管理的专门性法律，并且不仅要对网络舆情管理的形式要件还要对其内容要件进行规定，以加强对网络舆情的内容管理，填补管理的真空地带和空白领域。从世界范围来看，对网络言论信息进行立法规制已成为各国的普遍共识，其中以德国、新加坡、韩国最为严格。此外，要做到依法管理，还必须强化党政干部在网络舆情管理方面的执法水平。党政干部的执法水平和执法能力是管理好网络舆情的关键，甚至在某些情况下，其执法能力的高低将直接影响和决定着舆情的走向。因此，党政干部作为公共权力的行使者和舆情的管理主体，必须主动适应网络信息发展的新环境，增强依法管控意识和信息服务水平，依照舆情管理程序和内容依法依规进行管理和疏导。

二、信息公开原则

尽管国家对政府信息公开条例进行了修订，并确立了"以公开为常态、不公开为例外"的原则，但随着网络新媒体的发展，信息的生产方式由传统组织化生产向社会大众化生产转变，信息传播方式由单通道向多元化拓展，信息的消费方式也由深阅读向快餐化转型，这些新变化进一步对信息公开提出了新的要求。从当前网络舆情产生的原因分析，很大一部分网络群体性突发事件的产生根源仍然是信息不公开或公开不及时所致。从信息公开的程度来看，政府公共管理部门在一些涉及公共安全、国际问题、财经状况、社情民生等方面还存在一些公开"禁区"，未做到全面公开或是实行有限度的公开，信息的有限性公开给舆情的滋生提供了可乘之机。从信息公开的途径来看，当前政府公共部门信息公开的渠道和途径还主要是靠部门网站、新闻报刊等传统媒体，而对于社会大众日常接触最多、使用频率最高的微信、微博、移动终端等新媒体运用得还不多，影响了受众的信息接收。

　　因此，要进一步确保新闻舆情信息的准确及时，减少因信息公开不够而造成的信息不对称和社会舆情增多的可能性，依据马克思主义新闻观真实性与客观性的要求，应做到以下几点：一是要进一步加强公共信息的披露，做到及时、准确、充分、透明地发布信息，赢得信息发布的主动权，抢占舆论制高点。要调整公共信息的公开途径和方式，明确公开内容、等级、程度，积极搭建新媒体信息发布平台，畅通多途径的信息公开渠道，向社会及时传递主流的、正向的和真实的信息。二是要健全新闻舆情信息发布机制，及时向新闻媒体和社会公众介绍立场、观点、态度，公开各种政策、方针和措施，公布重大社会舆情发生、进展与处置的具体情况。新闻舆情信息发布由政府公共部门主导，代表的是正式的、官方的意见和态度，因此，信息具有较高的权威性和有效性，有利于化解社会民众的不良情绪，增强舆情信息的透明度和可信度。三是要设置好信息发布议题。作为舆情管理主体的政府公共权力部门和媒体机构，要精心设置好公开议题，把握好公开议程。在进行议题公开时，政府公共权力部门要紧扣当下广大民众所关心关注的社会热点、难点、疑点等，第一时间发布关系重大社情民意、重要政策调整、重点舆论舆情等信息。在信息公开的时序上，还要依据舆情的演化与传播规律，当舆情事件完全清楚时，可进行全面公开；当舆情事件只呈现了部分真实时，则可以选择部分进行公开，以确保社会舆情公开的真实性和权威性，达到逐步回应广大受众信息需求的效果。通过信息公开，向社会传递事实真相，传导主流价值观念，在一定程度上有利于遏制虚假舆情信息的产生和传播。四是要规范好公开内容。从政府管理层级上看，各级政府都有信息公开的权力，在一定范围内都可能是信息公开和处置的主体，不同层级的公共管理部门和媒体机构可能采取不同的公开方式、视角和媒体，由此可能会导致公众对信息内容产生不同的理解，影响了信息公开效果。此外，政府信息公开的内容既有可能是涉及全国的大事件，也有可能是事关地方、行业、群体等的局部事件，在当前网络环境下，信息的网上传播与网下传播联系紧密，互动频繁，涉及地方、局部、行业和群体的舆情信息如处置不力，则极有可能发展为全国性的舆情事件。因此，在公开信息内容时，各级政府公共管理部门和媒体机构要严格把关，对信息公开的程度、等级、内容等进行审核，以实现信息公开效果的最大化。五是要关注好信息"长尾"。当前在信息公开的过程中，政府公共管理部门更多地把精力集中在信息的生产、信息的公开和信息的传播阶段等信息公开过程的前端，而对于信息公开的实际效果和社会影响还没有予以充分的重视。网络时代是关注"长尾"、发挥"长尾"效益的时代，不可能再用一条新闻、一则报道来达到明显的舆论引导效果，而通过关注信息传播的"尾部"产生的总体效益甚至会超过"头部"①。因此，在进行信息公开后，舆情管理者要特别注重社会民众的反映与情绪波动，通过舆情监控体系，及时对散落在各个领域的"长尾"信息进行汇总、分析、研判，避免信息公开后舆情的"二次爆发"或"多次爆发"，从而更好实现舆论引导。

三、协同治理原则

在当前新闻舆论活动中，舆情参与主体众多，既有国家级的新闻媒体、各级地方新闻媒体、各级公共管理部门，又有商业网站、网络意见领袖和广大网民，众多的参与主体在利益和价值诉求上具有明显的差异性。但在具体的舆情事件中，要实现对众多参与主体的引导与管理，新闻舆论管理部门就必须建立起协同治理的机制，发挥各管理主体的功能，协调整合各类主体的多元诉求。网络社会要实现这一目标，需要从以下几个方面入手。

一是要推动纵向协同。各级政府公共管理部门是新闻舆论管理最重要的主体，是推动新闻舆论协同治理的最重要力量。在政府科层制的管理体系中，位于顶层的国家公共管理部门同样也处于信息链条的顶端，是信息的主要生产者和制造者，同样，位于科层体制底端的地方政府部门，也是信息传递过程中不可缺少的一环，作为信息的生产者、制造者和传播者在新闻舆论中发挥作用。尤其是在当下，信息的平等性和共享性已经缩小了不同阶层人群之间的信息鸿沟。因此，要实现对舆论主体的有效引导和管理，就必须要协同好纵向层面各级政府公共管理部门的力量。一方面，国家有关部门要及时做好政策传达、政策解读和政策宣传工作，另一方面，地方各级政府部门要积极主动与上级部门进行沟通，充分理解和领会政策内容，起好上传下达的桥梁作用。特别是在具体的舆情事件中，各级政府部门要尽快统一思想、统一定调，统一口径，互相协调配合，通力合作，形成舆情引导的合力。仅就具体的舆情引导和管理而言，各级政府部门要在充分尊重和反映舆情事实真相的基础上，联动起来，摒弃传统管理思维，采取积极主动、联合协调的应对举措，才能更好实现新闻舆论的管理，树立政府舆情管理的公信力与权威性，规避"塔西佗陷阱"。

二是要强化横向协同。在传统精英型社会结构中，新闻舆论信息的生产权、解释权、发布权以及传播渠道、途径等已然被社会政治精英所垄断和控制，新闻

---

① 高晓虹. 媒体融合新常态下传统媒体舆论引导面临的困境与出路［J］. 社会科学, 2015（9）：159.

舆论机构也有着自身的管理层级体系、生产传播通道、组织身份识别、价值坐标定位等,并且具有一定的准入条件和排他性。这些因素影响了部门之间、组织之间信息的流转与整体性。然而,网络新媒体的蓬勃发展,信息的交流交融,媒体之间的合作共享已成为必然趋势,传统新闻舆论机构的独一性和排他性逐渐削弱,当然不能而且也无法再独善其身,必然卷入各种媒介信息的相互交往中。面对来势汹涌的网络信息潮流,党政部门作为网络舆情的管理主体,必须要不断强化官方信息与民间信息、官方媒体与民间媒体、官方组织与社会组织之间的横向联系与合作,最大限度地把官方舆论与民间舆情协调起来,把官方组织与社会组织关联起来,把官方媒体与草根媒体互动起来,通过对网络舆情信息进行对比、分析、融合、嵌入,达到横向间的信息联动和管理互动。

三是要加大行业协同。网络社会融合了技术形态、组织形态和文化形态,衍生出了众多的新媒体机构和新媒介技术,越来越多的私营媒体组织和个人、商业媒体机构和网站、网络意见领袖以及广大网民都具备了参与新闻舆论活动的能力和条件。从现实来看,商业媒体机构、网络新媒体组织、个人自媒体等参与信息交流的目的和方式各有特点,表现出较大的差异性,更为突出的是由于利益与价值诉求的差异、网络管控的松解、网络参与的便捷,民间舆论阵营和新媒体舆论场表现出杂乱无章、乱象丛生以及真假共存的现象。因此,从规范舆论行业的角度看,必须要加大行业协同力度,充分发挥网络媒体行业自律、自管、自治的作用,加大行业"领头羊"的培育力度,加强网络论坛等的培育与引导,以净化网络舆论环境,聚合社会正气,传播真实信息,在媒体自治的基础上形成行业协同。

四是要促进场域协同。如前所述,尽管传统舆论场和网络舆论场之间存在碰撞和对比,但各自的优劣决定了两个舆论场之间依然存在相互协同、互为补充的可能与条件。那么,要促进两个场域间的协同,一方面是在具体的引导过程中通过媒体融合、信息共享、渠道共通等技术和媒体层面来协同治理,另一方面是通过议程协调、议题共商、内容互鉴等话题和内容层面来协同治理。

五是要实现时间协同。受限于不同的传播媒介和传媒技术,传统舆论场信息与网络舆论场信息在流转速度、传播效率、覆盖影响、抢占时机等方面呈现出各自的特点,具有一定的差异性和异步性。也正因为两者的不同,网络成为第一信息来源地、信息策源地,网络新媒体也往往能抢占第一时间,占据信息制高点,由此也直接导致传统媒体往往丧失了舆论引导先机,失去第一时间向社会传递真实舆情的主动权,削弱了正向信息的社会影响。有鉴于此,政府管理部门就必须协调运用好两个不同舆论场域和多种不同的媒体手段,使用好媒体"组合拳",特别是在信息发布的时间安排上,既要发挥好新媒体信息传播的快速性,又要兼顾好传统媒体的信息内容的权威性，把握好信息生产和传播的第一时间、第一落点，在舆情传播与发布的时间上实现有序协调。

四、导控结合原则

在网络社会，舆情实现了由现实社会向网络空间的传导，完成了从无序表达向聚集发声的升级，可以说，当前网络舆情的管理与引导已成为政府公共管理必备能力和主要内容之一。中国社会阶级统治者向来都把民间舆论舆情视为重要的信息来源和决策参考之一，既有"防民之口甚于防川"的说法，也有"水可载舟亦可覆舟"见解，还有广纳谏言、设立谏官的举措。但长久以来，舆情的管理与引导之所以成为社会的难点和统治阶级着力解决的社会问题之一，主要是因为舆情独有的特性。舆情从属性上看，其内容具有客观性，而其形式则又兼具主观性，因此，在对舆情进行管理时，既要有针对其客观内容的管理，又要有针对其主观形式的引导，如何把刚性的管控与柔性的引导结合起来是其管理难点之一。除此之外，舆情管理的难点还在于如何把握好管理与引导的度，一方面是管理要得当，既要实现有效的管理，又不能因为管理不当而引发更大规模的舆情事件；另一方面是引导要有度，既要实施有效的引导，又要把握好不因引导不力而激发"二次舆情"。因此，在网络舆情治理过程中，需采取导控结合的处置方法。方法得当，则能推动舆情逐步走向消弭，甚至还能实现舆情反转，使负面的舆情信息转化为正面的舆情信息；如若方法不当，则极可能造成舆情的进一步扩散，致使事态更加严重，群情更加激愤。

对此，党政管理部门既要在宏观上对舆情的整体形势、发展态势和社会影响有一定的预判和评估，同时在具体舆情的处置方面，更要善于从舆情导控的时机、导控的对象、导控的内容和导控的载体等方面入手。具体就导控时机而言，党政管理部门要抢占好舆情的"第一落点"，第一时间发现舆情，并未雨绸缪，提前准备应急处置预案，把握舆情导控的先机，同时也要关注舆情演化与转变的各个具体环节，适度介入，进行导控，确保舆情处在可控可导的范围之内。就导控的对象而言，舆情的主体既有可能是有着利益诉求的群体或组织，也有可能是分散的网民个体。因此，在导控时要注意加以区分，当涉及某一群体时，要及时了解群体的诉求、中介事项和群体情绪；当涉及分散的网民个体时，就要加大对网络舆情发展趋势的预判、分析，加强对舆情的监控和预测，综合运用不同的媒介载体进行整体引导。就导控的内容而言，党政部门和新闻媒体工作者要从国家发展大计和改革发展稳定的大局出发，始终把化解群众矛盾、实现群众利益放在首位。特别是在当前网络社会中，一小部分网民由于利益受损或受不良信息的影响，戾气有余而理性不足，偏信有余而兼听不足，各种"标题党""黄色暴力""煽情""网络欺诈"层出不穷。对此，在对舆情内容进行导控时，党政管理部门要加强对广大民众的媒体素养、情绪态度和理性精神的培育，善于把社会主义核心价值观融入各类新闻媒体的报道之中，发挥主流价值对社会的引领作用，弘扬社会正气和社会公德。就导控的载体而言，以微信、微博、移动客户端为代表的网络信息平台构成了网络舆论最主要的来源，对社会整体舆论产生了巨大影响①。党政管理部门的导控行为要发生实效，就必须找准导控的渠道和抓手，积极转变思维，综合运用好不同媒介的优势，努力把党和政府的政策意图向新媒体推送。从美国网络信息管理的模式来看，它是在宪法权力至上、市场作用主导的指引下，通过行业和民间组织平台推动法律以保障公民言论、隐私及其他权力，赋予终端用户以有效技术和方法，使其在社会主流意识影响下自觉对网络传播内容进行有效控制。② 一方面，它通过行业协会、民间组织和社会主流意识来引导自律行为，另一方面，它还通过技术控制、经济调节和法律规范来强化管理，综合施策，刚柔并济，体现了政策手段的合法性与普适性，为我们提供了一定的参考。

五、时效优先原则

新媒体技术使舆论信息的生产、发布与传播在时间上和时序上已呈现出根本性的变化，即时性作为新闻舆论活动的基本要求，已成为网络舆情传播的重要特征。面对新闻舆论信息即时性增强的现实，党政管理部门在新闻传播与舆论管理的过程中，要始终坚持把时效性优先作为基本的原则，提升反应速度与敏感程度。对此，在网络舆情管理信息公开的及时性方面还要处理好两种关系：一是及时性与延时性的关系。对舆情而言，延时性是指舆情信息的发布具有一定的时滞性，不一定在舆情的发生、演化与转变的各个阶段都同步进行信息发布，而是在事后对舆情相关信息进行公开。信息的及时公开在当前已成为舆情处置的一种共识，认为舆情信息公开得越早越好、越及时越好，但事实上，我们应该就具体的舆情来分析这一现象，有些舆情信息，特别是涉及腐败问题、刑事案件、司法审判等方面的舆情时，并不一定越早公开越有利于舆情的消解。在这些舆情事件上，不对问题做全面透彻的掌握，不把信息内容完全厘清，提前公开信息可能会

① 高晓虹. 媒体融合新常态下传统媒体舆论引导面临的困境与出路 [J]. 社会科学, 2015 (9)：157.

② 石萌萌. 美国网络信息管理模式探析 [J]. 国际新闻界, 2009 (7)：96.

起到"打草惊蛇"、适得其反的作用。因此，在做到及时公开信息前，还要做足充分的准备，提前考量好各种可能出现的后果，做到公开及时、公开有度、公开有效。二是及时性与渐次性的关系。如前分析，有些舆情信息的暴露不可能一次性完全展露出来，而是随着中介事项、公众情绪、事件真相、舆情演化等的发展互动而逐步显现出来。马克思主义新闻真实观也阐明，新闻真实是过程真实，事实真相有一个逐步发展、逐步清晰的过程，是一个由部分真实到整体真实逐渐的演进过程。因此，党政管理部门在处置网络舆情时，可依据事实真相和事件发展而采取逐步公开的方法，当然，每一环节信息的公开都要求及时准确是基本的前提。

新闻媒体机构的市场化改革，大量的商业报刊、私营媒体、商业网站不断发展起来，新闻舆论信息的政治属性与媒体的市场化出现了二元对立的现象。作为从事公共舆论服务的大众传媒机构，要讲政治、讲党性、讲原则、讲社会效益，引导好社会舆论与主流价值是其职责所在。然而，从市场经济的角度看，"意见的自由市场"中还存在市场交易的规则，无论是大众传媒机构的生产成本和自利动机，还是新闻舆论生产、交换的过程，新闻舆论信息都具有商品的属性。因此，如何统一好新闻舆论信息的商品属性和政治属性，是当前新闻舆论管理必须要解决的一大问题，也是影响新闻舆论信息时效性的基本因素之一，否则，可能会由于部分媒体的自利性和经济性，而忽视新闻舆论信息的公共性、政治性和服务性。因此，要实现新闻舆论信息的时效性，除了在时间上要求即时性之外，在新闻舆论的效果上，还要坚持社会效益与经济效益兼顾，社会效益优先的原则。

六、预防为主原则

大数据技术的运用为网络舆情的预防与监测提供了有利条件。然而，从管理实际来看，网络舆情管理的最大困难并不在于舆情发生后如何管理和处置，而在于对潜在的、隐性的舆情信息进行监测与管理，特别是在当前现实与虚拟交织的舆论环境中，开展网络舆情的预防与监测同样也面临着一定的挑战。因此，就网络舆情的预防与监测而言，可以从以下两个方面来进行强化。

一方面，从网络舆情发展演化的各个阶段入手。一是开展事前预防，即在舆情尚未形成之前，对社会热点、民众情绪、民意观点等进行大范围的收集、汇总、分析，从中梳理出有可能成为社会民众关注的焦点问题和民众情绪表达相对聚集的事件，并开展相应的预防、监测。然而事实上，收集这些分散、零散、潜在的社会情绪和社会心理是一个庞大而复杂的系统，因此，要实现有效的预防和监测就必须紧紧围绕主要的社会问题、社会热点、社会情绪等来进行拓展分析。

二是开展事中监测，即在舆情形成之后，要进一步通过报刊媒体、网络舆论平台、网络意见领袖等监测舆论的走向和舆情发展态势，提前做好预判和应对措施。三是事后的关注与跟踪。舆情是存在一定周期的，一般情况下，舆情事件消弭或结束意味着舆情中介事项的解决，社会民众情绪的平复。也就是说，本次舆情的周期已经结束。然而，有些舆情虽然单次运行周期已经结束，但后面可能还会牵连引发出"二次舆情"或"再次舆情"，甚至有些舆情周期的结束就已经为下次舆情的到来做好了铺垫。因此，有必要对舆情后续的社会影响、相关利益群体、社会情绪的转移等做动态的监测与跟踪。

另一方面，从构成网络舆情的关键因素方面着手。一是要开展渠道监测，把各种传播渠道和传播平台纳入监测体系之中。二是要开展情绪监测。情绪是构成舆情的本体性要素，情绪本身带有强烈的主观性和随意性，因此，党政管理部门可以通过对网络意见群体、主要网络舆论平台、社会热点相关利益方等的关注来预防集中性的情绪爆发。三是要开展事项监测。所有舆情的形成都与舆情中介事项的发展密切相关，民众的情绪、态度和观点也都是围绕中介事项产生的。对中介事项的监测，实际上也就是对社会热点、焦点、社会矛盾纠纷的集中点等进行监测，特别是一些涉官、涉腐、涉警、涉权、涉及民生等敏感问题应是开展事项监测的重点。

第二节　网络舆情管理的基本策略

舆情管理策略是舆情管理基本原则的延伸和具体化，同时也是舆情管理具体方法的宏观指导，管理策略使用的得当与否，直接影响到舆情管理原则的体现和方法实施的效果。马克思主义新闻观作为新闻舆论活动的基础理论，既揭示了新闻舆论的内在规律，也反映了信息传播的基本规律，因此，本节以马克思主义新闻观为依托，从传播构成要素的角度来探讨基本的管理策略。

一、优化舆论环境

在网络社会，舆论环境随着媒体体制的市场化转型和媒体技术的逐步升级，已发生了巨大的变化。特别是当前，社会热点与网络传播紧密结合，极易形成网络"围观效应"，在网络意见领袖的作用下，舆论环境对网民产生心理和情绪上的变化，推动网络舆情进一步发展。无疑，这些外部环境的变化使得网络舆情的管理与处置策略也要进行相应的转变。对此，要对网络舆情的外部环境进行优化，一是要运用新闻媒体和网络舆论管理的法律法规进行刚性的约束，对非理性、过激化、煽动性的负面言论，以及网络"人肉搜索"、网络暴力、网络非法行为进行依法处置，消除影响社会安定团结的负面因素。二是要在现实社会和网络舆论空间大力弘扬传统文化、主流价值和社会主义思想道德，充分发挥精神层面的柔性影响，净化社会主体的思想和价值空间。党政管理部门要大力宣传马克思主义理论，运用马克思主义最新理论成果武装人们的头脑，大力宣传和弘扬社会主义核心价值观，主动抢占网络阵地，主动发出正面声音，引导社会主流价值。三是要充分运用好新闻舆论工作者、网络意见领袖等的力量，发挥好他们的带动作用和社会威望，教育和引导他们大力宣传中华优秀传统文化，倡导主流价值、传播正面声音、弘扬主旋律、传递正能量。

二、提升主体理性

理性是人类思想认知活动和社会实践活动中主体性的体现，是人类本质的具体展现。在社会的发展过程中，理性发挥着重要的作用，推动了人与社会的共同进步，并不断增强着人类认知和改造社会的能力。当前我国社会转型与网络技术的发展，网络民众在情绪的交叉感染之下极易产生非理性的情绪与态度。如"厦门PX项目事件"中，当消息在论坛和博客中广泛传播之后，一时谣言和恐慌四起，在政府、专家、民众、各级人民代表多次交涉博弈之后，政府和当地民众运用理性的方式化解了事件危机。可见，在网络舆情事件中，当网络民众的理性声音大于非理性时，网络舆情也开始趋于稳定和平息。实际上，不管是现实或虚拟舆论场，都属于人们言论的公共空间，因此，主体理性的建构应着力从理性的公共性的角度来强化，也即要求提升社会民众的公共理性精神。

公共理性精神就个体层面而言，涉及社会个体在公共生活中所具备的理性思维和理性素养；就社会层面而言，涉及国家、社会、组织等政治公共生活中的理性对话与理性协商。因此，公共理性精神既是主体理性的彰显，也是当前网络公共生活的核心要义。从网络舆情主体建构的角度提升其公共理性精神，第一，要不断强化社会民众的媒介理性，核心是信息传播者和信息受众的媒介素养。媒介素养是媒介理性的具体化和外在化，媒介理性构成了媒介素养的核心内容。从传播者的角度分析，信息的生产者、制造者和传播者要站在客观公正真实的立场，实事求是地叙述事实，维护社会公平正义，弘扬主流价值观念，传递正面声音，以传播者的媒介理性来引领社会民众的公共理性。从受众的角度分析，受众要以独立自主的思想、客观公允的视角、理性平和的情绪来分析、接收信息，避免受舆论"沉默的螺旋"的影响和传媒偏好的左右。第二，要大力促进社会公共理性精神的培育。公共理性精神是国家现代化的基石，是社会和谐稳定的重要精神指引，是培养模范公民、塑造良好社会心态的桥梁。在网络多元、多变的舆论环境中，特别需要强化公共理性精神所倡导的民主协商、合作共赢的价值准则，促进社会个体的理性表达，同时还要促进党政管理部门以公共理性精神为指导开展网络舆情的治理，消除对抗性、对立性思维，在合作中维护网络社会的公平与正义。第三，要加强网络民众的交往理性，推动个体理性向交往理性发展。网络社会"流动信息量的增大及公共争论矛盾冲突的存在，直接促使各种社会关系变得更加透明。除了与之相伴随的尊重诉求之外，这种透明度还激发了不同的社会主张"①，社会不同阶层、群体、组织的价值观念、话语表达、情绪态度在虚拟空间内不断地碰撞、交流，因此，要规范网络舆情的合理表达，营造良好的舆论氛围，就必须以网民个体理性为基础，不断增进网络交往理性。透过 2011 年"7·23 甬温线动车事故"和 2012 年"表哥事件"等可以发现，在网络媒体的放大效应下，网络群体性事件与现实社会群体性事件的边界越来越模糊，相互作用、相互影响也越来越大。因此，在两个舆论场域之间的民意互动中，通过对民意和舆情的引导，可以发挥好舆情主体的理性意识和舆论自组织自稳定的作用，以澄清事实真相，平复社会情绪，促进舆情向良性发展。同时，在网络交往行为之中，由于网络群体非理性因素的存在，网络舆论活动中的群体极化、舆论绑架与道德审判等也同样客观地存在并影响着民众舆论的合理表达，有的甚至发展成网络舆论暴力。因此，合理引导民意表达，促进民众自由、平等、理性的表达意愿与交往行为，增强人际、圈际、舆论场域之间的交往理性，是避免再次发生如 2018 年"德阳安医生自杀事件"网络暴力行为的内在约束，也是推动当前网络舆情管理的重要策略。

三、实施内容管理

根据网络舆情管理的基本原则和信息传播的基本规律，健全网络舆情的监控管理体系，实施全方位、全过程的舆情监控，是实施网络舆情内容管理的有力保障。在数字媒体时代，对舆情信息内容生产与传播的低成本化，有学者就提出

---

① ［法］多米尼克·吴尔敦. 拯救传播［M］. 刘昶，盖连香，译. 北京：中国传媒大学出版社，2012：1.

"不能将目光停留在如何把传统媒体上的内容照搬、转移到互联网上，这仅仅是浅层次的数字化；而是要探索数字科技对于新闻业整个生产流程、营收模式以及在传受关系上的突破，以形成数字化思维，进行数字化蜕变"①。由此分析，在内容上，传统舆论场和网络舆论场中如何实现有效衔接，形成内容管理的合力成为关键的环节。一方面，要切实转变管理理念，实现由内容的管控向内容服务转变。通过综合运用传统媒体强大的信息收集和整合功能，大力推行大数据和微博账号矩阵、微信公众号及移动终端等，发挥传统媒体信息权威性和新兴媒体传播快捷性的优势，开展好舆情预测，找准目标受众，了解信息需求，阐述客观事实，实施积极的内容引导和服务。另一方面，要建立统一的内容管理制度，改进当前由于传统媒体与新媒体在管理体制上的差异性所造成的信息内容上的脱节，实施媒介整合。特别是要进一步规范新媒体的信息内容生产、传播、消费的各环节，厘定传统媒体、商业网站、社交平台、私营媒体等的权利与义务，梳理舆情信息生产者、传播者和管理者各自的角色定位与权责关系。同时，在注意力经济时代，尤其还要管控好网络媒体和商业网站的过度趋利行为，加大网络信息知识产权的保护力度，把各种非法复制、转载、转帖、抄袭、传播等行为和故意歪曲真实信息，散布虚假信息内容，传播非法信息的行为纳入统一的管理制度之中进行约束，为受众提供真实的信息内容。三是要主动培育受众对主流媒体的认同度，提升主流媒体对信息内容传播的"时、效、度"。要主动对传统媒体进行转型升级，主动融合新媒体技术，主动与市场进行对接，在坚持社会效益优先的前提下，提供好内容服务和内容管理。

四、强化媒介融合

当前，符号化、数字化、电子化的信息已渗入社会生活的各个领域，要主动适应新的舆论格局，传统媒体与新兴媒体必须要走媒介融合的道路。对此，党和政府就媒介融合已在政策方面提供了支持，取得了一定的社会效果。但具体就网络舆情管理而言，媒介融合的深度与广度还有待于进一步加强，两个舆论场域间的融合互动还需不断深化。媒介融合的困境主要在于两个方面。一方面是传统媒体的顾虑和担忧，如其在内容生产上的权威性容易被新媒体转载和复制，从而失去"内容为王"的核心竞争力；在媒体运营上的低效化和管理体制的僵硬化，容易使其丧失一定的市场份额和经济效益；在传媒人才的竞争上也容易出现大量优

① 李良荣，周宽玮. 媒体融合：老套路和新探索 [J]. 新闻记者，2014（8）：19.

秀人才的流失等。另一方面是新媒体在融合的过程中同样也面临着对传统媒体信息的过度依赖；技术优势与传播的便捷性因受传统体制的束缚而逐渐弱化；信息传播自由宽松的环境会受到一定的限制等问题。

因此，要发挥传统媒体与新媒体各自的优势，大力实施媒介融合，重点要围绕三个方面来推进：一是思路理念上的融合。传统媒体与新媒体都应转变思路，主动运用互联网思维，在统一思想认识的基础上，建立互信互动理念，实现由对抗、碰撞到合作共赢，以实现网络舆情管理与引导效果的最大化。二是规制上的融合。当前传统媒体与新媒体之间的竞争与合作属于同场竞技，但"游戏"规则不同，传统媒体在内容生产、信息传播、价值观念、管理体制等都处于传统管控的规制之下，而新媒体则在网络平台的管理、内容的生产制作、信息的发布与题材的选择、市场运营管理等方面有着较大的灵活性与自由度，甚至还存在游离于规则之外的一些行为。因此，在媒体管理体制和机制上，特别是在对内容的管理上还需要建立起相对一致的标准和规则，以实现管理规则上的融合。三是技术与平台的融合。网络新媒体与传统媒体各有自身优势，并且两者的优势还具有较强的互补性，这为实现媒介技术与平台的融合提供了基本立足点。尽管目前大部分传统媒体为信息传播也开通了新出口，但这些通道相对较少，受众数量不多，难以形成聚合效应，融合效果并不理想。因此，要积极推动媒介融合，搭建多元化的媒介平台，建立不同媒体矩阵合作模式，在微信、微博矩阵中吸收借鉴 UGC（用户生产内容）、PGC（专业生产内容）、OGC（职业生产内容）等，最大限度地在技术和平台方面达成共识，实现融合，以优化传播效果。

五、培植意见领袖

网络舆论环境下产生了大量的民间意见领袖或网络意见领袖，他们代表和反映着不同网络群体或网络民众的观点、情绪和态度等，并借助网络媒体来对网络舆论场施以影响，就舆情而言，网络意见领袖是网络舆情演进的关键因素，也是开展网络舆情引导的关键力量。因此，我们既要认识到网络意见领袖的重要性，更要把培植和引导好网络意见领袖作为开展网络舆情引导、化解网络舆情危机，传递正面声音、弘扬主流旋律的重要依托。一是要加强政治教育，强化舆论立场。网络意见领袖由于其主体身份的复杂性，政治素质与媒介素养也参差不齐，个别意见领袖成为传播网络谣言、制造网络事端、侵犯他人名誉、非法攫取利益的推手，如"天仙MM""郭美美"等事件背后都有网络推手和网络"水军"的身影。因此，必须加强网络意见领袖的政治教育，规范其网络行为，强化正确的网络舆论立场与观点。二是要强化价值观建设，提升思想道德素质。随着当前媒体经营管理体制的改革，个别网络意见领袖在传播和引领舆论的过程中，偏重于传播的经济效益而忽视社会效益，从而导致主流价值传播受阻，党和政府的权威性受损，主流舆论影响力弱化。因此，要大力加强网络意见领袖的思想道德修养和价值观建设，坚持把社会效益放在首位，以社会主义核心价值观和中华优秀传统文化为内在滋养，为网络舆情的引导营造良好的舆论生态环境。三是要加强人才队伍建设。从广义上理解，网络意见领袖包含的群体较为宽泛，主要产生于知识分子、专家学者、明星政客、社会名流、网络评论员、网络推手等群体，主体构成的多样性极易出现舆情引导上的偏差。因此，加强人才队伍建设迫在眉睫，特别是专业新闻舆论人才和专业网络舆论管理队伍的建设。要建立培养、培训新机制，实施政府主管部门、媒体机构、意见领袖、社会组织等多方联动的合作体系，培养适应当前全媒体时代需要的专业新闻舆论人才队伍。四是要强化舆论引导技巧。网络意见领袖的舆论引导技巧是其内在的知识涵养、价值观念和情绪态度的外在表现，要运用好话语表达、技术表现、沟通时机等多方面的技巧，展现事实真相，传递正面声音，促进舆情消解，维护社会稳定。

六、把握受众特点

传统传播学理论认为，受众是传播活动的目标对象，在传播活动中处于被主导、被影响的地位，作为信息的被动接收者，受众的思想、观点、价值等都受到传者的强烈影响，往往容易沦为传者的附属。相较于传统受众，在新媒体时代，传者与受者的区分已模糊化，传者是可能的信息受众，受者也是可能的信息传播者。尤其是随着自媒体技术的发展，受众已成为重要的信息策动者和来源地，受众群体已不再是传统媒体时代被动的"接收器"，而是传播活动的重要主体，甚至其偏好直接影响着传播效果和传播流程。因此，对受众群体进行分析，把握好受众的特点，是当前开展好网络舆情管理，最大限度实现管理效果的重要内容之一。

一是要把握好受众群体的心理特征。在社会转型和利益调整的关键时期，作为潜在受众的网络民众，特别是社会弱势群体，心理落差大，沮丧、失落、愤懑、不满、对抗等心理情绪在一定范围存在。这些心理情绪给网络舆论生态带来极大的负面或消极影响，网络舆情管理部门要予以高度关注，并以客观事实真相和积极措施开展正面引导。二是要关注好受众的分层。从现代语义上看，受众是一个集合性词汇，它包含着众多不同层次的社会活动主体。社会结构的变动，新兴群体的增多，信息需求的多样等，使得受众群体异质化、差异化趋势日益明显，因此，要达到网络舆情管理的预期效果，就必须对受众群体进行细分。网络舆情管理主体可依据受众在传播活动中的参与程度和典型特征把受众划分为传统与新型受众、稳定和不稳定受众、现实与潜在受众、一般与特殊受众、核心与边缘受众等不同类型，然后针对不同类型受众群体采取相应的舆情引导策略，这必然会有助于增强引导的实际效果。三是要注意受众的行为特征。舆情信息通过网络媒体的传导，会形成巨大的舆论"意见气候"，受众在意见领袖和"意见气候"的影响下会出现盲从、跟风、随大流等行为。因此，网络舆情管理者要高度关注受众的行为动向，特别是网络舆情引发的网络群情激愤、网络从众、网络对抗、网络暴力、网络非法行为等，要以集中性的行为和集体性的活动为风向标，及时介入干预，引导其行为在合法的范围之内。

第三节　网络舆情管理的基本方法

"哲学家们只是用不同的方式解释世界，而问题在于改变世界。"[1] 马克思主义新闻观不仅为新闻舆论活动提供了基本的理论指导，更为当前网络社会舆情的管理与引导提供了可遵循的方法。针对当前党政管理部门在网络舆情管理中存在的问题，结合马克思主义新闻观对网络舆情管理的内在要求，有必要分类细化指导方法，健全管理手段，以求取得管理实效。对此，拉斯韦尔也指出："成功的宣传有赖于在适宜的条件下对各种方法的巧妙运用。"[2] 因此，本节从影响网络舆情管理的基本因素——信息、情绪、文化、技术、管理——出发，具体探讨马克思主义新闻观指导网络舆情管理的方法和技巧问题。

一、信息引导法

信息是构成网络舆情的核心要素。面对新的信息传播环境和传播格局，网络舆情管理主体要转变思维，把信息视为重要的社会资本和资源，以马克思主义新闻观为指导，强化对新闻舆情信息传播的管理。

---

[1]　马克思恩格斯选集：第 1 卷［M］. 北京：人民出版社，1995：57.
[2]　［美］哈罗德·D. 拉斯维尔. 世界大战中的宣传技巧［M］. 张洁，田青，译. 北京：中国人民大学出版社，2003：155.

（一）强化信息内容管理

网络舆情信息内容始终是与当前网络社会的热点、难点紧密关联在一起的，舆情的涨落也与信息内容的传播密不可分。因此，从方法上来看，要加强网络舆情信息的内容管理，一方面，要通过搭建和开发网络搜索平台，建立关键词库，对非法信息进行屏蔽，对负面信息进行监控。通过加大网络舆论监督举报力度，特别是打破行政区划、舆论场域和媒介平台之间的壁垒，避免地方保护主义和媒体自利行为，实施异地网络舆论监督，以便更加及时、准确地了解舆情信息。进一步探索完善网络实名制，尽管一部分网络媒体已实行了网络实名制，但一些传统网络平台，如网络论坛、贴吧等尚有待于进行相应规范。另一方面，要加强对网络内容管理的立法，严厉打击影响国家安全稳定、破坏社会团结和谐、违反社会主义基本原则和社会公德的言论，特别是要加强对网络流言、谣言等虚假信息内容的管理，以法律法规对不实舆论进行刚性约束。此外，还要加强网络知识版权的管理。网络媒体信息的相互抄袭、复制等行为，严重侵犯了知识版权所有者的利益，特别是给作为权威信息生产者的传统媒体带来了巨大损失，造成了知识产权的流失和信息资源的浪费，助长了不正之风，因此，要大力实施网络知识版权的立法保护和执法监督。事实上，运用法律法规来对网络舆情信息内容进行底线性的约束仅是内容管理的方法之一，还需要综合运用先进的思想文化、主流价值、传统道德和正面情绪等柔性的方法来充实和引导网络舆情信息内容，实现管理、控制、监督和疏导方法的结合。

（二）加强传播主体管理

从狭义层面上看，传播主体也即传统意义上的党政管理部门、新闻媒体机构和新闻舆论工作者等，这部分主体掌握着绝大部分的信息资源和传媒工具，具有较大的社会影响力。对这部分传播主体，要运用政治性、社会性和职业性的要求来进行管理，以使其能更为客观、真实、及时地反映舆情信息。从广义层面上看，由于自媒体技术的使用，社会个体都有可能成为潜在的传者，他们可以随时随地利用平板、手机等移动终端推送信息，实现信息的发布，因此，对传播主体的管理也即对社会所有参与信息传递活动的个体、群体的管理。由于这部分群体的基数庞大，信息内容与发布动机各不相同，如果管理不善，必将给社会带来巨大的风险。因此，提升社会公众的媒介素养和理性表达成为加强传播主体管理的重要方法。对社会公众而言，要通过宣传、教育等途径，培养公众良好的阅读习惯，增强公众对媒介的认识和对媒介法律法规的了解，提升信息甄别能力和理性表达能力，从而摒弃各种不良、冗余信息，摆脱媒体对人的控制。对媒体而言，要加强对新闻媒体工作者的教育引导，培植新型意见领袖，增强媒体自律，鼓励知识的原创性和信息的真实性，杜绝媒体之间的信息剽窃、非法复制和转载，加大非法信息举报和监督力度，筛选出真正有价值的信息内容，从而为公众在"选择性接触"媒介的过程中提供更好的信息环境和信息服务。对政府而言，要大力推进电子政务、微博政务等便民信息服务和信息平台，跨越信息鸿沟，传播公正权威的信息内容，帮助公众进行信息选择、信息判断。

（三）优化传播流程管理

从信息生态系统的角度，网络舆情信息的产生演化实际上就是信息传播主体与外界环境相互作用，产生舆情信息的过程。其中，舆情信息环境的作用、意见气候的形成、舆论焦点的集聚、传播议程的设置等构成了舆情传播流程的不同环节。针对不同的环节要采取不同的管理方法。

一是环境监测法。在新媒体时代，社会已由"全景式监狱"向"共景式监狱"转变，"共景式监狱"模式是一种众人对个体的围观结构，如微信、微博等新媒体平台，为某一圈层内的网民浏览、关注个体微信、微博提供了窗口，形成众人对个体网民的凝视与控制。这一信息环境的改变要求网络舆情管理工作者运用大数据、交互软件、互动平台、监控软件等对信息的生态环境进行监测，通过抓取信息热点、信息流向、信息频率等来分析舆情信息的走势，做好舆情信息的前端管理。

二是气候观测法。当广大网民的意见、情绪、态度等在网络社会中由广泛分散、隐蔽式的状态向一定意见、倾向、观点靠拢、集中时，意见群体开始分化组合，网民的意见气候也逐步形成，可见，意见气候实质上就是一种信息流。在意见领袖和网络群体压力的共同作用下，外在的意见气候开始对网民的精神、心理、情绪、态度等形成内在的压力和干扰，进而致使网络群体走向极化。因此，要加强信息传播流程的管理就必须实现对意见气候的有效观测和引导。通过建立意见反馈信息的直达通道、舆情监测分析、网络热点事件信息流动矩阵、意见情绪的聚类分析等技术来实现对意见气候的总体掌握和具体分析，以便准确预测和判断网络舆情爆发的时间、规模、烈度、走向等基本情况。

三是焦点转移法。就具体的网络舆情分析，存在两类焦点：事件焦点和情绪焦点，事件焦点起着决定作用，决定着情绪焦点的发展和走势，情绪焦点是事件焦点的反映，它影响着广大网民对事件的认知和判断，是舆情的基本特征。在网络舆情信息传播流程中，如果任凭事件焦点和情绪焦点发展，则极有可能会造成网络群体性事件，并可能会由网络虚拟空间回落到现实舆论空间，导致现实社会的群体性突发事件。因此，要平息网民情绪，避免事态扩散，就必须实施焦点转移法。具体而言，一方面，可以实施焦点替代法，因为网络社会中可能同时存在多个焦点事项，当一个焦点事项开始走向不可控的势态时，网络舆情管理者可以实施焦点替代法，转移网民的关注焦点，用新的焦点事项来替代原有焦点事项。另一方面，可以实施焦点迁移法，即把当下网民关注的焦点，通过制度安排、话语引导、情绪转移等手段，迁移到另一事项之中去，消解网民持续的关注力，从而达到消解舆情的目的。

四是议程设置法。网络新媒体时代同样存在两种不同的议程设置模式，即媒体议程设置和自我议程设置。调整议程设置和议题选项直接对信息传播流程起着改造和重组作用。网络舆情管理工作者可以通过传统媒体平台和新媒体平台来合理设置议程，使议题范围、话题焦点和议题秩序处在可控范围之内，并通过媒体议程设置来引导网民的自我议程设置，从而避免议题和议程失去控制和约束，造成极端情况。

二、情绪疏导法

情绪构成了舆情的本体，是舆情区别于民意、舆论的根本特征。良好的社会情绪是社会和谐的润滑剂，对社会秩序的建构和公民社会关系的良性发展具有重要意义。列宁曾说过，群众情绪是一种要求改造社会的自发性感受，蕴含着强大的创造力，但也往往具有盲目性和破坏性；善于引导这种自发性并使之成为自觉性，它就可以成为社会进步的动力，否则就有可能给社会发展带来破坏。针对不良情绪的负面影响，社会学家刘易斯·科塞曾提出，社会需要为不同社会主体提供一些发泄不满情绪的有效通道，以从总体上来缓解社会压力，实现社会稳定。对此，网络舆情管理部门要依据网络情绪的传播特点和网络舆情演化的特征实现网民情绪的有效引导和负面情绪的有效疏导。

（一）构建媒介平台以畅通情绪表达

转型期的中国社会面临着阶层结构的巨大变化，利益格局调整巨大，民众的社会压力也不断增强，社会不良情绪和极端心理有进一步加剧的趋势。因此，要引导和化解这些不良情绪，就必须改变以往依靠单一的行政手段进行管制、堵塞、压制的行为，变堵为疏，化被动为主动，积极主动搭建网络舆论表达平台，拓展网络表达渠道，建构开放性的主流舆论场，避免形成情绪的"堰塞湖"。媒体要及时反映和报道当下社会热点、焦点问题，并合理设置相应议题和议程，促进社会情绪的理性、有序、规范表达。通过搭建媒介平台，畅通表达渠道，以缓解民众情绪的积压，通过意见领袖的引领，良好情绪环境的营造，从而增强网民的个体理性，增进网络群体的理性。

（二）加强舆情监测以掌握情绪涨落

网民情绪的引导重在预防和预判。网络情绪作为一项主观性要素，它的涨落始终是与舆情的发展相生相伴的，因此，要全面掌握网络舆情信息，就必须把网络舆情中的网民情绪也纳入舆情监测的范围之内。网络舆情监测部门要以一定的时空范围为界限，参考网民参与的规模和舆情事项的演化，建立网络舆情事件中网民情绪的监测指标和体系，充分预判网民情绪的烈度、规模、焦点和情绪涨落情况，针对情绪的不同方面加以管理和引导。

（三）传导权威信息以解构情绪根源

网络情绪作为网络舆情发展的主观性因素，其产生和发展是以舆情中介事项的产生和解决为内在依据的。在具体的网络舆情事件中，网络情绪有可能作为前置性因素，促使网络焦点形成；同时，情绪的"长尾效应"使得网络舆情中介事项被解决之后，情绪还依然没有完全消退，甚至某种情绪的持续还有可能引发"二次舆情"的产生。因此，要消解网络情绪，最为根本的是尽快化解舆情中介事项，消除产生网络情绪的根源，以抑制网络情绪"长尾化"。传统媒体作为权威信息的主要传播者，要尽快掌握网络舆情信息的真实内容，在舆情信息传播中确立事实和价值主导，并向网络舆论场扩散，尽快澄清、发布事实真相，传导真实信息，把网民情绪纳入有序的社会运转之中，从根本上化解网络情绪的集聚和扩散。

（四）借助意见领袖以引导情绪话题

随着自媒体技术的发展，网民个体情绪在网络意见领袖的作用下由分散演变为聚集，由隐性转为显性时，网络舆情也开始逐渐显露出来。可见，网络意见领袖不仅是重要的舆情信息中转站和助推器，而且其情绪与态度在客观上直接影响着网络情绪的生成与消散。从产生根源分析，网络情绪可分为内生型情绪和诱发型情绪，内生型情绪是指网民自身对中介事项的认知、态度、体验所形成的；诱发型情绪则是指由网民受外在情绪的影响而随之产生的情绪。因此，在网络情绪的疏导过程中，要善于发挥网络意见领袖的"明星"效应来引导和疏导网络情绪。一是针对内生型情绪，网络意见领袖要以良好情绪和理性认知，传递事实真相，引导网民对舆情事项态度和看法的转变，形成正向的情绪、态度，从而实现对网民个体情绪的引导。二是针对诱发型情绪，发挥网络意见领袖作为民间话语权威和信息权威的作用，运用话题转移、焦点置换、议程调整、情绪迁移、标签化事件、场域氛围营造等方法，实施网络情绪的正向影响，以消解因网络情绪交叉感染所形成的不良网络情绪。

（五）运用疏导技巧以推动情绪转变

在网络舆情信息环境下，心理、情绪、态度等主观因素的疏导技巧是推动良好的话语表达、意义的有效传递、情绪的正向影响的"助推器"。良好的疏导技巧不仅能化解网民不良情绪，还能把消极转变为积极，促进网络社会理解和网民共意的形成，不当的沟通和疏导技巧则会导致网民在话语表达、情绪呈现、意义理解等方面出现偏差。"7·23"甬温线特别重大铁路事故事件中的"至于你信不信，我反正信了"、河北逯军事件中的"你是在替谁说话"、"二更食堂"事件等事件中的不良疏导沟通技巧和话语表达，则从另一方面证明了良好的沟通技巧和疏导技巧对舒缓社会紧张情绪，排解社会对立关系，促进舆情事件解决的重要作用。以马克思主义新闻观为基本理论依据，结合当前两个舆论场传播格局的实际，网络管理部门要合理运用疏导技巧来引导和缓解网络情绪。一是在角色定位上要实现由管理者向服务者的转变，摒弃管理部门居高临下的姿态，转变作为公共资源掌握者的心理优势，以平等、民主、协商的理性精神提供好信息服务，以减少因身份与资源的不对等所带来的情绪障碍。二是在情绪引导上要力避抽象空谈，提高针对性和实效性，针对不同群体、不同情绪和态度，采取分层分类和差异化引导的措施。三是在表达方式上要实现由单一的强制灌输向满足受众需要的方式转变。要结合网络媒体受众"双向互动"的特点和媒体市场化经营管理的实际，转变话语风格，创新表达形式，推动媒介融合，贴近网民日常生活实际，形成兼具个性化与多样化的报道专栏、图文信息，以这些适合网民需要的信息内容来激发网民共同愿景，强化受众印象，实施明示或暗示的情绪引导。

三、文化熏陶法

文化是人类在社会历史发展过程中所创造的物质财富和精神财富的总和，它既推动了人类社会的发展，又展现了人类的特质。对个体而言，文化起着重要的"教化"作用，塑造着社会个体的人格，推动着人的社会化的实现；对社会而言，文化发挥着重要的整合与导向功能，它能规范社会行为，整合社会力量，引导社会精神。随着网络时代的到来，信息代替了资本成为第一资源要素，同时，信息资源的丰富，又促进了特有的新的文化样态的生成，即网络文化。网络文化作为全新的文化体系，它反映的是信息技术背后隐蔽的文化内核，数字化、网络化和技术化是其基本的特征。网络作为技术性工具和平台，已深深嵌入人们的日常生活，人们现实社会中的文化精神活动在经过数字化和信息化的形塑之后也融入网络之中，成为网络内容的重要组成部分。网络关系、网络言行、网络思维、网络内容的不断扩散、传播，直接或间接影响和改变着现实社会的文化内容，带来人们思想意识、行为习惯、语言表达的变化，衍生出一系列新的文化元素，可见，现实社会的文化与网络文化之间存在高度的关联，并且相互建构、相互影响、相互制约。就网络舆情来看，无论是舆情主体行为、舆情话语体系、舆情传播过程还是舆情信息内容、舆情管理体系等都深刻打上了网络文化的烙印，深受网络文化的影响。因此，营造良好的网络文化生态环境，发挥文化的熏陶感染功能和潜移默化的作用是开展好网络舆情管理的重要方法和手段。马克思主义新闻观是对人类新闻舆论活动的科学总结，其理论体系既传承了人类文化的精髓，又进一步推动了人类文化的发展。因此，运用马克思主义新闻观指导网络舆情管理，就必须借助马克思主义新闻观中所蕴含的文化内涵，引导好网络文化健康发展，增进网络舆情的消解。

（一）交往理性规约交往行为

要运用马克思主义新闻观中对交往理性的重视来规约网民的交往行为。马克思主义把新闻活动视为人类交往的重要途径和方式，并对新闻舆论交往活动的形态、载体、媒介、心理、政策等做了全面的分析。马克思主义新闻观认为，新闻舆论活动要遵循交往理性的内在要求，不能突破理性和理智的约束，随意传播不真实和非理性的新闻信息内容。马克思曾指出："在报刊这个领域内，管理机构和被管理者同样可以批评对方的原则和要求，然而不再是在从属关系的范围内，而是在平等的公民权利范围内进行这种批评……报刊是带着理智，但同样也是带着情感来对待人民生活状况的。"① 同样，在网络社会，网民的言行只有符合道德理性、法律理性和交往理性的要求才能具备真实有效的意义表达，才能真实体现网民的权利诉求。从现实中网民行为来看，由于网络"身份制服"的掩盖，网民往往在网络表达中呈现较强的情绪化特征，借以嘲讽现实，表达愤怒，展示无

---

① 马克思恩格斯全集：第 1 卷 [M]．北京：人民出版社，1995：378．

奈。这些网络言行依网络舆情事件而生，在表达网民情绪的同时，显然刺激着广大网民的神经，增大了社会紧张程度，无益于网络舆情的化解。因此，一方面，对突破底线的不合理的表达要运用法律法规来进行刚性约束，另一方面，也要运用文化的内隐性、聚合性和导向性作用来对舆情主体开展道德和文化的约束，对网络舆论环境进行净化，增进网民的理性交往。

（二）文化素养增进媒介素质

要运用马克思主义新闻观中对文化素养的强调来引导网民素质的提升。网络情绪的产生是多重因素共同作用的结果，但其中最为主要的因素来自网络活动的参与者，也即传者和受众。在具体的网络舆情活动过程中，网络参与者的文化修养和文明素养是网民媒介素养的具体体现，也是遏制不良网络情绪、维护网络有序发展的内在保障。然而，当前我国网民基数庞大，网民的学历整体不高，文化水平参差不齐，根据第 47 次《中国互联网络发展状况统计报告》，截至 2020 年12 月，我国网民中具备中等教育水平的群体规模最大，初中、高中（或中专、技校）学历的网民占比分别为 40.3%、20.6%。网民整体受教育水平不高，对舆情事件的理性认知水平有限，特别容易受到网络非理性因素的影响，产生网络从众行为，导致网络不良情绪的扩散。马克思主义新闻观始终把提升新闻舆论工作者的职业素养、文明修养、知识水平作为开展好舆论引导和新闻宣传工作的基本前提。在自媒体时代，人们的言论自由和情绪表达得到了极大的释放，更需要新闻舆论工作者发挥好文化的引领、熏陶和感染作用，引领好自媒体情绪表达，从而在整体上实现对网络情绪的引导。具体而言，一是要发挥新闻舆论工作者的文化感染功能，运用文化潜移默化的功能来熏陶和感染受众群体，通过营造网络的整体文明氛围，净化网络舆论的空间环境，强化主流舆论平台的引领，从而使网络受众由外在的感知认识进而到内在的文明、道德和修养的提升。二是要发挥新闻舆论工作者的文化灌输作用。在新媒体传播环境下，网民个体的分散性、网民情绪的主观性和情绪表达的强烈性，导致新闻舆论工作和网络管理部门在网络情绪的引领过程中，针对性不强，效果不明显。因此，除了要实施柔性的、宏观的情绪引领外，新闻舆论工作者和网络管理部门还要把一定的思想文化、价值观念等向网络民众进行"灌输"，以优秀的文化作品、主流的价值观念、理性的话语表达和平和的情绪态度来抢占网络舆论阵地，以主流媒体的思想观点和文化精神来影响网络自媒体的情绪表达，以新闻舆论工作者的职业道德和职业素养来影响和促进网络个体的理性自觉和媒介素养提升。

（三） 主流价值引导价值选择

要运用马克思主义新闻观对主流价值的弘扬来增强网民的价值理性。马克思主义新闻观之所以具备科学性和生命力，根本原因在于它遵循了现代新闻舆论传播的基本规律，具备了内容上的真实性和人民性，反映了社会主义主流的价值观念。在现实社会，社会个体都会受到一定时期社会主流价值和思想文化的影响，从而构筑起个体的价值观念体系，这种价值观念体系直接影响着个体的社会认知和判断，并反映在个体的社会行为之中。随着网络社会的发展，信息的自由传播，各种社会思潮和文化价值观念不断涌现并在网络场域不断进行碰撞、交锋，打破了社会的单元化秩序和传统习惯，直接影响着网民个体的价值体系的构建。特别是随着现代化的推进和政治体制的改革，传统权力格局和控制系统发生改变，在多元思潮的影响下，反中心、反权威的解构主义迎合了网络民众对摆脱权力中心控制和话语体系制约的心态，并不断颠覆着精英文化和传统语言规则。网络社会中解构主义的盛行往往导致社会权威的弱化，中心的消解，对社会主流价值和主流文化表现出"拆解"和"异化"的特征。因此，针对解构主义所造成的网民价值观念的变化，应大力加强马克思主义新闻观教育，把马克思主义新闻观中对主流价值的弘扬和传统道德文化观念的遵从作为重要的内容，重塑网民对社会意义与价值理性的认知与追求。一是要通过网络新媒体大力弘扬社会主义核心价值观，加强现实社会与网络社会的互构，倡导主流舆论引导非主流舆论，主流价值影响非主流价值。二是要运用好典型宣传法。典型宣传是新闻宣传的重要方法和内容，先进典型是一定社会意识形态下主流价值的代表，它具有良好的示范性、激励性和引导性，能激发广大网民的情感认知，引导广大网民增强对社会主流价值观念的认同，消除解构主义的不良影响。三是要弘扬中华优秀传统文化，充分挖掘传统文化中的积极因素，增强优秀传统文化对网民的感染力、感召力、凝聚力，并不断渗透、影响网络文化，从而实现对网络舆论场和网民个体的文化、价值的引领。

四、技术革新法

从存在形态来看，网络新媒体是最新的媒介技术成果，是互联网技术发展的客观结果。媒介技术的发展始终不能脱离人的主观作用而单独存在，同时，人在媒介技术的支持下进一步增强了认识和传播信息的能力，马歇尔·麦克卢汉就曾指出，"媒介是人的延伸"。然而，任何技术都存在两面性，媒介技术在促进信息传播、提升获取信息的便利性的同时，也带来了一系列的社会问题，使得人类在技术理性和价值理性的选择中处于两难的境地。马克思主义新闻观始终把新闻传播载体和技术作为人类开展新闻舆论交往的重要工具和手段，也是人类反省自身、认识自身的参照，是人的价值得以彰显的技术支持。正如马克思所言："自由报刊是人民在自己面前的毫无顾虑的忏悔，……自由报刊是人民用来观察自己的一面精神上的镜子，而自我审视是智慧的首要条件。"① 由此可见，媒介技术发展程度越高，人对自身本质的把握就越深刻、越全面、越彻底。当前网络舆论场的发展，传播新格局的形成，传播渠道的丰富，在很大程度上源于网络新媒体技术的发展。网络新媒体技术的发展客观上为网民情绪宣泄和意愿表达提供了出口和途径，同时也带来了网络舆情事件的多发、频发，给网络舆情管理部门带来了新的挑战和考验。对此，网络舆情管理部门要以全媒体的思维和视角来分析当前网络舆情的传播特征，综合运用互联网技术的最新成果，促进网络媒介技术的发展与融合，形成网络舆情管理的"组合拳"。

（一）传统媒体的技术革新

技术决定传播力，传统媒体传播技术的革新不仅为主流信息的传播提供了更为多元的渠道，方便了民众的信息获取，同时也是发挥传统媒体表达民众意愿和引导网络舆论重要作用的保障。当前以党报党刊为代表的传统媒体在应用新的传播技术上进行了探索，初步实现了报网融合、网视对接、多平台互动的效果。中央电视台就经过十多年的探索与实践，在新媒体应用方面取得了历史性的突破：以图文为主向以视频为主发展；从单向传播向互动传播转变；从 PC 单终端向PC、手机、IP 电视、车载电视多终端拓展；从探索性经营向大规模正规经营升级；从覆盖国内为主向覆盖全球扩张。人民日报也发挥了党报高度、版面厚重、稿件深度等优势，牢牢占据了主流舆论场，运用更为多样的编辑手段，如二维码、专题推介、网文精编、网友互动等增强了可读性和时效性。同时借鉴新的传播技术开办了"人民搜索"、人民网，推出了网站时评，设置了舆情监测室，建立了网络留言板，开办了网站短信、手机报等，延展了版面的无纸化空间，实现了"物理变化"向"化学变化"的转型，提升了主流媒体对社会舆情的引导力和主流信息的传播力。这些尝试和探索为传统媒体开展技术革新，实现技术融合提供了借鉴和参考，然而，在社交化平台、移动化阅读、个性化表达的冲击下，传统媒体在适应传播新格局、运用传播新技术方面还存在一系列瓶颈问题，如权

① 马克思恩格斯全集：第 1 卷 [M]. 北京：人民出版社，1995：179.

威信息的生产与传播流程烦琐影响了新闻信息的时效性、经济效益的过度扩张与社会效益下滑的矛盾、信息知识产权的流转与保护不力、非法复制转载信息的侵权行为大量存在，现实舆情对网络舆情的影响与引导乏力等。对此，传统媒体要进一步加大对新型网络技术和传播技术的应用，以互联网思维来指导信息传播活动，加强信息生产流程再造和信息知识产权的保护力度，大力借鉴和应用新媒体技术，增强用户创造内容的互动性和参与感，加大信息整合、信息监控和信息互动的力度，以主流媒体信息的真实性与权威性实现对网络舆情的管理和引导。

（二）新媒体的技术革新

海德格尔认为，技术是一种真理或展现，其本质是以对象化的方式展现世界①。网络新媒体技术的本质也是人的力量的对象化展示，是虚拟空间对现实世界的反映。然而，在当前网络媒体营造的"拟态环境"中，许多网民形成了"网络依赖心理"，过度看重网络技术的实用性并把这一标准运用到对事物的判断之中，导致功利主义、技术价值被无限放大，从而忽视了网络技术的负面作用。因此，一方面，作为社会主体，在网络新媒体技术的发展过程中，应清醒地认识到网络技术的两面性，在技术的制定和运用上要注入更多的人性关怀，赋予更多的理性认识，防止在网络新媒体技术上人的主体性的缺失，确保技术支持下网络新媒体健康、理性地发展。另一方面，也要不断加强新媒体技术的研发与应用，通过技术的发展来进一步彰显人的主体性，展现人的能动性。就网络舆情管理来看，发展新媒体技术是为了能更好地提升网民理性意愿的表达能力，增强网民合理性交往的能力。同时，也要发挥好新媒体的技术优势，以便更好地利用媒介技术来传递社会主流价值，传播真实信息，实现对网络舆情不良信息的有效管理。对此，网络管理部门和媒介组织要建立多特征、多层次的内容识别与监控技术，改变传统单特征网络识别度低的问题，避免一些不良信息绕过关键字的检测与搜索，从而提升信息内容识别的精准度和监控的实效性。不断完善数据加密、访问控制、漏洞扫描、入侵监测、图像检索、特征比对、语音识别等技术，进一步开发舆情监测系统、舆情预警系统、舆情评估系统、信息融合系统等技术。特别是要进一步加强人机行为高仿真信息提取机器人技术、多媒体理解与分类技术、多媒体信息规则挖掘技术、自组织聚合式网络信息融合技术、自适应多态交互信息提取技术、基于语义的海量文本特征快速提取与快速分类技术等②。

---

① 余秀才. 网络舆论：起因、流变与引导 [M]. 北京：中国社会科学出版社，2012：235.
② 刘慧民，刘功申. 互联网网络文化的趋势和挑战及保障 [J]. 科技情报开发与经济，2007 (26)：131.

（三）媒体融合的技术革新

当前党政管理部门强调的媒介融合更侧重于媒介在信息、内容和舆论引导方法上的融合，而弱化了媒介技术上的融合，导致当前媒介融合更多处于浅层次的应用层面，没有实现媒介融合应有的效果。应该看到，技术最终是服务于人的，要推动媒介融合，就应该视技术与内容同等重要，而不能只就技术谈技术或只谈内容不提及技术。技术融合是一个渐进的过程，迄今为止，媒体融合发展大体上经历了媒体互动、媒体整合和媒体深度融合三个阶段。从媒介融合三个阶段的发展来看，当前媒介融合虽然有了长足的进步，但在技术层面还存在诸多的融合隔阂和技术壁垒。一是从信息生产来看，现有采编系统与多媒体新闻信息采集还存在较大差距；二是从信息资源来看，现有数据库还达不到媒介融合要求下用户对信息数据更多更新的需求；三是从信息发布来看，当前信息传播、发布还停留于单媒介的阶段，无法满足多媒体信息发布的现实需要；四是从信息接收来看，现有接收终端各端口还无法实现及时、互动、共享、迅捷的要求。因此，技术融合要立足于以上四个方面来进行对接。一是要建立全媒体信息资源采编平台。运用大数据、云存储、云计算等技术，建立起集国际国内舆情资讯、图片视频信息于一体的信息采编平台，并对这些信息进行加工、整理、筛选，实现数字化、符号化，以提升其普适度和可用性，提供丰富的信息资源以增强信息生产和制造的效率，满足受众对信息即时性的需求。二是要建立适应媒介融合需要的数据库，为新媒体技术提供好大数据信息服务。互联网时代是信息爆炸的时代，信息量呈几何级数增长。随着信息海量的增长，新闻媒体要及时对传统业务数据进行更新，对新型数据进行采集分析，运用数据挖掘技术、行为分析方法、移动可追塑性分析、个性化特征识别等技术方法，建立网络舆情自动分析系统、自动搜索系统等，实现数据的内在价值，让数据"发声"，使网民既"知其然"也"知其所以然"，消除"盲人摸象"现象。三是要进一步开发媒介融合的信息发布技术，搭建统一的多媒体数字信息平台，汇总与分析各类信息资源，实施多频分发，实现报纸、广播、电视、电脑、手机等信息终端的功能一体化，增强信息传播的"时、效、度"，提升信息引导和传播能力。四是要不断开发新的信息接收终端和面向不同介质的信息接收技术，实施统一的业务标准和工作流程，增强信息技术与信息内容的契合度，根据受众群体不同的需要，大力发展可视化、可移动、便携式、双向互动、多媒体多应用信息接收终端技术，丰富信息接收终端的形态，以提升信息的普及度和影响力，发挥媒介技术在网络舆情引导中的重要作用。

五、管理创新法

网络舆情的管理不同于一般的管理活动，其产生发展有着深刻的社会原因，同时又由于发生在网络的虚拟空间之内，在现实社会与网络社会共同作用下，网络舆情的管理相比其他事件的管理更为复杂，更为艰巨，因此，网络舆情的管理是一项综合性的系统工程。从当前一些地方政府的网络舆情管理来看，还存在一定的偏差，如在理念上主要以二元对立思维为主，重管理轻服务；在方式上主要以强制性的行政干预为手段，重控制轻疏导；在目标上主要以维护政治稳定为主，重结果轻过程。这些管理上的窠臼必然导致当前网络舆情管理达不到预期效果，甚至这些管理部门的一些舆情管理行为成为导致二次舆情爆发的导火索。针对当前网络舆情管理过程中存在的问题，以马克思主义新闻观关于舆情管理的基本观点、基本方法来创新管理方式，就必须紧扣以下三个方面。

（一）运用新闻传播的规律来指导管理

马克思主义新闻观遵从了新闻传播的基本规律，认为新闻传播活动是建立在传者与受者之间真实信息的传递过程。新闻传播活动涉及传播主体、收受主体、传播媒介和传播内容四大要素，新闻传播规律就蕴含在这四大要素的相互关系、相互作用之中。在网络新媒体时代，信息传播维度、传播格局、传播媒介都发生了一定的变化，但传播活动的几大要素依然存在并发生作用，因此，网络舆情的管理也必然要依从传播的基本规律。

第一，要强化传播主体的行为管理。实际上，在网络新媒体时代，随着自媒体技术的发展，社会个体既是潜在的信息的传播者，也是潜在的信息的接收者，传者与受众身份界限模糊化，传播地位平等化，传者已不再是传统媒体时代新闻舆论工作者的独有称谓。鉴于网络舆情的传播主体由精英阶层向普通网络民众转变，从信息资源控制者向信息传播服务者转型，加强传播主体的行为管理就成为开展好网络舆情管理主要的内容之一。一是要运用底线思维，确保信息传播主体的行为符合法律法规和社会道德要求，合理使用好信息资源，杜绝"有偿信息服务"，避免信息寻租和非法信息交易行为，特别是在网络舆情信息的传播过程中，要尽可能反映真实信息，表达民众诉求，宣传社会主流价值观念，弘扬中华优秀传统文化。二是要提供好信息服务。传统媒体新闻舆论工作者和政府公共信息管理部门要转变思维，实现信息管理者到信息服务者的转型，充分开发面向受众信息需求的平台和便民式的多媒体技术，加强信息的公开、公示，增强信息的透明度和传播效率，通过健康、积极、正面、真实的信息服务来引导网络媒体和社会大众。三是要重视传播效果的反馈。从管理的角度来看，信息传播过程是一个相对封闭的循环路径，传播效果作为信息活动的结果反馈到传播主体之中来，影响传播主体的后续行为。因此，要加强信息反馈机制的管理，完善舆情信息反馈机制，构建传者与受者之间的舆情信息反馈管理平台，开发舆情信息的反映、举报、监督、保障技术平台，增进网络舆情的有序表达与网络舆情的有效管理。

第二，要实施信息受众的分类管理。在网络技术所营造的"拟态环境"中，信息覆盖的受众群体范围更广，受众的表达行为更加自由，特别是在网络"围观效应"的作用下，受众的舆情参与意愿更为强烈，利益相关者与利益无关者都有可能参与到网络舆情的传播过程之中，由此也导致受众群体的构成更为复杂。同时，受众作为传播活动的基本要素，在网络舆情的管理过程中，对传播流程和传播效果的影响也日益增强，如网民在微信、微博等平台上有意或无意的转载、评论、点赞、"吐槽"等行为，极有可能影响网络舆情的发展态势；还比如由于受众年龄的原因、受众媒体偏好的不同，也直接影响了传播媒介技术的选择等。因此，加强受众群体的管理是当前开展网络舆情管理的重要内容之一。一方面，要对受众群体进行分层分类化管理。从网络传播的实际效果和引导功效出发，结合网民的职业特征、年龄差别、学历结构、收入水平等显性特征建立不同受众群体基本信息数据库，对不同受众群体的利益诉求和情绪态度进行分析，实施差异化的媒介使用和信息传播，以增强舆情引导的针对性。另一方面，要加强对网民话题热点、情绪集聚、媒介使用、参与规模、表达倾向等的聚类统计分析，加强预测和预防，把网络舆情管理的时间节点和预防措施前置化，使网络舆情消弭在萌芽状态。

第三，要加强对媒介组织的经营管理。随着媒体经营体制改革的深入和网络媒体的蓬勃发展，一大批私营媒体机构和商业化网站应运而生，这些机构把商业利益放在首位，忽视传媒的社会效益，导致当前商业媒体机构为了抢占市场、提升关注度而出现一系列非法经营行为。2016 年"魏则西事件"中因百度竞价排名的问题而引发了巨大争议，也反映出了当前网络虚假广告、非法信息等在日常生活中还大量存在，需要大力整治。从规范管理的角度来看，一方面，要强化媒体机构办刊、办网、办报的定位，通过合理定位来引导和提升媒体的社会责任感和目标价值追求，避免片面追求经济效益的短视行为。"定位过程就是寻找明显特征的过程。"① 从部分党报党刊的定位来看，定位问题决定了媒体的高度和价

---

① ［美］杰克·特劳特，史蒂夫·瑞维金. 新定位［M］. 李正栓，贾纪芳，译. 北京：中国财政经济出版社，2002：213.

值追求，是媒体向社会的公开承诺和存在的基本根据。如《湖北日报》定位为"责任造就公信力"，《南方日报》则定位为"权威性的政经大报，做主流新闻，争主流读者，办中国最好的党报"。另一方面，要大力整治媒体虚假信息和非法信息，特别是针对不良商业媒体组织，要建立合理的退出机制，而不能过度依赖市场机制来进行优胜劣汰。新闻媒体组织与商业性营利组织具有较大的区别，它涉及人们精神世界的建构，与意识形态和价值引领紧密关联，需要在实现社会效益和经济效益的同时，强化社会效益优先原则。因此，既需要党政管理部门加强新闻媒体组织的宏观引导，又要深入微观的竞争性经营管理活动之中，一旦出现媒体机构传播和扩散非法、虚假信息，给社会造成不良影响，就要运用公共权力的强制性来将其清退出舆论市场。

（二）运用舆情演化的规律来推进管理

如前所述，网络舆情的演化与发展有着一定的周期性，其产生演化经历了情绪累积与场阈转换、众声喧哗与舆情乱象、舆情集中与舆论强势、舆情衰退与理性回归等四个阶段。这四个阶段按照网络舆情演化的基本特征进行了界分，为开展网络舆情管理提供了一定的遵循。

一是监测与预判。网络舆情的形成往往非常迅速，当网民围绕舆情中介事项形成了一定的观点和情绪的集聚后，一旦有外在敏感的信息刺激，就会迅速点燃网民的情绪，形成集中的舆情爆发。网络舆情的突发性特点要求在舆情产生之初便加强对舆情信息的监测与预防。具体而言，一是要加强监测点的覆盖，要针对一些重大事件、重点人群、重要区域建立密切的信息观测点，通过开发热点发现、话题识别、主题检测、情绪跟踪、媒体使用、自动摘要等信息挖掘技术完善监测体系，掌握舆情影响程度、影响范围和发展趋势，以及时发现苗头性倾向。二是要强化执行预案。要运用信息分析技术，充分挖掘网络信息中所蕴含的各种观点、偏好、倾向、情感等，设定不同程度和等级，制定相应应急预案。

二是解构与引导。网络舆情经过一定的酝酿与情绪的积累后，进入众声喧哗与舆情乱象的阶段，在这一阶段，网民通过网络媒体平台直言自身情绪与观点，情绪较之前表现更为激烈，态度更为鲜明，同时，网民之间的立场、观点、态度之争也更为剧烈，各种真假信息在网络传播。在这一阶段，网民的情绪与观点还相对较为分散，处于争执、讨论、探讨、协商的环节。严格意义上，这一时期网络舆情正处于逐渐生成的阶段，大规模、集中性的情绪态度还在聚合的过程之中。因此，针对这一阶段众声喧哗的特点，网络舆情管理部门一方面要以正确的价值理念、建设性的观点态度和积极的引导措施，把社会主流价值观念、理性协商的精神输入网络平台之中，以主流价值来解构非主流观点，以正面信息来抑制负面信息。另一方面，要尽可能掌握事实真相，并以事实真相和客观理性的态度立场来说明、澄清舆情中网民所关注的热点、焦点事项，采取积极的措施引导网络情绪，抚平网民不良心态，避免在真相不明的情况下，大量谣言、谎言、流言等的滋生。

三是干预与控制。在网络舆情的爆发阶段，网民的情绪在意见领袖和群体压力的作用下已然形成，并有可能向现实社会扩散，进而导致群体性突发事件的产生。在这一阶段，网络舆情管理部门必须果断介入，进行干预和控制，以避免事态的扩大。要建立和完善网络舆情管理工作体系，成立网络舆情管理的领导机构，调动网内网外资源，形成通力协作、上下一致的处置机制和整体联动的工作格局。要充分利用传统媒体的信息权威与新媒体技术灵活便捷的优势，发挥新型意见领袖和"草根"领袖的作用，综合运用价值引领、事实公开、信息控制等方法干预网络舆情。在网络舆情集中爆发的时期，要加强对网络信息的控制，综合运用搜索引擎、信息过滤、渠道控制、信号屏蔽等技术强化控制不良信息、不实言论的传播，同时针对网络激进人员、不法分子和对抗人员等重点人群依法采取行政强制措施和信息监控手段。

四是反馈与总结。在网络舆情集中爆发后，舆情中介事项的矛盾和冲突得以解决，舆情开始回落，网民逐渐回归理性，这标志着有关这一中介事项的网络舆情在经过一轮周期循环之后进入衰减和平息的节点。然而，从系统论的角度分析，网络舆情的平息并不意味着网络舆情管理活动的结束。由于网民情绪的主观性、反复性和突发性，网络舆情极有可能在相关信息的影响下进入下一次舆情的酝酿阶段或引发二次舆情。因此，党政管理部门在处理各种善后事宜的同时，依然要密切观察，严密监测，以防止新的网络舆情产生。此外，还要对网络舆情的处置情况进行反馈、总结和梳理，形成事后处置报告，总结经验教训，及时发现漏洞和不足，以加强后续管理，提升网络舆情的应对能力。

（三）运用治理的体制机制来强化管理

政府公共管理部门作为网络舆情管理的具体执行机构，是引导舆情发展方向、确保网络安全的重要主体，政府舆情的管理体制和机制是开展网络舆情管理的有力保证。在当前服务型政府建设的过程中，政府管理部门面临着两难的境地，一方面是要扩大社会民主，广开言路，增进民众的意愿表达和诉求满足，提升社会服务和社会治理水平；另一方面是社会民众的过度利益诉求和非理性的意愿表达，又极有可能会带来局部地区或部分群体的不稳定，影响公共服务的供给。因此，要突破管理困境，达到公共管理和公共服务效果，实现政府与社会的良性互动，建立良好的舆情管理体制机制是可行的途径。

第一，要建立多元主体协调机制。在当前我国社会转型与改革发展的关键时期，社会热点、焦点问题突出，可能的舆情中介事项也随之不断涌现。从舆情中介事项所涉面来看，这些事项牵涉到诸多利益主体和社会关系，甚至与社会结构、公共权力、宏观政策等联系在一起，可见，中介事项的所涉面广、参与者众多，社会影响大。从舆情的传播影响来看，互联网已成为舆情的首发地和信息的策源地，成为民众意愿表达和情绪宣泄的重要渠道。特别是在当前两个舆论场的格局之下，网络舆论往往能对现实舆论产生巨大的影响，甚至广大网民的意见会反映和影响到现实的政治决策层面。如"郭美美事件"在网络媒体的揭露和推动下，直接影响了中国红十字会的社会形象和公信力，对社会民众的行善义举造成了巨大的负面影响，从而也推动了社会公益事业规范化管理和服务的改革。在信息化时代，网络舆情像是"振动的蝴蝶翅膀"，一旦扇动起来，旋即可能在全社会引发舆论风暴。从舆情治理的现实效果来看，当前政府公共管理部门在舆情的管理方面，被动式、应付式管理行为居多，方式方法也较为单一，行政区划、行业壁垒、权力规制、责任体系导致管理主体协调难度大、各自为政，没有实现有效整合，舆情管理的效果大打折扣。鉴于网络舆情的重大社会影响和舆情管理的现实困境，从管理主体的角度分析，必须要建立起多元治理主体的联合协调机制才能最大限度地整合管理主体资源，提升管理合力，实现管理目的。这种联动协调机制必须打破各种权力、行业、地区等的限制，针对不同类型的舆情，采取跨地区联合、跨行业联合、跨部门联合、跨媒介联合等方式。此外，联动协调机制并不仅仅是舆情处置过程之中的联动，在舆情产生之初，就要建立起舆情监测的联动；在舆情的消解阶段，也要建立后续的联动观察机制，把治理主体的联动协调机制贯穿于舆情发展的全过程之中。

第二，要建立有序的政治参与机制。网络舆情的产生很大程度上源于现实社会中社会个体的利益诉求和权益伸张没有得到满足，社会情绪和观点态度无法得到排解，导致社会个体借助网络舆论平台来宣泄情绪。改革开放前，在现实政治生活中，主导政治话语、掌控政治权力、开展政治活动的主要是党政官员，而作为普通的社会公民，在政治活动中参与的程度不高，参与的价值无法得以体现，最终导致社会公民的失落感、背离感增强。随着政治体制改革的深入，政府权力的下放，社会活力被激活，人们的参与意愿不断提升，特别是网络媒体的发展，为社会公民参与政治活动、表达情绪态度、表达言论观点提供了更加便捷的途径。然而，参与热情的极大增强，在网络新媒体工具的助力下，人们的参与行为很有可能突破和忽视一定的规则体系，这样不仅起不到积极的促进作用，反而会给社会发展、国家稳定带来负面影响。因此，在当前网络新媒体时代，要引导好广大民众的参与行为，增进合理、有序、合法的参与和表达，就必须要建立有序的政治参与体制。为此，一是要拓展网络媒体表达平台，畅通参与渠道，把网络平台作为收集民意、汇集民智、化解民情的重要途径，引导民众合理表达诉求，合法参与网络舆论。二是要建立民众有序参与的管理体制。网络在言论自由、身份匿名和从众心理的作用下，极易沦为网民散布观点、发泄情绪的出口，网络参与主体在这种网络环境之中，也极易受到影响，从而偏离正常的轨道，突破基本的法律与道德的约束，采取非法、非理性网络行为。要纠正无序的网络参与和非理性的网络表达，网络管理部门必须要建立起有序参与、合理表达的管理体制。要建立健全网络舆论参与、情绪表达的法律法规，增强网民的网络自律和媒介素养，通过利益的满足、价值的尊重和理性的提倡，把无序的网络参与行为控制在一定的范围之内，引导网民有序参与。三是要加强媒体机构的管理，尽快完善媒体管理法规，建立媒体行业管理标准，强化媒体机构的自律，规范媒体机构的经营活动，发挥媒体作为传播渠道和舆论引导的作用。

第三，要建立合理的政策解释体制。政府公共政策是政府开展公共管理，提供公共服务的基本工具，它集中反映了社会多数人的利益，是对社会利益的权威性分配，因而，公共政策的制定和执行过程必然会引起社会公众的高度关注，甚至有些公共政策会成为社会的热点和焦点。为了确保公共利益的实现，一些地方性公共政策或行业性公共政策的制定和出台，可能会导致部分社会群体利益受损。在网络化环境下，利益受损群体最便捷、最快速的渠道是通过网络媒体来进行呼吁和维权，"大闹大解决，小闹小解决，不闹不解决"即是这一心态的集中反映。当前，由于公共政策而引发的舆情事件屡见不鲜，尤其是在国有企业改革、公共经济政策调整的背景下，教育、住房、医疗等方面公共政策引发的热点在网络媒体的助推之下，由现实社会空间向网络空间位移，进而引发更大范围的关注。从政策角度分析，政府公共政策要落地执行，起到政策调控的实际作用，就要做好政策的宣讲、解读、阐释和传播工作，以增进社会公众对公共政策的认同和了解，确保公共政策的实际效果。从舆情管理的角度分析，要避免公共政策造成社会舆情的巨大波动，成为网络舆情热点，也必须要建立起合理的政策解释机制。一方面，公共政策制定部门要完善政策制定流程，在政策制定之初进行充分的社会调研，了解社会群体的利益诉求和关注焦点，把民众意见及时吸纳到政策制定之中来，避免因信息不畅所产生的各种小道消息、社会谣言和民众情绪的积累，减少政策制定的阻力。另一方面，在政策制定之后，要重点加强政策宣传、政策解读，把政策的现实意义和价值意蕴通过网络媒体传播渠道释放出来，从而引导社会民众的观点态度，提升社会民众对公共政策的接受度，减少因公共政策解释不力、沟通不够而延伸出的社会舆情，更好地促进政策型网络舆情的化解。

结　　论

马克思曾言，媒体无所不及、无所不在、无所不知。自由报刊是观念的世界，它不断地从现实世界中涌出，又作为越来越丰富的精神唤起新的生机，流回现实世界。媒介为人们营造了一个生存的基本信息环境，即"拟态环境"，这一环境不仅影响了人们的媒介交往和舆论活动，而且还深刻地影响着人们精神世界的建构。随着互联网技术的迅猛发展，人人都有麦克风，人人都是新闻记者，传统纸媒时代的传播过程发生了根本性的变化。依托于网络技术而兴起的新媒体，因其便捷性、交互性、平等性、开放性等特点而在用户数量上取得了绝对的优势，被形象地称为"第五媒体"。网络新媒体时代的到来带来了两个舆论场的分野，模糊了传受双方的身份界限，重塑了信息传播的向度，缩短了信息生产制造流程，提升了信息传播的速率，催生了话语体系的更新，形成了网络文化的新样态。总之，网络媒体的发展增强了人们的交往能力，丰富了人们的交往载体，增进了人们的言论表达，同时还引发了现实社会阶层结构的变化和人们思想观念及价值取向的转变。在技术至上、实用主义和功利主义思想的影响下，新媒体大有取代传统媒体而成为主流媒体的趋势。然而，正如硬币的两面一样，任何技术的使用都具有两面性。网络新媒体技术在扩大言路、增进表达、增强交往的同时，还带来了巨大风险：网络信息传播的随意性导致信息的真实性无法保障，网络传播主体的平等性使得草根群体的娱乐化倾向放大，网络信息资源的商业化致使媒体经营行为失范，网络技术的便捷性带来了人对技术的过度依赖等。在网络舆情事件中，网络新媒体用户人数最多，使用频率最高，其负面效应也表现最为突出，网民情绪的非理性表达、网民参与的无序行为、网络谣言的广泛扩散、网络话语的随意解构等一系列问题，引起了党和政府对网络舆情的高度关注。

网络舆情，是现实社会矛盾、民众情绪在网络虚拟空间的延伸和反映，表达情绪、陈述观点、实现诉求是网络舆情的基本目的。借助于网络新媒体多样化的传播平台、个性化的信息表达和快速便捷的信息传播，网络舆情的社会影响与情绪态度被不断放大、强化，进而"流回"到现实社会，对人们的思想观念和言论行为产生巨大的作用。网络舆情作为社会发展状况的"温度计""晴雨表"和"风向标",如若不及时加以引导和管理,势必将进一步加剧社会矛盾冲突,导致群体性突发事件,破坏社会的安定团结,影响党和政府的公信力与社会形象。然而,与传统媒体时代相比,网络新媒体时代在舆情信息的生产制造、媒介载体、传播向度、影响范围、互动关系等方面已展现出迥然不同的特质,因此,要实现对网络舆情的有效引导和管理,就必须依据一定的理论,厘清"为何管""管什么"以及"怎样管"等问题。

马克思主义新闻观是马克思主义理论体系的有机组成部分,是以马克思为代表的无产阶级新闻工作者在长期的革命斗争和新闻实践中不断发展形成的关于新闻舆论的科学理论体系。马克思主义新闻观旺盛的生命力和强大的理论影响力,根本原因在于它具备了与时俱进的理论内涵与实践品质,遵循了新闻传播活动的基本规律,代表、反映和满足了社会民众的信息需求。就新闻舆论而言,马克思主义新闻观是人们认识世界、改造世界,拓展人类交往的重要工具,是对新闻现象与新闻实践正确的理论概括,它丰富和拓展了新闻传播学的学科理论基础,为新闻学科的发展指明了新的方向。本书认为,马克思主义新闻观产生于纸质媒体时代,形成于大众媒体时代,发展于网络媒体时代。尽管传播环境、信息载体、媒介形式不断更新,但马克思主义新闻观在总结和传承传统媒体时代新闻传播基本规律的基础上,不断进行理论和实践创新,不断与新的时代特征相结合,它仍然是当前我们开展网络新闻舆论活动的主要理论指导。在网络新媒体时代,马克思主义新闻观在指导我国意识形态、引导社会舆论、促进媒介融合、强化新闻队伍建设和树立国家形象等方面发挥着重要的影响和作用。马克思主义新闻观的理论性、科学性、时代性不仅为当前我国网络舆情的管理提供了理论滋养与基本的方向,在具体的内容上又与网络舆情管理在理论与实践层面有着较强的关联度和契合性。

通过对比分析,本书认为网络舆情是以互联网为媒介表现出来的社会民众的各种不同情绪、意愿、态度和意见的总和,它主要由主体、客体、本体、载体、互动和影响六个方面要素构成。而网络舆情管理则是指包括政府、社会组织、媒体以及网民等参与主体对各种网络舆情的综合研判与合作共治过程。当前我国网络舆情管理虽然也存在一些现实的条件,但存在的问题也不少,主要集中体现在网络舆情的管理主体、方式、制度、对象、机制和环境等方面。对此,本书从网络舆情管理的主体和对象两个方面探寻了具体的原因,认为管理理念上的偏差、专业人才的缺乏和媒体公信力日渐势弱是管理主体方面存在问题的主要原因;另外,网络舆情传播的新特点则是在管理对象方面存在问题的具体原因。对我国网络舆情管理存在的问题及原因的分析是本书研究的起点，主要说明了"为何管"的问题。

马克思主义新闻观是一个博大的思想理论体系，它包含了不同时代背景下新闻舆论活动的总体规律，同时又对新闻舆论活动所涉的具体内容有着深刻的理论解释。本书从马克思主义新闻自由观、真实观、党性观、人才观四个方面的具体内容着手，结合网络舆情传播的特点逐一进行分析，探讨了这四个方面对网络舆情管理提供理论指导的可能性。马克思主义新闻自由观确认了舆情主体的自由表达权利和限度，突出了舆论监督的作用，促进了舆情主体的公共理性的提升。马克思主义关于新闻真实的观点表明，新闻真实与事实真实存在一定的距离，新闻真实具有再现性、有限性、整体性、过程性和即时性特征。因此，在网络舆情管理的过程中，要引导好传播源流的信息真实和传播受众的认知真实，强化媒介的把关功能和营造良好舆论环境，这也是马克思主义新闻真实观指导网络舆情管理的内在逻辑要求。马克思主义新闻党性观立足于新闻舆论的意识形态属性，从党性和人民性相统一的要求出发，以主导网络舆情管理思维的转变，管理内容的规范和管理策略的调整为基本方向，以此实现舆情引导的话语权、主动权。马克思主义新闻人才观明确了新媒体时代新闻舆论工作者在信息服务与监督、文化传承与引领、社会聚合与稳定、媒介管理与融合等方面的社会功能。结合新闻舆论工作者的角色定位与社会功能，本书从正向环境的创设、把关作用的发挥、价值取向的引领、理性表达的提升和媒介全面融合等方面阐述了其作为网络舆情管理主体的作用和价值。实际上，这部分内容主要论述的是"管什么"的问题，是马克思主义新闻观指导网络舆情管理的具体展开，也是本书的主体部分和核心内容。

本质而言，马克思主义新闻观是作为一种思想观念形态而存在的，要实现对网络舆情管理活动的有效指导，还需把这一思想观念转变为具体可操作的途径和方法，也即具体"怎样管"的问题。在上述对马克思主义新闻观指导网络舆情管理的必要性和可能性进行分析之后，本书还紧扣马克思主义新闻观的理论内涵，从具体的管理原则、管理策略及管理方法层面探讨了网络舆情的管理之策。

然而，由于网络新媒体技术的日新月异，网络舆情传播的多样复杂，本书仅是结合马克思主义新闻观的基本内容做了浅尝辄止的分析，从总体上看，本书的相关研究还有诸多的不周之处和未尽之处。例如，在马克思主义新闻效益观、监督观等方面由于能力和篇幅限制，还没有展开深入研究；在网络舆情对网络社会、网络政治、网络民主、网络文化的解构与重构等方面还缺少系统论述；在网络媒体的市场行为、受众需要与运营管理方面还未曾涉及等，这些都留下了不少的遗憾，希望未来与学者们共同努力，开创网络舆情管理研究新的空间。

参 考 文 献

一、中文文献类:

[1] 马克思恩格斯全集:第 1 卷 [M]. 北京:人民出版社,1995.

[2] 马克思恩格斯全集:第 10 卷 [M]. 北京:人民出版社,1998.

[3] 马克思恩格斯全集:第 26 卷 [M]. 北京:人民出版社,2014.

[4] 马克思恩格斯全集:第 42 卷 [M]. 北京:人民出版社,2017.

[5] 马克思恩格斯全集:第 3 卷 [M]. 北京:人民出版社,1956.

[6] 马克思恩格斯全集:第 6 卷 [M]. 北京:人民出版社,1961.

[7] 马克思恩格斯全集:第 16 卷 [M]. 北京:人民出版社,1964.

[8] 马克思恩格斯全集:第 19 卷 [M]. 北京:人民出版社,1963.

[9] 马克思恩格斯全集:第 36 卷 [M]. 北京:人民出版社,1974.

[10] 马克思恩格斯全集:第 37 卷 [M]. 北京:人民出版社,1971.

[11] 马克思恩格斯全集:第 38 卷 [M]. 北京:人民出版社,1972.

[12] 马克思恩格斯全集:第 43 卷 [M]. 北京:人民出版社,1982.

[13] 马克思恩格斯全集:第 44 卷 [M]. 北京:人民出版社,1982.

[14] 马克思恩格斯选集:第 1~4 卷 [M]. 北京:人民出版社,1995.

[15] 马克思恩格斯文集:第 1~10 卷 [M]. 北京:人民出版社,2009.

[16] 列宁选集:第 1~4 卷 [M]. 北京:人民出版社,1995.

[17] 列宁全集:第 4 卷 [M]. 北京:人民出版社,1984.

[18] 列宁全集:第 11 卷 [M]. 北京:人民出版社,1987.

[19] 列宁专题文集:第 1~5 卷 [M]. 北京:人民出版社,2009.

[20] 毛泽东文集:第 6~8 卷 [M]. 北京:人民出版社,1999.

[21] 毛泽东选集:第 1~4 卷 [M]. 北京:人民出版社,1991.

[22] 毛泽东新闻工作文选 [M]. 北京:新华出版社,1983.

[23] 刘少奇选集(上卷) [M]. 北京:人民出版社,1981.

[24] 邓小平文选:第 1 卷 [M]. 北京:人民出版社,1994.

[25] 邓小平文选:第 2 卷 [M]. 北京:人民出版社,1994.

［26］邓小平文选：第 3 卷 ［M］．北京：人民出版社，1993．

［27］江泽民文选：第 1 卷 ［M］．北京：人民出版社，2006．

［28］十六大以来重要文献选编（上、中、下） ［M］．北京：中央文献出版社，2005 - 2008．

［29］十七大以来重要文献汇编（上、中、下） ［M］．北京：中央文献出版社，2009 - 2013．

［30］中国社会科学院新闻研究所．中国共产党新闻工作文件汇编（上、中、下） ［M］．北京：新华出版社，1980．

［31］中央宣传部办公厅．党的宣传工作会议概况和文献（1951 ~ 1992 年） ［M］．北京：中共中央党校出版社，1994．

二、中文著作类：

［1］新华社新闻研究所．邓小平论新闻宣传 ［M］．北京：新华出版社，1998．

［2］夏鼎铭．马克思恩格斯列宁报刊理论与实践 ［M］．上海：复旦大学出版社，1991．

［3］方汉奇．中国新闻事业编年史（上、中、下） ［M］．福州：福建人民出版社，2000．

［4］童兵．马克思主义新闻思想史稿 ［M］．北京：中国人民大学出版社，1988．

［5］童兵．中西新闻比较论纲 ［M］．北京：新华出版社，1998．

［6］童兵．马克思主义新闻经典教程 ［M］．上海：复旦大学出版社，2010．

［7］陈力丹．马克思主义新闻观思想体系 ［M］．北京：中国人民大学出版社，2006．

［8］陈力丹．精神交往论——马克思恩格斯的传播观 ［M］．北京：中国人民大学出版社，2008．

［9］陈力丹．马克思主义新闻思想概论 ［M］．上海：复旦大学出版社，2010．

［10］陈力丹．舆论学——舆论导向研究 ［M］．北京：中国广播电视出版社，1999．

［11］陈力丹．舆论——感受周围的精神世界 ［M］．上海：上海交通大学出版社，2003．

［12］刘建明．马克思主义新闻观经典读本 ［M］．北京：清华大学出版社，2009．

［13］刘建明．马克思主义新闻观理论基础［M］．北京：清华大学出版社，2010.

［14］刘建明，纪忠慧，王莉丽．舆论学概论［M］．北京：中国传媒大学出版社，2009.

［15］郑保卫．马克思主义新闻经典论著导读［M］．北京：中国人民大学出版社，2007.

［16］邵华泽．马克思主义新闻观及其在当代中国的运用和发展［M］．北京：人民出版社，2009.

［17］甘惜分．新闻理论基础［M］．北京：中国人民大学出版社，1982.

［18］甘惜分．新闻论争三十年［M］．北京：新华出版社，1988.

［19］新华社新闻研究所．舆论引导艺术［M］．北京：新华出版社，1998.

［20］李良荣．新闻学导论［M］．北京：高等教育出版社，1999.

［21］郭庆光．传播学教程［M］．北京：中国人民大学出版社，1999.

［22］韩运荣，喻国明．舆论学原理、方法与运用［M］．北京：中国传媒大学出版社，2005.

［23］王来华．舆情研究概论［M］．天津：天津社会科学院出版社，2003.

［24］张克生．国家决策：机制与舆情［M］．天津：天津社会科学院出版社，2003.

［25］陈富清．江泽民舆论导向思想研究［M］．北京：新华出版社，2003.

［26］廖永亮．舆论调控学：引导舆论与舆论引导的艺术［M］．北京：新华出版社，2003.

［27］中共中央宣传部舆情信息局．舆情信息工作概论［M］．北京：学习出版社，2006.

［28］刘毅．网络舆情研究概论［M］．天津：天津人民出版社，2007.

［29］王君超．党报宣传艺术新论（上）［M］．北京：人民日报出版社，2009.

［30］高红玲．网络舆情与社会稳定［M］．北京：新华出版社，2011.

［31］燕道成．群体性事件中的网络舆情研究［M］．北京：新华出版社，2013.

［32］党生翠．网络舆论蝴蝶效应研究：从"微内容"到舆论风暴［M］．北京：中国人民大学出版社，2013.

［33］郭大俊．科学实践观与科学社会主义［M］．北京：学习出版社，2014.

[34] 喻国明. 中国社会舆情年度报告（2017）[M]. 北京：人民出版社，2017.

[35] 谢耕耘. 中国社会舆情与危机管理报告（2017）[M]. 北京：社会科学文献出版社，2017.

三、中文译著类：

[1] [美] 本·巴格迪坎. 传播媒介的垄断——一个触目惊心的报告：五十家大公司怎样控制美国的所见所闻 [M]. 林珊，等译. 北京：新华出版社，1986.

[2] [日] 佐藤章. 民意调查 [M]. 周金城，张蓓菡，译. 北京：中国对外经济贸易出版社，1989.

[3] [美] 沃纳·赛弗林，小詹姆斯·坦卡德. 传播理论——起源、方法与应用 [M]. 郭镇之，译. 北京：华夏出版社，2000.

[4] [加] 马歇尔·麦克卢汉. 理解媒介——论人的延伸 [M]. 何道宽，译. 北京：商务印书馆，2000.

[5] [美] E. M. 罗杰斯. 传播学史——一种传记式的方法 [M]. 殷晓蓉，译. 上海：上海译文出版社，2002.

[6] [美] 约书亚·梅罗维茨. 消失的地域 [M]. 肖志军，译. 北京：清华大学出版社，2002.

[7] [美] 拉斯韦尔. 世界大战中的宣传技巧 [M]. 张洁，田青，译. 北京：中国人民大学出版社，2003.

[8] [美] 凯斯·桑斯坦. 网络共和国——网络社会中的民主问题 [M]. 黄维明，译. 上海：上海人民出版社，2003.

[9] [德] 伊丽沙白·诺尔-诺依曼. 沉默的螺旋：舆论——我们的社会皮肤 [M]. 董璐，译. 北京：北京大学出版社，2013.

[10] [加] 哈罗德·伊尼斯. 传播的偏向 [M]. 何道宽，译. 北京：中国人民大学出版社，2003.

[11] [加] 哈罗德·伊尼斯. 帝国与传播 [M]. 何道宽，译. 北京：中国人民大学出版社，2004.

[12] [美] D. B. 杜鲁门. 政治过程：政治利益与公共舆论 [M]. 陈尧，译. 天津：天津人民出版社，2005.

[13] [美] 詹姆斯·罗尔. 媒介、传播、文化：一个全球性的途径 [M]. 董洪川，译. 北京：商务印书馆，2005.

[14] [美] 赫伯特·席勒. 大众传播与美利坚帝国 [M]. 刘晓红，译. 上海：上海世纪出版集团，2006.

[15] [美] 沃尔特·李普曼. 公众舆论 [M]. 阎克文, 江红, 译. 上海: 上海世纪出版集团, 2006.

[16] [英] 詹姆斯·库兰, 米切尔·古尔维奇. 大众媒介与社会 [M]. 杨击, 译. 北京: 华夏出版社, 2006.

[17] [英] 丹尼斯·麦奎尔. 大众传播模式论 [M]. 祝建华, 译. 上海: 上海译文出版社, 2008.

[18] [美] 马克斯维尔·麦库姆斯. 议程设置——大众媒介与舆论 [M]. 郭镇之, 徐培喜, 译. 北京: 北京大学出版社, 2008.

[19] [美] 赫尔曼·乔姆斯基. 制造共识: 大众传媒的政治经济学 [M]. 邵红松, 译. 北京: 北京大学出版社, 2011.

四、学术期刊类:

[1] 陈力丹. 马克思和恩格斯论报刊与舆论 [J]. 新闻知识, 2017 (10).

[2] 陈力丹. 马克思和恩格斯的新闻传播思想 [J]. 新闻界, 2017 (5).

[3] 孙丽杰, 李春华. 大数据环境下网络舆情管理方法研究 [J]. 思想政治教育研究, 2017 (2).

[4] 唐海龙. 新媒体语言规范化的原则与策略 [J]. 社会科学家, 2017 (1).

[5] 李欣人. 再论精神交往: 马克思主义传播观与传播学的重构 [J]. 现代传播, 2016 (8).

[6] 徐俊, 许燕. 网络低俗文化的伦理反思与消解 [J]. 中州学刊, 2016 (8).

[7] 常江, 许诺. 新闻真实认知与虚假风险规避 [J]. 青年记者, 2016 (7).

[8] 陈力丹. 党性和人民性的提出、争论和归结——习近平重新并提 "党性" 和 "人民性" 的思想溯源与现实意义 [J]. 安徽大学学报 (哲学社会科学版), 2016 (6).

[9] 林凌. 论我国网络舆论引导法律规制特征 [J]. 学海, 2016 (5).

[10] 周伟业. 马克思主义新闻观党性原则与创新精神关系的历史考察 [J]. 南京政治学院学报, 2016 (4).

[11] 罗俊丽. 新时期中国共产党网络舆论引导机制研究 [J]. 探索, 2016 (4).

[12] 邹汉阳, 肖巍. 党媒提高舆论引导力的历史经验与当代启示 [J]. 毛泽东邓小平理论研究, 2016 (3).

[13] 郑保卫, 叶俊. 从印刷、电报到互联网——论马克思主义媒介技术观的历史演变 [J]. 新闻大学, 2016 (2).

[14] 王金礼. 西方新闻自由思想的话语逻辑：从思想自由到社会责任 [J]. 南昌大学学报（人文社会科学版），2015（10）.

[15] 高晓虹. 媒体融合新常态下传统媒体舆论引导面临的困境与出路 [J]. 社会科学，2015（9）.

[16] 孙泊，姜建成. 马克思恩格斯新闻自由思想的历史跃迁 [J]. 广西社会科学，2015（8）.

[17] 丁柏铨. 对新闻事业党性原则的再认识 [J]. 新闻爱好者，2015（6）.

[18] 范春晓. 剖析党报如何践行马克思主义新闻观加强舆论引导 [J]. 新闻世界，2015（6）.

[19] 高启祥. "传""新"和谐　优势互补——对传统媒体和新媒体优势与不足的比较认识 [J]. 新闻研究导刊，2015（5）.

[20] 宋全成. 论自媒体的特征、挑战及其综合管制问题 [J]. 南京社会科学，2015（3）.

[21] 孙亦祥. 基于信息共享的网络舆情信息工作机制建构 [J]. 情报科学，2015（1）.

[22] 卿立新. 创新大数据时代的网络舆情管理 [J]. 红旗文稿，2014（22）.

[23] 杨保军. 新媒介环境下新闻真实论视野中的几个新问题 [J]. 新闻记者，2014（10）.

[24] 蒋晓丽，谢太平. 变与不变：媒介裂变环境下的新闻业、新闻人才及新闻教育 [J]. 湘潭大学学报（哲学社会科学版），2014（11）.

[25] 苏同敏. 公共事件中媒体应加强社会情绪疏导 [J]. 新闻知识，2014（9）.

[26] 丁柏铨. 当今中国的舆论引导与马克思主义新闻观 [J]. 新闻与传播研究，2014（6）.

[27] 张志安，吴涛. "宣传者"与"监督者"的双重式微——中国新闻从业者媒介角色认知、变迁及影响因素 [J]. 国际新闻界，2014（6）.

[28] 沈正赋，袁浩然. 网络时代新闻工作者加强马克思主义新闻观教育的新探索 [J]. 新闻研究导刊，2014（6）.

[29] 安蔚. 马克思主义新闻观视角下的网络舆情引导策略研究 [J]. 东南传播，2014（4）.

[30] 刘宏宇. 马克思主义传播理论当代化路径刍议：试析当代中国马克思主义传播理论研究范式发展途径 [J]. 新闻春秋，2014（4）.

[31] 支庭荣. 实践新闻专业性　实现新闻公共性——基于马克思主义新闻

观的视角 [J]. 新闻与传播研究, 2014 (4).

[32] 徐承刚. 全媒体时代新闻人才的综合素养分析与对策 [J]. 新闻界, 2014 (2).

[33] 张昆. 以马克思主义新闻观统领卓越新闻传播人才培养 [J]. 中国高等教育, 2013 (13).

[34] 杨保军."共"时代的开创——试论新闻传播主体"三元"类型结构形成的新闻学意义 [J]. 新闻记者, 2013 (12).

[35] 金伟. 马克思主义新闻自由观及其当代价值 [J]. 湖北社会科学, 2013 (8).

[36] 范晶晶. 自媒体时代的网络舆情引导 [J]. 青年记者, 2013 (8).

[37] 张玉亮, 路瑶. 国外突发事件网络舆情信息流导控模式及其对中国的借鉴 [J]. 湖北社会科学, 2013 (7).

[38] 肖曜, 梁锋. 新闻工作者是建设者:马克思主义新闻观的重要内容 [J]. 新闻前哨, 2013 (6).

[39] 郑保卫, 李玉洁. 真实, 一个被追求与被操纵的新闻观念:基于美国新闻史的考察 [J]. 国际新闻界, 2013 (5).

[40] 毕宏音. 现代舆情研究十年历程的回顾和反思 [J]. 天津社会科学, 2013 (4).

[41] 杨旭. 马克思主义新闻自由视野下的微博表达——以"郭美美事件"为例 [J]. 社科纵横, 2012 (9).

[42] 薛瑞汉. 国外网络舆情管理和引导的主要经验及对我国的启示 [J]. 中共福建省委党校学报, 2012 (9).

[43] 苟培德, 席秦岭. 传统媒体如何利用微博平台引导网络舆论 [J]. 新闻与写作, 2012 (8).

[44] 陈运普, 陈江燕. 新时期党对社会舆论引导的对策研究 [J]. 湖北社会科学, 2012 (7).

[45] 李良荣, 张莹. 新意见领袖论——"新传播革命"研究之四 [J]. 现代传播, 2012 (6).

[46] 王石泉. 舆论的兴起和舆情的引导 [J]. 中共云南省委党校学报, 2012 (5).

[47] 杨敬忠. 利用微博增强主流媒体影响力的路径与方法 [J]. 中国记者, 2012 (3).

[48] 周湛军. 地市党报在社会管理中的舆情引导作用 [J]. 青年记者,

2012（1）.

[49] 高宪春. 新媒介环境下舆情事件的生成及扩散规律分析［J］. 新闻界，2012（1）.

[50] 赵文晶，刘军宏. 马克思主义新闻观下的微博舆论引导策略研究［J］. 编辑，2011（12）.

[51] 刘行芳. 社会情绪的网络扩散及其应对［J］. 新闻与传播研究，2011（12）.

[52] 倪帮文. 中国网络青年意见领袖的构成、特征及作用［J］. 中国青年研究，2011（9）.

[53] 刘雅婷. 试论坚持新闻的党性原则［J］. 理论月刊，2011（6）.

[54] 言靖. 论媒介融合时代全媒体新闻人才的培养［J］. 新闻界，2011（5）.

[55] 吴澄，吴晓明. 新媒体新闻的演变与社会舆情表达［J］. 徐州师范大学学报（哲学社会科学版），2011（5）.

[56] 廖建国. 传统媒体对微博的利用现状考察［J］. 编辑之友，2011（5）.

[57] 李丹. 公民社会视角下中国微博舆情的发展与走向［J］. 东南传播，2011（5）.

[58] 樊亚平，刘静. 舆论宣传·舆论导向·舆论引导——新时期中共新闻舆论思想的历史演进［J］. 兰州大学学报（社会科学版），2011（4）.

[59] 章永红. 主义还是工具：试论精确新闻报道的当代价值［J］. 新闻大学，2011（4）.

[60] 刘雪梅. 对网络空间舆情共振现象研究框架的思考［J］. 新闻与传播研究，2011（4）.

[61] 郑保卫. 论胡锦涛新闻思想的理论贡献［J］. 新闻界，2011（3）.

[62] 陈建云. 马克思主义新闻观与西方新闻理念的根本区别［J］. 社会主义研究，2011（3）.

[63] 邓若伊. 网络传播与"意见领袖"理论调适［J］. 新闻与传播研究，2011（3）.

[64] 林滨，户晓坤. 大众传媒·意识形态·人的存在——马克思主义媒介批判理论的当代解读［J］. 马克思主义与现实，2011（2）.

[65] 于家琦. "舆情"社会内涵新解［J］. 天津大学学报（社会科学版），2011（2）.

[66] 高宪春. 新媒介环境下议程设置理论研究新进路的分析［J］. 新闻与

传播研究，2011 (1).

[67] 杨维. 微博在网络舆论形成中的作用 [J]. 青年记者，2010 (12).

[68] 李军林. 马克思主义新闻自由思想的基本内涵及现实启迪 [J]. 新闻与传播研究，2010 (6).

[69] 魏丽宏. 毛泽东、邓小平、江泽民、胡锦涛的新闻思想比较 [J]. 新闻与传播研究，2010 (6).

[70] 刘西平，陈姮. 论地方党报在网络舆论引导中的作用及创新途径 [J]. 南昌大学学报（人文社会科学版），2010 (6).

[71] 周奉真. "麦克风时代" 与舆论引导问题 [J]. 求是，2010 (4).

[72] 姜胜洪. 网络舆情的内涵及主要特点 [J]. 理论界，2010 (3).

[73] 刘力锐. 论网络民意调查的政治作用 [J]. 东北大学学报（社会科学版），2009 (9).

[74] 徐人仲. 新时期 "新闻党性" 的内涵和时代特色 [J]. 中国记者，2009 (8).

[75] 张艳梅，安平. 西方发达国家政府舆论宣传管理措施述论 [J]. 中州学刊，2009 (7).

[76] 张艳梅. 论西方国家舆论宣传 "软控制" [J]. 兰州学刊，2009 (7).

[77] 叶暗. 论政府的新闻议程设置 [J]. 江海学刊，2009 (6).

[78] 丁柏铨. 新形势下舆论引导的两个问题辨析 [J]. 南京社会科学，2009 (4).

[79] 许鑫，章成志，李雯静. 国内网络舆情研究的回顾与展望 [J]. 情报理论与实践，2009 (3).

[80] 王君超. 党报舆论引导的动因及舆论引导价值 [J]. 新闻与写作，2009 (2).

[81] 杜俊伟. 从典型著述看国外舆论研究——以 10 种舆论专著和最近 5 年的《舆论季刊》为例 [J]. 国家新闻界，2009 (2).

[82] 丁柏铨，彭婷. 改革开放 30 年来国内马克思主义新闻思想研究综述 [J]. 南京社会科学，2008 (8).

[83] 李贺. 传统媒体与网络媒体的把关比较 [J]. 新闻爱好者，2008 (8).

[84] 杨保军. 事实·真相·真实——对新闻真实论中三个关键概念及其相互关系的理解 [J]. 新闻记者，2008 (6).

[85] 纪忠慧. 美国政府的舆论管理与政策制定 [J]. 国际关系学院学报，2008 (5).

[86] 姜爱华. 马克思与哈贝马斯交往理论的本质区别 [J]. 辽宁大学学报（哲学社会科学版），2008（3）.

[87] 陈月生. 试论舆情疏导的理论内涵及其现实性 [J]. 社科纵横，2007（9）.

[88] 李蓓. 从"网络恶搞"现象看网络传播娱乐化的舆论导向 [J]. 东南传播，2007（7）.

[89] 郑保卫. 对新闻真实理论中两组概念的解读 [J]. 新闻战线，2007（6）.

[90] 杨卓. 论解释性报道在新闻舆论引导中的重要功能 [J]. 东北师大学报（哲学社会科学版），2007（6）.

[91] 陈月生. 国外政府利用新闻舆论影响民意的渠道、手段和方式研究综述 [J]. 社科纵横，2007（6）.

[92] 林竹. 西方民意调查的发展及其对中国的借鉴 [J]. 社科纵横，2007（5）.

[93] 许向波. 喉舌本位与自由本位——中西方新闻理论传统之比较 [J]. 新闻知识，2007（4）.

[94] 刘毅. 略论网络舆情的概念、特点、表达与传播 [J]. 理论界，2007（4）.

[95] 李昌祖，许天雷. 舆情的运行状态解析 [J]. 浙江工业大学学报（社会科学版），2007（4）.

[96] 雷跃捷，唐远清. 论如何建立健全舆论引导工作格局和工作机制 [J]. 新闻学与传播学，2007（2）.

[97] 马凌. 多数的暴政与舆论的宗教——托克维尔的公共舆论概念 [J]. 复旦学报（社会科学版），2007（2）.

[98] 纪忠慧. 试论舆论的规则管理 [J]. 国际新闻界，2006（10）.

[99] 上海社会科学院课题组. 西方民意调查"反映"还是"塑造"民意 [J]. 社会科学报，2006（10）.

[100] 梁舞. 精确新闻报道的理论起源以及在美国的发展 [J]. 东南传播，2006（1）.

[101] 陈秋苹. 马克思主义交往理论与哈贝马斯交往理论辨析 [J]. 扬州大学学报（高教研究版），2005（12）.

[102] 吴飞，林敏. 政府的节制与媒体的自律——英国传媒管制特色初探 [J]. 浙江大学学报（人文社会科学版），2005（2）.

［103］黄旦. 美国早的传播思想及其流变——从芝加哥学派到大众传播研究的确立［J］. 新闻与传播研究，2005（1）.

［104］吴庚振，周远帆. "软控制"：西方国家新闻自由的背后［J］. 河北学刊，2004（5）.

［105］王来华. "舆情"问题研究论略［J］. 天津社会科学，2004（2）.

［106］蔡雯. "公共新闻"发展中的理论与探索中的实践［J］. 国际新闻界，2004（1）.

［107］关雁春. 公众舆论、市民社会与法治［J］. 学术交流，2003（11）.

［108］李长春. 从"三贴近"入手改进和加强宣传思想工作［J］. 求是，2003（10）.

［109］孔令华. 中西方新闻客观性差异之比较［J］. 新闻知识，2003（10）.

［110］熊澄宇. 传播学十大经典解读［J］. 清华大学学报（哲学社会科学版），2003（5）.

［111］李长春. 在全国宣传部长会议上的讲话［J］. 党建，2003（2）.

［112］谢岳. 公共舆论：美国民主的社会基础［J］. 江苏社会科学，2002（4）.

［113］张洪忠. 大众传播学的议程设置理论与框架理论关系探讨［J］. 西南民族大学学报（哲学社会科学版），2001（10）.

［114］高海波. 公共舆论与舆论学研究的转向［J］. 当代传播，2001（6）.

［115］何道宽. 媒介即文化——麦克卢汉媒介理论批评［J］. 现代传播，2000（6）.

［116］刘建明. 舆论研究的建树与未来——舆论学发展的百年回顾及展望［J］. 新闻知识，2000（5）.

［117］范士明. 美国新闻媒体的国际报道及其舆论影响［J］. 当代世界与社会主义，2000（4）.

［118］展江. 马克思主义新闻自由观再探［J］. 中国青年政治学院学报，2000（1）.

［119］陈力菲. 舆论、民意调查与精确新闻［J］. 南京政治学院学报，1999（5）.

［120］郭镇之. 关于大众传播的议程设置功能［J］. 国际新闻界，1997（3）.

［121］刘建明. 从主体论到客体论的新闻自由观［J］. 清华大学学报（哲学社会科学版），1996（3）.

［122］苗素群. 美国的民意测验与新闻媒体［J］. 中国记者，1996（2）.

[123] 李瑞环. 坚持正面宣传为主的方针 [J]. 求是, 1990 (5).

五、报纸类:

[1] 习近平. 为新时代新变革凝魂聚力 [N]. 人民日报, 2018 - 08 - 21.

[2] 习近平. 敏锐抓住信息化发展历史机遇 自主创新推进网络强国建设 [N]. 人民日报, 2018 - 04 - 22.

[3] 习近平. 决胜全面建成小康社会 夺取新时代中国特色社会主义伟大胜利 [N]. 人民日报, 2017 - 10 - 19.

[4] 习近平. 在哲学社会科学工作座谈会上的讲话 [N]. 人民日报, 2016 - 05 - 18.

[5] 习近平. 坚持正确方向创新方法手段 提高新闻舆论传播力引导力 [N]. 人民日报, 2016 - 02 - 20.

[6] 习近平. 坚持军报姓党坚持强军为本坚持创新为要 为实现中国梦强军梦提供思想舆论支持 [N]. 人民日报, 2015 - 12 - 27.

[7] 习近平. 加强沟通, 扩大共识, 深化合作, 共同构建网络空间命运共同体 [N]. 人民日报, 2015 - 12 - 17.

[8] 习近平. 共同为改革想招一起为改革发力 群策群力把各项改革工作抓到位 [N]. 人民日报, 2014 - 08 - 19.

[9] 习近平. 总体布局统筹各方创新发展 努力把我国建设成为网络强国 [N]. 人民日报, 2014 - 02 - 28.

[10] 习近平. 建设社会主义文化强国 着力提高国家文化软实力 [N]. 人民日报, 2014 - 01 - 01.

[11] 习近平. 胸怀大局把握大势着眼大事 努力把宣传思想工作做得更好 [N]. 人民日报, 2013 - 08 - 21.

[12] 胡锦涛. 在人民日报社考察工作时的讲话 [N]. 人民日报, 2008 - 06 - 21.

[13] 胡锦涛. 在全国宣传思想工作会议上的讲话 [N]. 人民日报, 2003 - 12 - 08.

[14] 胡锦涛. 在全国宣传部长会议上的讲话 [N]. 人民日报, 2002 - 01 - 12.

[15] 刘云山. 在全国宣传部长座谈会上的讲话 [N]. 人民日报, 2005 - 08 - 23.

[16] 刘云山. 宣传思想工作要积极营造和谐舆论环境 [N]. 人民日报, 2005 - 06 - 30.

六、博硕论文类:

[1] 余杰. 马克思主义新闻观视域下公民新闻价值导向研究 [D]. 广州: 华南理工大学, 2017.

[2] 夏斌. 当代中国马克思主义传播史研究 [D]. 上海: 上海社会科学院, 2017.

[3] 张思静. 马克思主义新闻观视域下网络新闻舆情引领研究 [D]. 武汉: 湖北大学, 2016.

[4] 李进. 媒体融合进程中的马克思主义大众化传播研究 [D]. 乌鲁木齐: 新疆大学, 2016.

[5] 尹丽娜. 网络社会马克思主义新闻观研究 [D]. 泰安: 山东农业大学, 2015.

[6] 仰义方. 新媒体时代党的社会领导力研究 [D]. 北京: 中共中央党校, 2015.

[7] 陶韶菁. 新媒体环境下马克思主义党报传播研究 [D]. 广州: 华南理工大学, 2014.

[8] 谭莉. 马克思主义新闻观指导下的网络舆论引导问题研究 [D]. 重庆: 重庆交通大学, 2014.

[9] 赵梅梅. 马克思主义新闻观及其当代意义 [D]. 长春: 吉林农业大学, 2014.

[10] 刘春波. 舆论引导论 [D]. 武汉: 武汉大学, 2013.

[11] 林敏. 网络舆情: 影响因素及其作用机制研究 [D]. 杭州: 浙江大学, 2013.

[12] 周巍. 数字媒体时代的意见领袖研究 [D]. 上海: 复旦大学, 2013.

[13] 曾军辉. 电视媒体与微博融合传播研究——以中央电视台和新浪微博为例 [D]. 北京: 中国社会科学院, 2013.

[14] 陈一收. 中国共产党提升舆论引导能力研究 [D]. 福州: 福建师范大学, 2012.

[15] 刘艳. 论马克思的精神交往观 [D]. 上海: 华东师范大学, 2012.

[16] 高喜辉. 马克思主义新闻观的历史演进及其当代价值研究 [D]. 延吉: 延边大学, 2012.

[17] 王爱玲. 中国网络媒介的主流意识形态建设研究 [D]. 大连: 大连理工大学, 2012.

[18] 刘强. 基于新媒体技术的马克思主义传播研究 [D]. 兰州: 兰州大

学，2012.

[19] 李芸. 马克思交往思想的历史生成及其对传播学的影响 [D]. 上海：上海大学，2012.

[20] 殷晓元. 中国共产党政治传播研究 [D]. 长沙：湖南师范大学，2011.

[21] 王根生. 面向群体极化的网络舆情演化研究 [D]. 南昌：江西财经大学，2011.

[22] 侯东阳. 中国舆情调控机制的渐进与优化——改革开放以来舆情调控机制研究 [D]. 广州：暨南大学，2010.

[23] 纪红. 互联网舆情的形成发展与引导管理研究 [D]. 武汉：华中科技大学，2009.

七、外文资料类：

[1] H. M. Scoble. Public Opinion and American Democracy [M]. New York：Knopf，1961.

[2] Robert M. Worcester. Political Opinion Polling：An International Review [M]. New York：St. Marting's Press，1983.

[3] Benjamin Ginsberg. The Captive Public：How Mass Opinion Promotes State Power [M]. New York：Basic Books，1986.

[4] Lawrence R. Jacobs. The Recoil Effect：Public Opinion and Policy-making in the US. And Britain [J]. Comparative Politics，1992.

[5] Lawrence R. Jacobs，Robert Y. Shapiro. Presidential Manipulation of Polls and Public Opinion：The Nixon Administration and the Poll [J]. Political Science Quarterly，1995.

[6] Slavko Splichal. Public Opinion：Developments and Controversies in the Twentieth Century. Lanhani：Rowman & Littlefield Publishers，1999.

[7] Christopher J. Anderson. Consent and Consensus：the Contours of Public Opinion toward the Euro [J]. Journal of the American Planning Association，2001.

[8] Christine Rothmayr，Sibyllc Hxrdmcicr：Use and Impact of Polls in the Policy-making Process in Switzerland [J]. International Journal of Public Opinion Research，2002（14）.

致　　谢

本书完稿之际，胸有千言，下笔却难以成行，因为在这一段人生的旅程中，我收获了太多的感动、感激，此刻，要表达的感恩与感谢也千千万万。

本书能够顺利地完成离不开我的导师徐方平教授的悉心指导。徐老师严谨的治学态度、深厚的理论功底、敏锐的学术视角、温雅的学者风范、豁达的处世哲学无不深深地感染着我，教育着我。还记得每当有新观点、新资料和新动态时，徐老师总是能第一时间告之于我，为我的论文提供滋养，指点迷津，从中我体会到了恩师孜孜不倦的求索精神和对我论文写作的深切关心。每当我因工作的繁忙、时间的紧迫而感到焦虑气馁时，徐老师总是为我排忧解难，予以宽慰和鼓励，教我如何"弹好学业、工作、家庭的钢琴"。每每涉及我的论文修改时，徐老师尽管工作繁忙，但哪怕牺牲休息时间，也会及时给我回复邮件。这些点点滴滴汇聚成了恩师对学生无微不至的关心和关怀，在此向徐老师表达最真挚的感谢。

在校学习期间，田子渝教授、贺祥林教授、郭大俊教授、杨鲜兰教授、杨业华教授、陈翠芳教授、刘文祥教授、陈焱光教授等在课堂上高屋建瓴、鞭辟入里、精彩纷呈的讲授，使我对马克思主义理论有了更为深刻的理解。老师们把自己多年的研究积淀毫无保留地传授给我们，他们渊博的学识、求真求实求是的态度使我真正领略到了学术的魅力和老师们的风采，在此对他们的辛苦付出表示诚挚的感谢。

作为学院的一名"老生"，再次回校学习，我得到了学院领导、老师们更多的关心和帮助。我的硕士生导师王颖教授不仅治学严谨而且为人热心，时常关心我的学业和工作，为我的一点点进步而由衷地高兴，在此，向王老师致以衷心的感谢。风趣幽默、亲切和蔼的汤德森书记，兢兢业业、热心周到的郭艳妮老师，才华横溢、亦师亦友的徐信华老师等，谢谢你们的辛勤付出。

相聚是缘。学习期间有幸结识了江丽、彭菊花、李婉芝、邹新、符俊、袁霖、张传忠、曾银慧、向有强、魏一峰、郭健勇等同学，他们在学习、生活上给予的支持、帮助，我永远铭记在心。

最后，我还要向我的妻子、父母表示由衷的感谢。家里的一切大小事务，我无暇顾及，甚至往往是"后知后觉"，是你们在默默为家庭付出，为我付出，是你们无怨无悔地在为我负重前行。你们的大度包容、理解支持为我免除了后顾之忧。感动、感激、感谢虽然从来没有说出口，但会永远留存在心里。

金　飞

2022 年 7 月